Vom Glück des Reisens

zu Lande, zu Wasser
und in der Luft

Mit Illustrationen
von Lucia Obi

Herausgegeben von
Ulf Diederichs

D1828695

Deutscher Taschenbuch Verlag

Vom Herausgeber
sind im Deutschen Taschenbuch Verlag erschienen:

Schöne wilde Weihnacht (2287)
Weihnachts-Geister (2303)

Originalausgabe
Februar 1994
2. Auflage September 1994
Deutscher Taschenbuch Verlag GmbH & Co. KG,
München
© 1994 Deutscher Taschenbuch Verlag, München
Umschlaggestaltung: Dieter Brumshagen unter Verwendung eines
japanischen Holzstichs ›Die Eisenbahn von Takanawa‹ (19. Jh.)
Gesamtherstellung: C. H. Beck'sche Buchdruckerei,
Nördlingen
Printed in Germany · ISBN 3-423-11802-4

Über dieses Buch

Mit einem Mönch der Tang-Zeit Abenteuer auf der legendären Seidenstraße erleben – an den kannibalistischen Zeremonien der Tupinamba teilnehmen – lange vor Kolumbus Amerika entdecken – den Pazifik oder die »Blaue Grotte« als erster betreten – könnte Sie das reizen? Oder treiben Sie sich lieber auf dem Sklavinnenmarkt von Konstantinopel herum? Schwingen sich auf die soeben fertiggestellte Transsib, mit 800 Mark in der Tasche und einem Säckchen schwarzen Pfeffers, um jedem, der Sie überfallen will, Pulver in die Augen zu streuen?
Die Qual der Wahl bleibt Ihnen erspart, wenn Sie sich mit dieser Sammlung auf eine literarische Weltreise begeben. Namhafte und auch ganz unbekannte Autoren erzählen von Abenteuern aller Art und Schattierung, von Wagnissen, Ängsten, Entdeckerglück. Sehnsuchtsländer wie El Dorado oder Tahiti scheinen auf, die lange verschlossene Welt Japans, der Fluchtpunkt Afrika, der Zauber hoher Breitengrade.
Manches Bekannte erfahren wir aus neuem Blickwinkel: Käptn Cooks Weltreise vom Matrosen Heinrich Zimmermann und die ›Robinson‹-Story vom gestrandeten Alexander Selkirk. Was fromme Muslims im ›Land der Giauren‹ erleben, wird zum Spiegelbild dessen, wie es als Pilger verkleideten Europäern in Mekka ergeht. Manch berühmter Schriftsteller wagt sich auf unbekanntes Terrain, so Stendhal in die räuberischen Gegenden des Apennin, oder Stevenson mit dem Maulesel durch die Cevennen.
Entdecken Sie die zweitschönste Art zu reisen: mit diesem Buch.

FÜR RICARDA

INHALT

HINTEN, WEIT, IN DER TÜRKEI

»Wir Reisenden sind in einer sehr schwierigen Situation: Wenn wir nichts erzählen, was nicht schon andere vor uns erzählt haben, dann gelten wir für langweilig, als hätten wir nichts gesehen. Wenn wir aber etwas Neues erzählen, verlacht man uns als Spinner und Romantiker, ohne Rücksicht darauf, daß verschiedene Menschen auch verschiedene Gesellschaft finden, gleichzeitig aber auch ohne Rücksicht auf die reine Neugier oder darauf, daß sich die Bräuche in jedem Land wenigstens alle zwanzig Jahre ändern.«

Lady Mary Montagu
Letters from the East (1763/67)

Helmuth von Moltke

Spaziergang durch Konstantinopel

Konstantinopel, den 4. Januar 1836.

Begleite mich nun auf meiner Wanderung, die steile Höhe, welche der Begräbnisplatz krönt, hinab an das Ufer des Bosporus. Wir bleiben ein Weilchen stehen und sehen den Wellen zu, die sich mit Macht an den steinernen Quais brechen und schäumend weit über die vergoldeten Gitter bis an den Kiosk (Palast) des Großherrn spritzen. Griechen sammeln die Austern, welche die bewegte See ans Ufer wirft, und ganze Herden von Hunden verzehren die Reste eines gefallenen Pferdes. Wir wenden uns nun rechts an einem prachtvollen Marmorbrunnen vorüber und treten in eine lange Reihe von Kaufläden, deren Dächer oben fast zusammenstoßen. Dort sind es vor allem die Eßwaren und Früchte, die meine Aufmerksamkeit erregen; wüßte ich nur ein Schiff, so würde ich Euch einen schönen Korb füllen. Da gibt es Datteln, Feigen, Pistazien, Kokosnüsse, Manna, Orangen, Rosinen, Nüsse, Granatäpfel, Limonen und viele andere gute Sachen, von denen ich die Namen nicht einmal weiß. Da gibt es Honigbrei, Reisspeisen, Ziegenrahm und Traubengelee, alles aufs reinlichste und beste bereitet; dann kommt der Gemüsemarkt mit Blumen, Kohl, Artischocken, ungeheuren Melonen, Kürbis, Karden (Disteln) und Pasteken (Wassermelonen). Gleich daneben liegen die Erzeugnisse des Meeres: ungeheure Fische, wie der riesenhafte Thun, die silbernen Palamiden, der Goldfisch, die Steinbutte und alle die Meerungeheuer, die doch so gut schmecken, die Austern, Hummern, Krebse, Krabben und Familie.

Zwischen mehr als hundert Läden, in denen Tschibuks oder Pfeifenrohre, Köpfe von rotem Ton und lange Spitzen von Bernstein gefertigt werden, kommt man endlich nach Tophane, dem Viertel der Artilleristen. Die von dem jetzigen Großherrn erbaute Moschee Nusrethieh (Nusretije, die Siegreiche, auch Mahmudije genannt) zeichnet sich aus durch ihre beiden Minaretts, die hundert Fuß hoch sind, und deren unterer Durchmesser doch nicht über neun Fuß mißt. Wie gut müssen

…che schlanken Türme gebaut sein, um Stürmen, oft auch Erdbeben, widerstehen zu können. Im Vorhof, der mit schönen Säulen umgeben ist, waschen, trotz der kalten Witterung, in langen Reihen von Wasserbecken die andächtigen Moslems Gesicht, Hände und Füße, denn sonst wird das Gebet nicht akzeptiert. Nach dieser etwas frischen Prozedur kniet der Gläubige, das Gesicht gegen Mekka gewendet, nieder, sagt seinen Spruch, zieht seine Stiefel an und geht davon. Nahebei ist die große Moschee Kilidsch-Aly (erbaut von Admiral Kilidsch Ali Pascha). In dem schönen Vorhof befinden sich Kaufläden mit artigen Sachen. Unter einem Bogen sitzt ein türkischer Briefschreiber, ein Stück Pergament auf dem Knie und eine Rohrfeder in der Hand. Frauen in weiten Mänteln und gelben Pantoffeln, das Gesicht bis auf die Augen verhüllt, erzählen ihm mit lebhaften Gebärden ihr Anliegen, und mit regungslosen Zügen schreibt der Türke das Geheimnis des Harems, eine Prozeßangelegenheit, eine Bittschrift an den Sultan oder eine Trauerpost, faltet das Blatt kunstvoll zusammen, wickelt es in ein Stück Musselin, drückt ein Siegel von rotem Wachs darauf und empfängt seine 20 Para für eine Freudenpost wie für eine Todesnachricht.

Die zahllosen Kaffees gewähren jetzt einen eigenen Anblick, alles drängt sich um die Feuerbecken, aber der liebliche Dampf des Kaffees und der Pfeife fehlt; es ist das Fest des Ramadan, und vor Einbruch der Nacht darf kein Rechtgläubiger essen, trinken, Tabak rauchen, oder sich nur den Geruch einer Blume erlauben. Die Türken schleichen langsam in den Straßen herum, den Rosenkranz in der Hand, und schneiden grimmige Gesichter vor Hunger und ungewohnter Kälte. Sobald aber die Sonne hinter der Moschee Suleimans des Prachtvollen untergeht, rufen die Imams von allen Minaretts: ›Es gibt keinen Gott, als Gott‹, und nun ist es sogar die Pflicht des Moslems, die Fasten zu brechen.

Wir sind nun bis an die Mauern von Galata gekommen und steigen zu jenem großen weißen Turm empor, von dem man wieder einen prachtvollen Anblick auf die Stadt jenseits des Hafens, auf Skutari (Üsküdar), jenseits des Bosporus, und auf das Marmormeer, die Prinzeninseln und den asiatischen Olymp hat. Rechts breitet sich die mächtige Stadt von einer halben Million Einwohner aus, die so viel Wert wie ein Königreich hat, und wirklich über fünfzig Jahre ein Kaisertum gewesen ist, als die Ungläubigen schon den ganzen Rest des oströmischen Reichs verschlungen hatten. Die äußerste Spitze mit den hohen Mauern, den vielen Kuppeln und dunkelgrünen Zypressen ist das Seraj (Serail), eine Stadt für sich mit 7000 Einwohnern, mit ihren eigenen Mauern und Toren. Dicht daneben wölbt sich die mächtige Kuppel der Sophienkirche (Hagia Sophia), jetzt eine Moschee, welche das Vorbild zu so vielen andern Kirchen, selbst zu St. Peter in Rom, geworden ist. Weiter rechts ragen die sechs prächtigen Minaretts der Moschee Sultan Achmeds hervor. Wegen ihrer schlanken Form sehen diese Minaretts ungleich höher aus als die höchsten Türme unserer christlichen Kirchen. Den höchsten Punkt aber bildet der schöne Turm des Seraskiers (Kriegsministers). So weit das Auge reicht, nichts als flache Dächer, rote Häuser und hohe Kuppeln, überragt von der Wasserleitung Kaser Valens, welche mitten durch die Stadt setzt und noch heute nach sechzehn Jahrhunderten das Wasser für Hunderttausende von Menschen herbeileitet. Durch die weiten Bogen flimmert jenseits der Hellespont, und die asiatischen Berge schließen dies Bild.

Arnaut-Kidi bei Konstantinopel, den 9. Februar 1836.

Auf den Wunsch des Seraskiers befinde ich mich jetzt hier im Hause seines ersten Dragomans (Dolmetschers). Mein Wirt heißt Mardiraki oder der kleine Martin, er ist ein Armenier und ein reicher angesehener Mann.

Obschon wir die Weisung haben, sehr fleißig zu sein, so tun wir doch eigentlich alles andere als übersetzen. Wenn ich dem kleinen Martin vorschlage, eine Pfeife zu rauchen, oder Tricktrack zu spielen, so ist er allzeit zu haben; spreche ich aber von der Übersetzung, so hat er dringende Abhaltung. Die schriftlichen Aufsätze werden hier ungefähr angefertigt wie bei uns die Tapisserie-Arbeit der Damen. Man sitzt dabei mit untergeschlagenen Beinen auf dem Sofa und malt mit der Rohrfeder übers Knie auf langen Streifen geglätteten Papiers die Charaktere (Schriftzeichen) von der Rechten zur Linken.

Übrigens geht mir hier nichts ab, und es ist sehr interessant, einen Blick in die Häuslichkeit einer armenischen Familie zu tun. Diese Armenier kann man in der Tat christliche Türken nennen, so ganz haben sie die Sitten und selbst die Sprache jener herrschenden Nation angenommen, während die Griechen weit mehr ihre Eigentümlichkeiten bewahrten. Die Religion erlaubt ihnen als Christen natürlich nur *eine* Frau; aber diese ist fast ebenso unsichtbar wie die Türkinnen. Wenn die Armenierinnen auf der Straße erscheinen, sieht man ebenfalls nur die Augen und den oberen Teil der Nase unverschleiert. Ich war schon mehrere Tage hier im Hause, ohne daß sich ein weibliches Wesen blicken ließ. Zuerst erschien die alte Frau M., welche nicht viel Verführerisches an sich hatte, und zuletzt erst, weil ich ein besonders geehrter Mussafir (Gast), ein hübsches Mädchen nach dem andern. Leider spricht keine ein Wort französisch. Nun mag man sich wohl mit einem Pascha durch den Dragoman unterhalten, aber mit jungen Damen ist das sehr hart.

Auf einen Europäer macht es einen eigenen Eindruck, sich von den Töchtern des Hauses aufwarten zu lassen. Sie bringen dir die Pfeife, reichen den Kaffee und bleiben mit verschränkten Händen vor dir stehen, bis du sie aufforderst, sich zu setzen. Es liegt aber darin für sie durchaus nichts Demütigendes, und ist auch in der Tat nur das altbiblische, naturgemäße Verhältnis. Wenn wir die Wahrheit sagen wollen, so müssen wir gestehen, daß bei uns ein junges Mädchen von dem Brautstand in den Ehestand eine Stufe herabsteigt, denn die Vergötterung, mit welcher ihr gehuldigt wurde, kann unmöglich für die Dauer eines Lebens vorhalten. Im Orient wird die Frau durch die Ehe gehoben, und wenn sie auch dem Manne untertan bleibt, so herrscht sie doch in ihrer Wirtschaft über die Mägde und Dienstboten, die Söhne und Töchter. Ich will damit nur sagen, daß wir in der einen Richtung vielleicht zu weit gehen, während, nicht die Armenier, aber die Türken in der anderen Richtung noch viel weiter gehen.

Wenn von der Sklaverei im Orient die Rede ist, so war dabei fast immer der himmelweite Unterschied übersehen worden, welcher zwischen einem türkischen und einem Negersklaven in Westindien stattfindet. Schon der Name Sklave in dem Sinne, welchen wir mit jenem Wort verbinden, ist falsch. Abd heißt nicht Sklave, sondern vielmehr Diener. Abd-allah, der

Diener Gottes; Abd-ul-medschid, der Diener der Andacht usw. Ein gekaufter türkischer Diener ist unendlich besser daran als ein gemieteter. Eben weil er das Eigentum seines Herrn, und dazu ein teures Eigentum, ist, schont er ihn; er pflegt ihn, wenn er krank ist, und hütet sich wohl, ihn durch übertriebene Anstrengung zugrunde zu richten. Von Arbeiten, wie die in den Zuckerplantagen, ist da überhaupt nicht die Rede, so wenig, wie denn dem Türken im allgemeinen Mäßigung, Billigkeit und Wohlwollen gegen die Seinigen abzusprechen sind. Bestimmt doch der Koran, »daß Sklaven und Sklavinnen mit nicht mehr als sechs Geißelhieben gezüchtigt werden sollen«. Die Unfreiheit eines türkischen Sklaven ist kaum größer als die eines *glebae adscripti* (an die Scholle gebundenen), ein Verhältnis, welches wir bis vor wenigen Jahren bei uns selbst erblickten, und welches von einer gewissen Stufe der Kultur unzertrennlich ist. Dabei ist aber die ganze übrige Lage des Sklaven ungleich milder als die des schollenpflichtigen Bauers.

Wenn irgendeine europäische Macht die Freilassung aller Sklaven im Orient bewirkte, so würden diese ihr wenig Dank dafür wissen. Als Kind in das Haus seines Brotherrn aufgenommen, bildet der Sklave ein Glied der Familie. Er teilt die Mahlzeit mit den Söhnen des Hauses, wie er die Arbeit in der Wirtschaft mit ihnen teilt; diese besteht meist darin, ein Pferd zu warten, oder seinen Herrn zu begleiten, ihm die Kleider nachzutragen, wenn er ins Bad geht, oder die Pfeife, wenn er ausreitet. Tausende von Sklaven, die Khavedschi und Tütundschi, haben kein anderes Geschäft als Kaffee zu kochen und die Pfeife instand zu halten. Fast immer endet die Sklaverei nicht bloß mit einer Freilassung, sondern auch mit einer Ausstattung fürs Leben. Gewöhnlich heiratet der Sklave die Tochter des Hauses, und wenn keine Söhne vorhanden, setzt ihn der Herr zu seinem Erben ein. Sind doch die Schwiegersöhne des Großherrn gekaufte Sklaven, und läßt sich doch von den mehrsten Würdenträgern des Reichs der Marktpreis nachweisen.

Noch muß ich auf eine andere eigentümliche Verschiedenheit hinweisen. In Amerika suchten christliche Pflanzer durch die strengsten Verbote und die grausamsten Mittel die Verbreitung des Christentums unter ihre Sklaven zu verhindern, während im Orient die Erziehung des gekauften Dieners in der

Religion seines Herrn durchaus vorgeschrieben ist. Die Kinder, welche als Sklaven aufgenommen werden, erhalten sogleich einen türkischen Namen, der gewöhnlich auch ein biblischer ist; so ist Ibrahim gleichbedeutend mit Abraham, Süleïman (oder wie die Europäer sagen: Soliman) mit Salomon, Daud mit David, Mussa mit Moses, Sekerieh mit Zacharias, Ejub mit Hiob, Jussuf mit Joseph usw. Ein Kriegsgefangener muhamedanischer Religion hingegen kann getötet, aber nicht verkauft werden.

Der wohlbegründete Vorwurf hingegen, welchen man auch der orientalischen Sklaverei machen kann, ist, daß sie die direkte Veranlassung gibt zu der Härte, mit welcher gegen eine Summe Geld ein tscherkessischer Vater sich auf ewig von seinem Kinde trennt, zu den Menschenjagden, welche der große Handelsmann am Nil alljährlich in Sennar (heute zum Sudan gehörig) anstellen läßt, und dergleichen Abscheulichkeiten mehr.

Viel härter als das Los der Sklaven im Orient scheint mir das Verhältnis der Frauen bei der Ausdehnung, in welcher der Türke die materielle Gewalt über das schwächere Geschlecht übt.

Die Ehe ist im Orient rein sinnlicher Natur, und der Türke geht über das ganze ›Brimborium‹ von Verliebtsein, Hofmachen, Schmachten und Überglücklichsein als ebenso viele *faux frais* hinweg zur Sache. Die Heirats-Angelegenheit wird durch die Verwandten abgemacht, und der Vater der Braut bekommt viel öfter eine Entschädigung für den Verlust eines weiblichen Dienstboten aus seiner Wirtschaft, als daß er der Tochter eine Aussteuer mitgäbe. Der Tag, an welchem die Neuvermählte verschleiert in die Wohnung ihres Gemahls tritt, ist der erste, wo dieser sie erblickt, und der letzte, an welchem ihre nächsten männlichen Verwandten, ihre Brüder selbst, sie sehen. Nur der Vater darf ihren Harem noch betreten und übt auch später immer eine gewisse Gewalt über sie. ›Harem‹ heißt wörtlich Heiligtum, und die Vorhöfe der Moscheen tragen denselben Namen.

Diese Art, die Ehen zu schließen, bedingt schon an sich die Leichtigkeit, sie wieder zu lösen; ein vorhergesehener Fall, für den die Rückzahlung des etwaigen Heiratsgutes und eine Geldentschädigung gleich bei der Hochzeit festgesetzt wird. Übrigens ist der Muselmann des Spruchs aus dem Koran eingedenk: »Wisset, ihr Männer, daß das Weib aus der Rippe, d.h. aus dem krummen Bein geschaffen. Wollt ihr ein krummes Bein grade biegen, so bricht es. Ihr Gläubigen, habt Geduld mit den Weibern!«

Obschon das Gesetz den Rechtgläubigen vier Frauen erlaubt, so gibt es doch nur sehr wenige Türken, die reich genug wären, um mehr als eine zu heiraten. So viele Frauen, so viele besondere Haushaltungen und Wirtschaften muß er haben, denn die Erfahrung hat gezeigt, daß zwei Frauen in einem Konak (Palast) sich durchaus nicht vertragen. Dagegen gestatten Gesetz und Sitte dem Moslem, so viele Sklavinnen zu haben, wie er will. Nicht der mindeste Makel haftet an der Geburt des Sohnes einer Sklavin; diese stehen unter dem Befehl der eigentlichen Kadynn oder Hanumm, der Frau vom Hause. Welche reiche Quelle aber von Zwist und Hader, von Eifersucht und Ränken ein solches Verhältnis abgibt, ist leicht einzusehen.

Die Weiber sind streng bewacht und von allem Umgang, außer mit Frauen, geschieden. In diesem Punkte sind alle Muselmänner einverstanden, und die Reformen werden gewiß zu allerletzt in die Harems dringen. Die Fenster sind mit Holzgittern und dahinter von oben bis unten mit dichtem Rohrgeflecht geschlossen, so, daß niemand von außen das mindeste vom Innern erblickt. Gewöhnlich gestattet ein kleines rundes Loch diesen Gefangenen einen Blick hinaus in die schöne freie Welt, oft aber siehst du auch 20 bis 30 Fuß hohe Bretterverschläge, welche den reizenden Anblick des Bospor verstecken, damit die vorüberfahrenden Kaiks (Küstenfahrzeuge) mit Männern nicht von den Frauen bemerkt werden. Es ist freilich bequemer, der einzige Mann zu sein, den die Frau sieht, als unter vielen der liebenswürdigste. Auf Promenaden, in den Kähnen oder im Wagen sitzen Frauen stets nur mit Frauen beisammen.

Wenn der Mann seiner Gattin auf der Straße begegnet, so wäre es die größte Unschicklichkeit, sie zu grüßen, oder nur Miene zu machen, daß er sie erkenne; deshalb ist auch der Anzug der Frauen in ihrem Hause ebenso übertrieben frei, wie er außerhalb übertrieben verhüllt ist. Ein weißer Schleier bedeckt das Haar und die Stirn bis zu den Augenbrauen, ein anderer Kinn, Mund und Nase. – Die größte Reform in dem Schicksal der türkischen Frauen besteht darin, daß bei Begünstigten, wie denen des Großherrn, die Nasenspitze und ein paar Locken an den Seiten sichtbar geworden sind. Den Rest des Körpers bedeckt ein weites Gewand aus einem leichten schwarzen, hellblauen oder braunen Stoff. Ebenso unschön ist die Fußbekleidung, aus ledernen Strümpfen und Pantoffeln bestehend, welche bei den Türkinnen gelb, bei den Armenierinnen rot, bei den Griechinnen schwarz und bei den Jüdinnen blau sind. So schleichen sie langsam und schwankend wie Gespenster, unerfreulichen Anblicks einher.

Gewiß sind die Gesichter der Türkinnen im allgemeinen sehr schön. Fast alle Frauen im Orient haben den köstlichsten Teint, wundervolle Augen und breite gewölbte Augenbrauen. Wenn diese über der Nase zusammenstoßen, so ist das eine Schönheit, und türkische Frauen ersetzen den Mangel jenes Reizes, indem sie mit schwarzer Farbe einen Stern oder einen Halbmond zwischen die Brauen malen; auch wird der Schwärze der Wimpern nachgeholfen, indem sie einen gefärbten Zwirnsfaden zwischen den Augenlidern durchziehen, und die Nägel, selbst das Innere der Hand und oft auch die Fußsohlen werden mit Henna rot gemalt. Die beständig sitzende Lebensweise hat aber den türkischen Frauen alle Anmut der Bewegung, die Einkerkerung jede Lebhaftigkeit des Geistes geraubt, und sie stehen in Hinsicht auf Bildung noch eine Stufe unter den Männern.

Wer sich durch ›TausendundeineNacht‹ verleiten läßt, das Land der Liebesabenteuer in der Türkei zu suchen, kennt die Verhältnisse wenig. Bei den Arabern mag es anders gewesen sein, aber bei den Türken herrscht in dieser Beziehung die trockenste Prosa. Ich glaube, daß aus dem, was ich oben beschrieben, hervorleuchtet, daß es zu Liebesintrigen den Frauen an Temperament, wenigstens an Geist, den Männern aber an Möglichkeit fehlt. Wird eine türkische Frau je des Treubruchs mit einem Moslem überführt, so verstößt sie ihr Gemahl mit Schimpf; hatte sie aber Verkehr mit einem Rajah, d.h. mit einem christlichen Untertan der Pforte (des Sultanats), so wird sie noch heute, im Jahre 1836, ohne Gnade ersäuft und der

Rajah gehenkt. Ich bin selbst Zeuge dieser letzten Barbarei gewesen.

Auf einem Spaziergang auf der asiatischen Küste begegnete ich unlängst einer Koppel schwarzer Sklavinnen, die, ich glaube, aus Oberägypten kamen, wo die Weiber ebenso garstig als die in Nubien schön sind. Jene glichen wirklich kaum Menschen; die Stirn ist eingedrückt, Nase und Oberlippe bilden fast eine Linie, der starke Mund tritt weit über die Nasenspitze vor, das Kinn zurück. Es ist der Übergang zur tierischen Gesichtsbildung. Der ganze Anzug dieser Damen bestand in einem Stück Sackleinwand, dennoch fehlte der Putz nicht, denn blaue Glasringe umgaben die Knöchel und Handgelenke, und das Gesicht war durch tiefe Einschnitte in die Haut verschönert. Sie drängten sich um mich und riefen aus rauher Kehle mit großer Lebhaftigkeit unverständliche Worte. Ein alter Türke, ihr Führer, bedeutete mir, daß sie fragten, ob ich eine von ihnen kaufen wollte. Eine solche Sklavin kostet durchschnittlich 150 Gulden, d. h. etwas weniger als ein Maultier. Auf dem Sklavenmarkt zu Konstantinopel habe ich die weißen Sklavinnen nicht sehen dürfen, von schwarzen saß eine große Zahl im Hof. Sie warfen sich mit Gier über das Backwerk, welches wir unter sie verteilten, und alle wollten gekauft sein.

Aber nichts ist bezeichnender für das Verhältnis der Frauen im Orient, als daß der Prophet selbst ihnen nach diesem Leben gar keine Stellung anzuweisen wußte. Die Huris im Paradies (Jungfrauen von ätherischer Schönheit) sind nämlich keineswegs die dort wiedererstandenen Frauen der Erde, und was nach dem Tode einmal aus diesen wird, weiß kein Mensch. Da sind nun meine hübschen Armenierinnen besser daran.

Lady Mary Montagu
Reisebriefe einer halben Türkin

An Gräfin Bristol

Konstantinopel, 10. April 1718.

Alle Statuen hier haben noch ihre Köpfe, und ich kann nicht umhin, der Unverschämtheit der Autoren zu gedenken, die behaupten, sie hätten keine. Doch ich möchte schwören, der größte Teil von ihnen hat sie überhaupt nie gesehen und diese Nachricht von den Griechen übernommen, die mit unglaublicher Standhaftigkeit der Überzeugung ihrer eigenen Augen widerstehen, wenn es gilt, durch Lügen ihre Feinde zu entehren. Wenn man sie fragte, so gäbe es in Konstantinopel nichts anderes, das des Besichtigens wert wäre, als die Hagia Sophia, obwohl noch einige andere größere Moscheen da sind. Die des Sultans Achmed zeichnet sich durch Bronzetüren aus; in allen diesen Moscheen gibt es kleine Kapellen, wo sich die Gräber der Stifter und deren Familien befinden, vor denen ungeheure Kerzen brennen. Die Börsen sind lauter vornehme Bauwerke mit schönen, meist von Säulen getragenen Gängen, die wunderbar reinlich gehalten werden. Jedes Handwerk hat seinen eigenen Gang, darin die Waren auf dieselbe Art wie in der Neuen Börse in London ausgestellt sind. Das Besisten- oder Juwelierviertel zeigt so großen Reichtum, solch ungeheure Menge von Diamanten und allen Gattungen von Edelsteinen, daß der Anblick derselben blendet. Auch das Viertel der Stikkereien ist sehr glitzernd, und die Leute gehen ebensosehr wegen der Unterhaltung als wegen der Geschäfte dorthin. Die Märkte finden meistens auf schönen Plätzen statt und werden wunderbar reichlich versorgt, vielleicht besser als in irgendeinem anderen Teil der Welt.

Ich weiß, Sie erwarten, daß ich etwas Besonderes über die Sklaverei sage, und Sie werden mich für eine halbe Türkin halten, wenn ich nicht mit demselben Abscheu davon spreche, wie andere Christen dies vor mir getan. Doch kann ich nicht umhin, die Menschlichkeit der Türken diesen Geschöpfen gegenüber zu bewundern; letztere werden nie schlecht behandelt, und ihre Sklaverei ist nicht schlimmer, als Dienstbarkeit allüberall auf der Welt. Allerdings ist es richtig, daß sie keinen Lohn bekommen, doch bekommen sie jährlich mehr in Form von Kleidung, als die Bezahlung gewöhnlicher Dienstboten bei uns ausmacht. Sie werden wohl einwenden, daß Frauen von Männern in schlechter Absicht gekauft würden. Meiner Meinung nach werden diese in allen großen Städten der Christenheit weit schmachvoller und öffentlicher verkauft.

Ich muß der Beschreibung von Konstantinopel hinzufügen, daß die historische Säule nicht mehr steht; sie stürzte zwei Jahre, ehe ich hierher kam, zusammen. Ich habe keine anderen Spuren des Altertums gefunden als die Wasserleitungsbogen, die so ungeheuer groß sind, daß ich glaube, sie seien noch älter als das griechische Kaiserreich. Die Türken haben zwar in einige Steine türkische Inschriften eingehauen, um ihrer Nation die Ehre dieses großen Werkes zuzuschanzen, doch ist der Betrug leicht zu entdecken.

Andere öffentliche Gebäude sind die Hans (Herbergen) und die Klöster. Die ersteren sind sehr groß und zahlreich, die zweiten wenig zahlreich und durchaus nicht prächtig. Ich war so neugierig, eines von diesen zu besuchen, um die Frömmigkeit der Derwische zu beobachten, die ebenso wunderlich ist wie nur die irgendwelcher Mönche in Rom. Sie haben die Erlaubnis zu heiraten, doch müssen sie ein seltsames Gewand tragen, welches aus einem einzigen Stück rauhen, weißen Tuches besteht, in das sie sich einhüllen und das die Arme und Beine bloß läßt. Ihr Orden hat keine anderen Regeln als die Ausübung ihrer fanatischen Riten an jedem Dienstag und Freitag. Diese bestehen in folgendem: Die Derwische versammeln sich in einer großen Halle, wo sie alle mit zu Boden gerichteten Blicken stehen und die Arme gekreuzt halten, während der Imam oder Prediger von einer in der Mitte befindlichen Kanzel einen Abschnitt aus dem Koran vorliest. Ist dies getan, so machen acht bis zehn von ihnen mit ihren Pfeifen, die kein musikalisches Instrument sind, ein melancholisches Konzert. Dann liest er nochmals vor und gibt eine kurze Auslegung des Gelesenen, danach singen und spielen sie, bis ihr Vorgesetzter, der einzige von ihnen, der grün gekleidet ist, aufsteht und einen feierlichen Tanz beginnt. Sie umstehen ihn alle in einer bestimmten Ordnung, und während die einen spielen, binden die anderen ihr Kleid, das sehr weit ist, fest um den Leib und beginnen sich mit großer Schnelligkeit zu drehen, doch stets in genauer Übereinstimmung mit der Musik, langsamer und schneller, wie die Weise es eben verlangt. Dies dauert über eine Stunde, ohne daß einer von ihnen im mindesten schwindelig würde, was nicht wunderlich ist, da sie alle von Kindheit daran gewöhnt sind, denn viele von ihnen werden bei der Geburt für diese Lebensweise bestimmt und sind überdies Söhne von Derwischen. Zwischen ihnen drehten sich einige sechs- oder siebenjährige kleine Derwische, welche diese Übung nicht mehr aus der Fassung brachte als die anderen. Zu Ende der Zeremonie rufen sie aus: »Es gibt keinen anderen Gott als Gott, und Mohammed ist sein Prophet«, wonach sie die Hand ihres Oberen küssen und sich zurückziehen.

Dies alles vollzieht sich mit dem feierlichsten Ernst. Nichts kann strenger sein als die Haltung dieser Leute, sie erheben nie den Blick und scheinen in Betrachtung versunken. Und so lächerlich dies in der Erzählung erscheinen mag, so ist doch etwas tief Ergreifendes in dem Ausdruck der Unterwerfung und Kasteiung, den sie annehmen.

An Gräfin Mar

(Undatiert. April/Mai 1718.)

Ebenso unterhaltend ist es, wie wehmütig Mr. Hill und alle Reiseschriftsteller seinesgleichen über die Gefangenschaft der türkischen Frauen klagen, die freier als vielleicht alle anderen Frauen der Erde und überdies die einzigen in der Welt sind, die ein Leben voll ununterbrochener Freuden, bar aller Sorgen führen. Ihre ganze Zeit ist ausgefüllt mit Besuche machen, Baden, oder der angenehmen Unterhaltung des Geldausgebens und der Erfindung neuer Moden. Ein Ehemann, der von seiner Frau einen gewissen Grad von Sparsamkeit forderte, würde als verrückt angesehen werden, da die Höhe der Ausgaben der Frauen von nichts anderem als von deren Launen abhängig ist. Seine Aufgabe ist es, Geld zu beschaffen, die ihre, es auszugeben, und dies edle Vorrecht erstreckt sich sogar auf die Geringste ihres Geschlechtes. Da ist ein Kerl, der auf dem Rücken gestickte Taschentücher zum Verkaufe herumträgt, eine armselige Erscheinung, wie dies bei einem so gemeinen Händler zu erwarten ist. Doch ich versichere Ihnen, seine Frau würde es verächtlich finden, etwas anderes als Goldstoff zu tragen, besitzt einen Hermelinpelz und eine Anzahl Juwelen für ihren Kopfputz. Die Türkinnen gehen aus, wann und wohin es ihnen beliebt. Es ist richtig, sie haben keine anderen Zusammenkunftsplätze als die Bäder, und auch dort können sie nur von ihren Geschlechtsgenossinnen gesehen werden, doch ist dies eine Unterhaltung, an der sie immerhin viel Vergnügen finden.

Ich war vor drei Tagen in einem der schönsten Bäder der Stadt und hatte Gelegenheit, den Empfang einer türkischen Braut und alle bei diesem Anlaß gebräuchlichen Zeremonien mit anzusehen. Diese erinnerte mich an das Hochzeitsgedicht für Helena bei Theokrit, und es scheinen die gleichen Sitten wie damals auch heute noch hier zu herrschen. Alle weiblichen Freunde, Verwandte und Bekannte der beiden neu verbundenen Familien trafen im Badehaus zusammen. Andere gehen aus Neugierde hin, und ich glaube, es waren an diesem Tage wenigstens zweihundert Frauen dort. Die Verheirateten und die Witwen setzten sich rundherum auf die Marmorsofas. Die Jungfrauen warfen raschest ihre Kleider ab und erschienen ganz ohne andere Hülle oder anderen Schmuck als ihr langes, offenes Haar, das mit Bändern und Perlen durchflochten war. Zwei von ihnen begrüßten die Braut, die von ihrer Mutter und einer anderen würdigen Verwandten begleitet war, an der Türe. Sie war ein schönes Mädchen von etwa siebzehn Jahren, sehr reich gekleidet und strahlend von Juwelen, doch wurde sie augenblicks in den Naturzustand zurückversetzt. Zwei Mädchen füllten vergoldete Silbergefäße mit Parfüm und führten den Zug an, der Rest folgte in dreißig Paaren nach. Die Führerinnen sangen ein Hochzeitslied, und der Chor stimmte ein. Die beiden letzten führten die schöne Braut, die mit zu Boden gesenkten Augen und mit einer reizenden, gezierten Bescheidenheit einherschritt. In dieser Ordnung zogen sie durch drei große Säle des Bades. Es ist nicht leicht, Ihnen die Schönheit dieses Anblicks zu beschreiben, da die meisten von ihnen wohlgebaut und von schöner, weißer Hautfarbe waren. (Durch den häufigen Gebrauch der Bäder sind sie alle im Besitz einer vollkommen glatten und glänzenden Haut.) Nach Beendigung dieses Umzuges wurde die Braut zu den Matronen geführt, von denen sie jede mit einem Glückwunsch und einem Geschenk begrüßte. Die Geschenke bestanden in Juwelen, Stoffen, Taschentüchern oder kleinen Galanterien, wofür sie sich mit einem Handkuß bedankte.

Es bereitete mir viel Vergnügen, diese Zeremonie mit anzusehen, und Sie mögen mir glauben, daß die türkischen Damen zumindest soviel Verstand und Höflichkeit, ja sogar Freiheit haben wie unsere Damen. Es ist richtig, daß die hiesigen Sitten ihnen sehr viel Gelegenheit bieten, ihren bösen Neigungen (wenn sie solche haben) nachzugehen und es andererseits ihrem Gatten vollständig in die Hand gegeben ist, sie zu bestrafen, wenn sie entdeckt werden. Ich zweifle nicht, daß sie ihre Verfehlungen oft auf sehr schwere Art büßen müssen.

Lord Byron
In Prevesa

Prevesa, 12. November 1809.

Meine teure Mutter!
Ich lebe schon einige Zeit in der Türkei; diese Stadt liegt an der Küste, aber ich bin auch im Innern Albaniens gewesen und habe dem Pascha meinen Besuch gemacht. Malta verließ ich erst am 21. September in dem Kriegsschiff »Spyder« und war binnen acht Tagen in Prevesa. Ich machte ungefähr 150 Meilen bis Tepeleni, der Sommerresidenz des Pascha, wo ich drei Tage verlebte. Sein Name ist Ali, und er gilt für einen Mann von bedeutenden Fähigkeiten, er beherrscht ganz Albanien (das alte Illyrien), Epirus und einen Teil Mazedoniens. Sein Sohn, Weli Pascha, an welchen er mir Briefe mitgab, ist über Morea gesetzt und hat großen Einfluß in Ägypten; kurz, er ist einer der Mächtigsten im Osmanischen Reich.

Als ich nach einer Tour von drei Tagen durch das Gebirge, in einer überaus pittoresken Gegend, die Hauptstadt Janina erreichte, kam mir die Nachricht, daß Ali Pascha mit seinem Heer in Illyrien sei und den Ibrahim Pascha in der Festung

Berat belagere. Er hatte vernommen, daß ein Brite von Rang sich in seinem Gebiet befinde, und dem Befehlshaber von Janina Befehle zurückgelassen, für ein Haus zu sorgen und mich mit allen Lebensbedürfnissen kostenfrei zu versehen. Ob ich nun gleich den Sklaven Geschenke machen durfte, so hat man mir doch nicht das Geringste für den Haushalt zu bezahlen erlaubt. Ich ritt auf den Pferden des Wesirs spazieren und sah seine und seiner Enkel Paläste; sie sind brillant, doch viel zu viel überladen mit Seide und Gold. Dann nahm ich meine Reise übers Gebirge durch Zitza, ein Dorf mit einem griechischen Kloster – wo ich auf der Retourreise über Nacht blieb – in der entzückendsten Gegend, die ich je gesehen, etwa Sintra in Portugal ausgenommen. In neun Tagen kam ich nach Tepeleni. Unsre Tour wurde durch die reißenden Gebirgsströme, welche die Wege zerstört hatten, sehr aufgehalten.

Ich werde nie den eigentümlichen Eindruck vergessen, als ich Tepeleni nachmittags fünf Uhr betrat, wie gerade die Sonne unterging. Es erinnerte mich lebhaft – doch mit einiger Veränderung des Kostüms – an Walter Scotts Beschreibung des Schlosses Branksome in seinem Lay, und an das ganze Feudalwesen des Mittelalters. Die Albanier in ihren Gewändern, den reichsten von der Welt, die aus einer Art langem weißen Kilt oder schottischem Rock, einem goldverbrämten Mantel, einer karmosinfarbigen Sammetjacke und Sammetweste mit Goldlitzen, aus Pistolen und Dolchen mit Silbergriffen bestehen; die Tataren mit ihren hohen Mützen; die Osmanen in ihren großen Pelzen und Turbanen, die Soldaten und die schwarzen Sklaven mit den Pferden; erstere in Trupps auf einer weiten offenen Galerie vor dem Palast, letztere in einer Art von Kloster hinter demselben; dreihundert Pferde, alle aufgezäumt, um jede Minute fortzusprengen; Kuriere, die mit Depeschen kommen und gehen; das Schlagen der Pauken, das Rufen der Stunde vom Minarett der Moschee: Dieses alles gab mit der sonderbaren Erscheinung der Gebäude zusammen ein neues, entzückendes Schauspiel für den Pilgrim ab (das poetische Reisetagebuch »Child Harold's Pilgrimage«).

Ich wurde in ein sehr schönes Zimmer geführt, und der Sekretär des Wesirs erkundigte sich nach meinem Befinden – à la mode Turque.

Folgenden Tages wurde ich bei Ali Pascha eingeführt. Ich trug die vollständige Uniform eines Offiziers vom Generalstab, einen prachtvollen Degen und dergleichen mehr. Der Wesir empfing mich in einem großen Zimmer, dessen Fußboden mit Marmorplatten belegt war; ein Springbrunnen spielte in der Mitte, und rings an den Wänden waren scharlachrote Ottomanen ausgebreitet. Er empfing mich stehend, eine ganz besondere Höflichkeit von einem Türken, und ließ mich sitzen zu seiner Rechten. Ich habe einen griechischen Dolmetscher für alle Vorfälle des Lebens, aber bei dieser Gelegenheit wurde ein Arzt Alis mit Namen Femlario, der Latein spricht, gebraucht. Seine erste Frage war, warum ich so jung schon mein Heimatland verlassen hätte. Denn die Türken haben keinen Begriff davon, daß man zu seinem Vergnügen reist. Dann sagte er, der englische Minister, Kapitain Leake, hätte ihm bedeutet, daß ich von hoher Familie sei; und er ersuchte mich, meiner Mutter seinen Respekt zu bezeugen, was ich denn hiermit im Namen des Ali Pascha tue. Er meinte, er sei überzeugt, daß ich von hoher Geburt sei, weil ich kleine Ohren, gelocktes Haar und kleine weiße Hände hätte; auch sprach er sein Wohlgefallen über meine Person und Kleidung aus.

Dann bat er mich, ich möchte ihn, so lange ich mich in der Türkei aufhielte, als meinen Vater ansehen, indem er mich ganz wie sein Kind ansähe. Und in der Tat behandelte er mich wie ein Kind, denn er sandte mit den Tag über wohl zwanzigmal Mandeln und Zuckersorbet, Früchte und Konfitüren. Er bat mich, ihn recht oft zu besuchen, besonders zu Nacht, wo er freie Zeit hätte. Nach geschlürftem Kaffee und gedampfter Pfeife zog ich mich für dieses erste Mal zurück. Ich sah ihn später noch dreimal. Merkwürdig ist, daß die Muselmanen, die doch außer ihrem Sultan keine erbliche Würde kennen und wenige angesehene Familien zählen, auf die Geburt so viel Gewicht legen, denn ich sah meinen Stammbaum viel höher geschätzt als meine Titulatur.

Seine Hoheit ist sechzig Jahre alt, sehr feist und nicht groß, aber sein Antlitz ist anmutig, der Bart weiß und die Augen hellblau; sein Benehmen ist sehr leutselig, und er hat ganz die Würde, die ich bei den Moslems so allgemein finde. Er macht einen ganz anderen Eindruck, als sein wahrer Charakter ist –

denn er hat sich als ein verhärteter Tyrann herausgestellt, der die schrecklichsten Grausamkeiten verübte; sehr tapfer ist er und ein so vortrefflicher General, daß sie ihn den moslemischen Bonaparte nennen. Napoleon hat ihm zweimal das Königtum von Epirus angeboten, aber Ali zieht das britische Interesse vor und verachtet die Franzmänner, wie er selbst gegen mich äußerte.

Er offenbart so eine Konsequenz, daß beide Nationen ihm gleichermaßen den Hof machen. Die Albaner sind nämlich die mutigsten Untertanen des Sultans, und Ali ist nur dem Namen nach an die Pforte (das Sultanat) gebunden. Er war seinerzeit ein gewaltiger Soldat, aber er ist ebenso barbarisch wie glücklich, läßt die Aufrührer auf dem Roste braten und tut Ähnliches mehr. Bonaparte sandte ihm eine Tabatière mit seinem Portrait. Ali sagte, die Dose wäre ihm ganz recht, aus dem Bilde mache er sich aber den Kuckuck, es ziehe bei ihm so wenig wie das Original.

Seine Weise, die Abkunft der Menschen nach den Ohren, Händen usw. zu beurteilen, ist freilich sehr sonderbar. Er zeigte sich wirklich gegen mich wie ein Vater und gab mir Briefe, Wachen und alle nur möglichen Bequemlichkeiten. Unsere nächste Konversation handelte vom Krieg und vom Reisen, von England und von der Politik. Er ließ einen albanischen Soldaten kommen, der mir zur Begleitung gegeben wurde, und schärfte ihm ein, mich unter allen Umständen treu zu beschützen.

Sein Name ist Wiskillie und er in Person wie alle Albaner tapfer, von strenger Rechtlichkeit und treu; doch sind sie bei aller Anhänglichkeit grausam und haben manche Fehler, wobei man sie indes keiner Erbärmlichkeit zeihen kann. Hinsichtlich ihrer Physiognomie dürften sie wohl für die schönsten Männer von der Welt zu betrachten sein; auch ihre Frauen sind keine üblen Schönheiten, doch diese werden wie Sklavinnen gehalten, geschlagen, kurz wie wahre Lasttiere behandelt: pflügen müssen sie, und graben und säen. Ich sah sie Holz schleppen, ja selbst die Landwege ausbessern. Die Männer sind alle Soldaten, Krieg und Jagd ist ihre einzige Arbeit. Die Frauen müssen die eigentliche Arbeit verrichten, und dennoch ist dieses kein so drückendes Los in einer gesegneten Zone wie dieser.

Jakob Philipp Fallmerayer
Beim türkischen Statthalter in Larissa

Am Hoftor des Regierungsgebäudes, wo die oberste Zivil- und Militärgewalt der Provinz Thessalien residiert, fanden wir keine Schildwacht. Im Erdgeschoß, zum Teil in ärmlichen Schuppen auf zwei Seiten des innern Platzes, sind die Kanzleien. Im ersten Stockwerk, wohin man aus dem Hof auf einer hölzernen Außenstiege gelangt, ist ein offenes Vestibulum (Vorhalle), wo sich die Kavassen (Gendarmen) und unmittelbaren Diener der Gewalt aufhalten und der Privatsekretär seine Stube hat. Diesem erklärt man seine Absicht, mit dem Wesir zu sprechen, der unmittelbar am Vestibulum seinen Divan hat. Die Stelle der Zimmertür, die den ganzen Tag offen bleibt, vertritt ein Vorhang aus gefärbtem Tuch, das man ohne weitere Meldung auf die Seite schiebt oder, wenn man von Bedeutung ist, durch einen der Diener heben läßt.

Das alles ist aber so einfach und zugleich den engherzigen Begriffen und Satrapenlaunen des Okzidents so widerstreitend, daß es einem disziplinierten Deutschen beinahe an der nötigen Kühnheit gebricht, ohne alles Zögern, Zagen, Fragen, Besorgen und Verneigen vorwärts zu gehen. »Geh nur hinein! was zögerst du?« rief ein Albanese aus dem Vestibulums-Trupp dem Fremdling zu. Ich hob das Velum (den Vorhang) weg und sieh da! Namik Pascha in seinem kaffeebraunen Paletotsack, das kübelförmige dichtwattierte rote Fes auf dem Kopfe, saß mit untergeschlagenen Beinen wie eine Pagode an der Divansecke. Ich hielt meinen Sermon, so gut es ging, auf türkisch und übergab zugleich das Schreiben des (Konsuls) Herrn von Mihanowitsch. Der Wesir erwiderte den Gruß in derselben Sprache, tat einige Fragen, lud zum Sitzen ein und las den Brief, während der Diener schweigend und leisetretend den Kaffee und die Ambrapfeife brachte. Inzwischen traten immer mehr Leute in den Saal, denn es war um die geschäftigste Zeit des Tages, und wir wurden im Gespräch über den Inhalt des Briefes, über die Grenzverhältnisse des benachbarten Griechenlands, über die Londoner Konferenz, über Personalien etc. beständig unterbrochen, und der Pascha fragte, ob ich Eile habe und nicht einen Tag in Larissa bleiben und nach Sonnenuntergang mit ihm essen wollte, wir könnten dann in Ruhe weiterreden.

Obwohl ich lieber nach Turnovo zurückgeritten wäre, hatte ich doch nicht den Mut, nein zu sagen. Zugleich sandte der Pascha Befehl in ein angesehenes Christenhaus, man soll mir Quartier bereiten, und der Hausarzt, ein Grieche aus Volo, der etliche Jahre in Wien gewesen ist, wurde beauftragt, den Gast zu unterhalten, in der Stadt herumzuführen, ihn auf alles Merkwürdige aufmerksam zu machen und abends bei gehöriger Zeit in das Seraï zurückzubringen. Natürlich erhob niemand Widerspruch, denn des Wesirs Wille ist hier Gesetz.

Unter den Eintretenden war auch ein ganz ärmlicher in Lumpen gekleideter bejahrter Türke, der, wo nicht geradezu ein Bettler, doch jedenfalls in den geringsten und niedrigsten Umständen war. Drei albanesische Bimbaschi (Majore) in vergoldeten Brustschuppen und glänzenden Gewändern, und neben diesen ein mohammedanischer Landedelmann mit seinem elegant gekleideten, kokett geschniegelten Sohn machten dem Pascha zu gleicher Zeit ihre Cour (Aufwartung). Der Mann in Lumpen trat aber ohne die geringste Verlegenheit, vielmehr in ungebeugter stolzer Haltung vor den Pascha hin, legte eine kleine Feldblume als Gabe auf das Divankissen, nannte seinen Namen und fragte, wie es mit seiner Sache stehe; er habe auf seine vor mehreren Tagen eingereichte Bittschrift noch immer keinen Bescheid erhalten und komme nun selbst zu sehen, was der Pascha für ihn zu tun gedenke, denn es habe Eile, er könne nicht mehr leben und es müsse ihm geholfen werden. Der Wesir antwortete mit der größten Sanftmut: »Dschianum (mein Gemüt), ich habe deine Bittschrift gelesen und kenne deine Lage recht gut, und nur der Drang der Geschäfte, der jetzt besonders heftig ist, hat mich verhindert, die Sache vorzunehmen; man wird dir helfen, man wird das Mögliche tun, deine Lage zu erleichtern, nur mußt du dich noch einige Tage gedulden; beruhige dich nur und geh in Allahs Namen, deine Sache ist nicht vergessen.« Der Mann dankte, bat aber noch einmal, der Pascha möge ihn nicht zu lange warten lassen, »denn das erste und notwendigste Geschäft der Obrigkeit sei, dem Bedrängten beizustehen und dem Notleidenden Rat zu schaffen«. Und so ging der Mann in Lumpen mit derselben Zuversicht, mit welcher er hereingetreten war, zum Saal hinaus.

Denke man sich eine solche Szene in der Christenheit und stelle man die Leutseligkeit des Wesirs von Larissa neben die hochmütige Härte hin, mit der man Armen und Geringen in den Paschaliken (Provinzen) der christlichen Länder begegnet. In der Türkei gibt es keinen höhern Rang als »Moslim« zu sein, und auf diesen Titel ist der Bettler nicht weniger stolz und zuversichtlich als der Wesir. Ich hatte dem Auftritt mit dem größten Interesse zugesehen und ging dann mit dem Medicus in das angewiesene Christenhaus.

Zu sehen ist in Larissa nichts. Es ist eine Türkenstadt ohne die geringste Spur, als hätte hier jemals das kunstreiche Volk der alten Hellenen gewohnt. Lange grasbewachsene Erdlinien mit verfallenen Holztoren und halbgefüllten Gräben, über leere Felder streichend, verraten streckenweise die Richtung der alten Mauer und die verschwundene Größe von Larissa. (...)

Wohl strichen wir durch die Bazare von Jenischehir (›Neustadt‹, türk. Name für Larissa), um zu sehen, wieviel und welcherlei einheimisches und fremdes Gut in den Magazinen liege und zu welchen Preisen man hier verkaufe. Auch einige Stadtviertel wurden durchzogen, der Erzbischof und das neue Pracht-Seraï eines reichen Begs (Vornehmen) besucht, aber aus Zufall hörten wir nirgend ein verständiges Wort, nirgend einen neuen klugen Gedanken und saßen bis gen Abend hin im Kaffeehaus auf dem langgezogenen sanft anschwellenden Hügelkamm.

Wohl einige Stunden saß ich auf dem freien Platz vor der Tür und schaute bald in die blauen stillen Lüfte hinaus, bald in die langsam wogende Strömung des Peneios und auf den einsamen Platanen Chersones – Sonntagslust der Larissa-Jugend – an der nahen Uferkrümmung hinab. Am Abhang des Zitadellenhügels in der Richtung gegen die Bazare steht ein isolierter Turm mit einer Glockenuhr, und weithin über das Häusermeer tönte in abendlicher Stille der Stundenklang. Wir warteten, bis die letzten Strahlen der untergehenden Sonne auf den Gipfeln des Olymp erloschen, und kamen bei anbrechendem Dunkel in das Seraï zurück.

Namik Pascha saß noch auf derselben Stelle und in derselben Haltung, wie wir ihn vor mehr als sechs Stunden verlassen hatten. Namik Pascha reitet selten aus und sitzt, wenn er nicht in Geschäften seiner weiten Provinz von der Hauptstadt abwesend ist, Tage, Wochen, Monate lang von Morgen bis Abend gleichsam bewegungslos und mit allzeit gleicher Miene in der Divansecke, um Gerechtigkeit zu spenden, Fragen zu lösen, Bedenken zu heben, Streite zu schlichten, Huldigungen einzunehmen, Befehle zu erteilen und sich von jedermann Gehorsam und unterwürfiges Entgegenkommen leisten zu sehen. Geschäft oder kein Geschäft, Divane menschenvoll oder leer macht keinen Unterschied; der Pascha sitzt unverrückt und wartet, bis es etwas zu befehlen gibt.

Erst mit Untergang der Sonne steht er auf und geht langsam ernsthaft über die Stiege in den zweiten Stock hinauf, wo Harem und Familie mit dem übrigen Labsal der Tagesmühen seiner harrt. Gewiß liegt im Regieren ein eigentümlicher Reiz und ist das Geschäft im Grunde vielleicht nicht gar so langweilig und qualvoll, als es bisweilen Uneingeweihten scheinen mag. Auch hat man ja schon dem Diener des weisen Ritters von der Mancha gesagt: »Wer einmal die Hände am Steuerruder habe, wolle nicht mehr loslassen, weil Befehlen und Gehorsam zu finden gar so süße Dinge seien«, *»por ser dulcissima cosa el mandar y ser obedecido«*. Sollte es mit diesem Axiom richtig sein, so hatte Namik Pascha dieses Mal ganz gewiß einen Tag der Sättigung und des glücklichsten Übermaßes, denn meiner Rechnung nach saß er wenigstens vierzehn volle Stunden machtübend auf seinem Divansplatz.

REISENDE EIN LEBEN LANG

»Der echte Reisende beginnt früh wie das Genie. Und er macht es noch immer wie jener Araber Ibn Battuta, der am zweiten Tage des Rajab 725 (anno 1304) seine Heimatstadt Tanger verließ. ›So beschloß ich denn‹, sagte er, ›mich von meinen Lieben zu trennen, Männern wie Frauen, und verließ meine Heimat, wie der Vogel sein Nest verläßt. Krank vor Kummer nahm ich's doch auf mich, von ihnen zu gehen. Ich war damals 22 Jahre alt.‹ Das ist es! Für seine erste Reise nach Indien und China brauchte jener arabische Reisende 24 Jahre. Nach der Rückkehr diktierte er dem Kalligraphen seines Sultans seine Erlebnisse in 12 Wochen. Der wirkliche Reisende verbrennt immer seine Schiffe.«

Alfons Paquet
Die Welt des Reisens (1939)

Hsüan Tsang
Reise in die Westländer

Von Ch'ang-an, der Residenz der T'ang-Kaiser (dem heutigen Xian), brach im Jahre 629 der damals etwa 26jährige buddhistische Mönch Hsüan Tsang zu einer Reise auf, die ihn auf der alten Seidenstraße über die Wüste Gobi, die Gebirgszüge des Hindukusch und Pamir bis ins Punjab und zu den Wassern des Ganges führen sollte. Überzeugt, daß die bisher in China zugänglichen buddhistischen Texte voller Fehler und zudem unvollständig waren, zog er los, um im Mutterland des Buddhismus die wahren, »heiligen Schriften« zu studieren und mitzubringen. Folgerichtig war seine Reise zugleich eine Pilgerfahrt zu den Stätten Buddhas, bis hin zu dem Bodhi-Baum, in dessen Schatten Gautama die Erleuchtung erlangt hatte. Die Reise des »Schriftenholers« dauerte fast 17 Jahre. Überliefert ist sie in seinem länderkundlichen Reisebericht Hsi-yü chi (›Aufzeichnungen über die Westlande‹, 648), den er für den T'ang-Kaiser verfaßte, und in der ›Chronik des Meisters des Gesetzes der drei Körbe (tripitaka)‹, die seine Schüler Hui-li und Yen-ts'ung in zehn Bänden niederlegten (688). Im folgenden wird die persönlichere »Chronik« zitiert.

Ausgangspunkt ist Liangchou, die letzte größere Stadt in der westlichsten Provinz Chinas, damals wie heute Sammelplatz der Karawanenstraßen in Richtung Mongolei und Tarimbekken. Hsüan Tsangs Schüler berichten:

Zu dieser Zeit war die Verwaltung der Provinz Liangchou (heute: Gansu) neu geordnet, und die Landesgrenzen befanden sich nicht allzu fern. Die Leute waren starken Einschränkungen unterworfen; so war ihnen nicht erlaubt, außer Landes zu gehen. Der Gouverneur von Liangchou, Li-ta-liang, hielt sich strikt an die kaiserlichen Verbotsregeln. Zu ihm kam nun ein Mann, der ihm bedeutete: »In der Stadt ist ein Priester aus Ch'ang-an, er beabsichtigt, in die westlichen Länder zu reisen. Seine Pläne kenne ich nicht.« Der Gouverneur war voller Bedenken. Er ließ den Meister des Gesetzes (so der ständige Beiname des Hsüan Tsang) zu sich rufen und fragte ihn nach seinem Ziel. Der Meister erwiderte: »Mein Wunsch ist, nach Westen zu gehen, um das Gesetz (die rechtmäßigen Texte) zu finden.« Als Li-ta-liang dies vernahm, legte er ihm dringend nahe, in die Hauptstadt zurückzukehren.

Ein anderer Meister, Hui-wei, lebte zu der Zeit in Liangchou; aufgrund seiner spirituellen Fähigkeiten und Erkenntnisse war er der höchstangesehene Priester westlich des Huangho (Gelben Flusses). Er hegte große Bewunderung für die tiefgründige Argumentation des Meisters Hsüan Tsang, und als er von dessen Absicht vernahm, sich auf die Suche nach dem Gesetz zu machen, freute es ihn ungemein. Er schickte ihm insgeheim zwei seiner Schüler, Hui-lin und Taou-ching, und bat sie, den Meister unbemerkt nach Westen zu geleiten.

Von nun an wagte er es nicht mehr, sich öffentlich zu zeigen. Tagsüber versteckte er sich, nachts setzte er seinen Weg fort. Er erreichte so Kuachou (im Süden der Oase Anhsi); der Gouverneur To-Kiu hatte von seiner Ankunft gehört und war hoch erfreut, er versah ihn reichlich mit allem Nötigen. Als sich der Meister nach den Straßen westwärts erkundigte, sagte man ihm, 50 Li (chinesische Meile, von unterschiedlicher Länge) nördlich fließe der Su-lo-ho, erst breit und dann zunehmend eng und von so reißendem Lauf, daß sich kein Boot auf ihm halten könne. Zudem werde der Übergang von der Festung Jadetor oder Yü-mên-kuan bewacht, sie sei die Schlüsselstelle, wolle man die westlichen Grenzen erreichen. Jenseits der Festung im Nordwesten befänden sich fünf Wachttürme, jeweils in Sichtweite. Dies seien die letzten Posten; von da an erstrecke sich die Wüste Mo-kia-Yen (Gobi), und es beginne das Königreich I-gu (Oase Iwu, das heutige Hami).

Als der Meister diese Einzelheiten erfuhr, befiel ihn Angst und Mutlosigkeit. Sein Pferd war gerade gestorben, und er wußte nicht, welche Schritte er unternehmen sollte. Etwa einen Monat lang blieb er traurig und schweigsam. Als er sich zur Abreise anschickte, kamen Meldereiter aus Liangchou mit der Order: »Hier soll ein Priester namens Hsüan Tsang sein, der vorhat, auf das Gebiet von Si-Fan vorzudringen. Alle Provinzgouverneure haben den Auftrag, ihn davon abzuhalten.« Li-chang aber, der hiesige Gouverneur, war ein frommer und gewissenhafter Buddhist; er hegte die Vermutung, der Meister des Gesetzes sei die besagte Person, also zeigte er ihm heimlich das Dekret mit den Worten: »Ist nicht der Meister damit gemeint?« Der Meister aber zögerte und erwiderte nichts.

Darauf sagte Li-chang: »Der Meister möge die Wahrheit sprechen, und Euer Schüler wird sich einen Fluchtplan für Euch ausdenken.« Daraufhin sagte ihm der Meister die Wahrheit. Li-chang zeigte sich überrascht und voller Bewunderung: »Da der Meister in der Tat ein solches hochgestecktes Ziel erreichen kann, will ich das Papier ihm zuliebe vernichten.« Er zerriß es vor seinen Augen. »Und nun müßt Ihr eilig aufbrechen.«

Von der Zeit an wurden seine Ängste und Besorgnisse immer größer. Einer der beiden Novizen, die ihn begleiteten, kehrte auf der Stelle nach Dunhuang zurück; der andere namens Hui-lin blieb zwar bei ihm, doch weil der Meister wußte, daß jenem die Kraft für eine so weite Reise fehle, ließ er auch ihn umkehren. Durch Tauschhandel kam er wieder zu einem Pferd. Seine Sorge war nur, daß er keinen Führer und Begleiter hatte. Er begab sich zu dem Tempel nahe seiner Unterkunft, verbeugte sich vor dem Bild des Maitreya und flehte ihn an, ihm einen Führer zu senden, um die letzten Grenzposten zu passieren.

Anderntags kam ein Fremder in den Tempel, um zu Buddha zu beten, und dann erwies er dem Meister die Ehre, indem er dreimal um ihn herumschritt. Er stellte sich ihm als buddhistischer Eleve vor. Als der Meister seine Intelligenz, seinen kräftigen Körperbau und zudem sein höfliches Benehmen bemerkte, sprach er von seinem Vorhaben, in den Westen zu gehen. Der Fremde zeigte sich sehr bereitwillig und sagte, er würde den Meister bis jenseits der fünf Wachttürme geleiten. Das erfüllte den Meister mit Freude. Er gab ihm Kleider und andere Dinge, um dafür ein Pferd einzuhandeln, und bestimmte einen Zeitpunkt, an dem sie sich treffen sollten.

Anderntags vor Sonnenuntergang ging er in Richtung der Grassteppe, als auch schon der Fremde sich zeigte, zusammen mit einem alten Graubart – auch er ein fremder Barbar –, der auf einem dürren Rotfuchs ritt. Dem Meister war nicht sehr wohl dabei. Der junge Fremde stellte ihn vor: »Dieser verehrungswürdige Graubart kennt die Wege des Westens in- und auswendig. Mehr als dreißigmal ist er nach I-gu gegangen, hin und zurück. Ich habe ihn gebracht, daß er mit Euch geht – in der Hoffnung, daß er Euch Sicherheit geben möge.« Daraufhin sagte der Ältere: »Die Wege des Westens sind gefährlich und in schlechtem Zustand. Sanddünen halten einen auf, vor heißen Winden ist ebensowenig Schutz wie vor bösen Geistern. Ganze Karawanen gehen in die Irre, auch wenn sie viele Köpfe zählten. Um so gefährlicher für Euch, der Ihr alleine reist! Wie könnt Ihr eine solche Reise überstehen? Ich bitte Euch, erwägt die Sache reiflich und setzt nicht Euer Leben aufs Spiel.« Der Meister erwiderte: »Dieser arme Priester (er selbst) hat das Ziel, die westliche Welt zu erreichen. Sollte er letztlich nicht das Land der Brahmanen erreichen, gibt es auch keine Rückkehr nach Osten, er mag dann unterwegs zugrunde gehen.«

Darauf überließ ihm der fremde Graubart das rotbraune Pferd mit den Worten: »Es ist ausdauernd und kennt die Strekke; Eures ist, mit Verlaub, nicht für die Reise geeignet.«

Der Meister lud sein Gepäck auf und zog, zusammen mit dem jungen Fremden, in die Nacht hinaus. In der Morgendämmerung kamen sie an den Fluß und sahen in einiger Entfernung die Festung Yü-mēn-kuan. Der Fluß war an dieser Stelle nicht mehr als zehn Fuß breit. An beiden Ufern standen Wu-tung-Bäume; der Fremde fällte einige, warf damit einen Steg über den Fluß, legte die Äste darüber und füllte das Ganze mit Sand auf. Sie führten die Pferde herüber und zogen weiter.

Der Meister war sehr erleichtert, aber auch erschöpft. Bald stieg er vom Pferd und suchte sich einen Schlafplatz. Der fremde Führer tat desgleichen und breitete seine Matte auf dem Boden aus, etwa 50 Schritt von dem Meister entfernt. Sie legten sich zur Ruhe.

Nach einiger Zeit ergriff der Führer sein Messer, erhob sich und ging auf den Meister zu. Er war nur noch zehn Schritt von ihm entfernt, da machte er wieder kehrt. Der Meister, der nicht wußte, was der andere vorhatte, erhob sich beunruhigt, sprach einige Sätze aus den erhabenen Schriften und rief Kuanyin (die Göttin der Barmherzigkeit) an. Der Fremde sah dies, kehrte auf seinen Platz zurück und legte sich schlafen.

Beim ersten Sonnenstrahl rief der Meister ihn an und hieß ihn Wasser holen. Nachdem sie sich gewaschen und etwas gestärkt hatten, schlug er vor, aufzubrechen. Der Führer erwiderte: »Euer Schüler führt Euch auf einen Weg, der unermeßlich weit ist und voller Gefahren. Man findet an ihm weder Wasser noch Weideland. Erst unterhalb des fünften Signalturms gibt es Wasser. Wir müssen des Nachts dort ankommen, uns heimlich damit versorgen und rasch weiterziehen, denn wenn man uns von oben bemerkt, sind wir so gut wie tot. Ist es nicht besser, jetzt umzukehren?« Der Meister lehnte dies entschieden ab, und sie drangen weiter in die Steppe vor. Plötzlich zog der Führer sein Messer, spannte seinen Bogen und bat den Meister, er möge voranreiten. Doch der Meister ging nicht darauf ein. Nach wenigen Li blieb der Fremde stehen und sagte: »Euer Schüler kann keinen Schritt weiter tun. Er hat besondere Rücksicht auf seine Familie zu nehmen und ist nicht bereit, die Gesetze seines Landes zu übertreten.« Der Meister durchschaute ihn und gab ihn frei. Er überließ dem jungen Mann sein Pferd, als Zeichen seiner Verpflichtung, und sie trennten sich.

Nun ganz allein und auf sich gestellt, ritt er durch die Sandwüste (Gobi). Das Einzige, wonach er sich richten konnte, waren aufgetürmte Gerippe und Dunghaufen. Als er so langsamen und beschwerlichen Schrittes seine Bahn zog, sah er plötzlich Hunderte von Bewaffneten, ganze Truppen, die den weiten Horizont bedeckten. Mal bewegten sie sich, dann verharrten sie wieder. Die Soldaten waren in Filzstoffe und Pelzwerk gekleidet. Jetzt kamen ihm auch Kamele und Pferde vor Augen, das Funkeln von Lanzen und Standarten. Bald waren es wieder andere Figuren und Formen, die sich in tausenderlei Erscheinungen darboten: mal in ungeheurer Entfernung, dann wieder wie mit Händen zu greifen nahe – und dann lösten sie sich in nichts auf.

Beim ersten Anblick dachte der Meister, es seien Räuber. Doch als er sie näherkommen und wieder verschwinden sah, da wußte er, daß es Halluzinationen von Dämonenwesen waren. Und wieder hörte er in der Leere den Klang von Stimmen: »Fürchte dich nicht! Fürchte dich nicht!«

Er faßte sich, und nachdem er etwa 80 Li weitergeritten war, sah er den ersten der Signaltürme. Um sich den Blicken der Wachtposten zu entziehen, verbarg er sich in einem sandigen Flußbett, bis es Nacht war. Er ging westlich am Turm vorbei und sah das Wasser. Als er seine Wasserflasche füllte, sauste ein Pfeil an ihm vorbei und ritzte seine Knie. Im nächsten Augenblick kam ein zweiter Pfeil. Er wußte, daß man ihn entdeckt hatte, und rief laut: »Ich bin ein Priester aus der Hauptstadt, schießt nicht auf mich.« Dann führte er sein Pferd auf den Turm zu, und die Wachtposten kamen heraus. Als sie sahen, daß er wirklich ein Priester war, führten sie ihn zum Befehlshaber der Wachtstation, sein Name war Wang-siang. Der ließ das Feuer hell auflodern, um den Meister genau zu betrachten. Er sprach: »Dies ist kein Priester unseres Landes Ho-si (Tangut), er kommt in der Tat aus der Hauptstadt.« Dann fragte er ihn nach dem Ziel seiner Reise. Der Meister erwiderte: »Herr Befehlshaber, haben die Männer von Liangchou dir nicht von dem Priester Hsüan Tsang berichtet, der sich aufmacht in das Land der Brahmanen, um dort das Gesetz zu suchen?« Jener antwortete: »Ich habe gehört, Hsüan Tsang sei wieder nach Osten zurückgekehrt. Warum bist du hier?« Der Meister führte ihn zu seinem Pferd und zeigte ihm verschiedene Stellen, auf denen sein Name und seine Titel geschrieben standen. Das überzeugte den anderen.

Als der Morgen kam und der Meister etwas zu sich genommen hatte, hieß Siang ihn seine Wasserflasche auffüllen, gab ihm einige Mehlfladen mit, begleitete ihn selbst etwa 10 Li weit und sagte dann: »Von hier aus führt der Weg geradeaus zum vierten Wachtturm. Der Mann dort ist gutherzig und außerdem ein naher Verwandter von mir. Sein Familienname ist Wang, sein Vorname Pi-lung. Wenn du ihn siehst, sag ihm, ich hätte dich geschickt.« Unter Tränen nahmen sie Abschied.

Er ritt nun bis tief in die Nacht und erreichte den vierten Wachtturm. Weil er fürchtete, man würde ihn aufhalten, wollte er nur in Ruhe Wasser schöpfen und dann weiterziehen. Kaum war er beim Wasser angelangt, flog auch schon ein Pfeil auf ihn zu. Er drehte sich um, rief die gleichen Worte wie tags zuvor und ging auf den Turm zu. Der Offizier dort war erfreut, als er von Wang-siang hörte, und behielt ihn die Nacht über da. Zum Abschied gab er ihm eine große lederne Wasserflasche und Futter für sein Pferd. »Es wäre besser, Ihr geht nicht zum fünften Turm, denn die Männer dort sind grob und gewalttätig, und es könnte ein Unglück geschehen. Etwa 60 Li von hier ist der Ye-ma-Brunnen, wo Ihr Euren Wasservorrat erneuern könnt.«

Er ritt nun weiter und kam an die Mo-kia-Yen-Wüste, die etwa 800 Li breit ist. Oben sind keine Vögel, unten keine Tiere. Es gibt weder Wasser noch Vegetation. Um sich selbst den Weg zu weisen, ließ er es sich angelegen sein, beim Laufen die Richtung des Schattens zu beobachten, und er rezitierte mit Inbrunst die Schrift von der prajñā-pāramitā (vollkommene buddhistische Weisheit).

Nach etwa 100 Li hatte er den Weg verloren. Er suchte nach dem Brunnen Ye-ma, konnte ihn aber nicht finden. Er wollte aus seiner Wasserflasche trinken, doch weil sie schwer war, glitt sie ihm aus der Hand, und das Wasser war verschüttet. In einem Augenblick war dahin, was für tausend Li hätte reichen sollen! Weil der Weg vor ihm in langen Windungen verlief, wußte er nicht, wohin er sich wenden sollte. Schließlich entschloß er sich, in Richtung Osten zum vierten Wachtturm zurückzukehren. Doch nachdem er zehn Li geritten, dachte er bei sich: ›Ich habe ein Gelübde getan: sollte es mir nicht gelingen, Indien zu erreichen, werde ich keinen Schritt nach Osten tun. Und was tue ich jetzt? Es ist besser, auf dem Weg nach Westen zugrunde zu gehen, als durch die Rückkehr nach Osten zu überleben.‹ Er gab dem Pferd die Zügel, rief Kuan-yin an und ritt nach Nordwesten.

Aber in welche Himmelsrichtung er auch blickte, es gab nichts, woran sein Auge sich hätte festhalten können. Keine Spur war zu sehen, weder von Menschen noch von Pferden, und in der Nacht zündeten die Dämonen so viele Feuer an wie Sterne am Himmel sind. Am Tage trieb der Wind den Sand vor sich her, wie in der Regenzeit. Und dennoch spürte er keinerlei Furcht. Doch das Wasser fehlte ihm, und er war so ausgedörrt, daß er nicht mehr weiterkonnte. Vier Nächte und fünf Tage lang hatte er nicht einen Tropfen Wasser, um Mund und Kehle zu netzen. Sein Magen brannte vor Hitze, und er war völlig erschöpft. Jetzt, wo er nicht mehr weiterkonnte, ließ er sich in den Sand fallen und betete ohne Unterlaß zu Kuan-yin, obwohl er von seinen Leiden ausgezehrt war. Und den Bodhisattva anrufend, sprach er: »Hsüan Tsang sucht weder Reichtum noch weltliche Ehren, er will keinen Ruhm ernten, es verlangt ihn nur um der religiösen Wahrheit willen, das wahre Gesetz zu finden. Ich weiß, daß der Boddhisattva alle lebende Kreatur in Liebe betrachtet, um sie von ihrem Elend zu erlösen. Wird er nicht auch meines, bitter wie es ist, erkennen wollen?«

So sprach er aus tiefstem Herzen und ohne Unterlaß bis zur Mitte der fünften Nacht, als plötzlich ein kühler Wind seinen Körper umfächelte, kalt und erfrischend wie ein Bad in eisigem Wasser. Seine Augen erlangten ihre Sehkraft zurück, und sein Pferd bekam Kraft, sich wieder aufzurichten. In seinen Körper kam wieder Leben. Er legte sich hin und schlief eine Weile. Er hatte einen Traum, und ihm war, als hätte er im Schlaf ein mächtiges Geistwesen gesehen, mehrere Chang (3,58 m) hoch, in der Hand eine Hellebarde, und es sprach: »Warum schläfst du noch und setzt nicht deinen Weg fort mit aller Kraft?«

Der Meister erhob sich aus seinem Schlummer und ritt zehn Li, als plötzlich sein Pferd die Richtung wechselte und sich nicht davon abhalten ließ. Einige Li später sah er auf einmal grüne Wiesen. Er stieg vom Pferd und ließ es grasen. Als er seine Reise wieder aufnahm, kam er nach zehn Schritt zu einer Wasserstelle, süß und schimmernd glatt wie ein Spiegel. Er stieg erneut vom Pferd, trank ohne abzusetzen, und seine Lebenskraft kehrte zurück. Mann und Pferd waren wieder gerüstet.

Marco Polo
Der Sommerpalast des Kaisers von China

Wenn man von Cianganor wegzieht und drei Tage in nordöstlicher Richtung weiterreist, kommt man an eine Stadt, Xandu genannt, die vom jetzt regierenden Großkhan Kublai erbaut wurde. Er hat hier einen Palast aus Marmor und anderen schönen Steinen errichten lassen, der durch die großartige Anlage und die Kunst der Ausführung Bewunderung erregt. Die eine Hauptseite ist nach der inneren Stadt gerichtet, die andere nach deren Mauern, und von jedem Ende des Gebäudes läuft eine

Mauer im Umfang von sechzehn Meilen um die benachbarte Ebene, zu der man nur durch den Palast gelangen kann. In dem Bezirk dieses königlichen Parkes liegen reiche und schöne Wiesen, die von vielen Bächen bewässert werden; dort hegt man allerlei Wild, Damhirsche, Rehe und Böcke, die den Falken, Sperbern und anderen Vögeln, die zur Jagd gebraucht werden, zum Unterhalt dienen; die Käfige der letzteren befinden sich auch in jenen Gründen.

Die Zahl dieser Vögel beläuft sich auf zweihundert, und der Großkhan begibt sich in eigener Person wenigstens einmal die Woche dorthin, um sie zu besichtigen. Sehr häufig, wenn er in diese Tiergärten reitet, führt er einen oder mehrere Leoparden auf Pferden hinter ihren Wärtern mit sich, und wenn er dann Befehl gibt, sie loszulassen, so erfassen sie augenblicklich einen Hirsch, eine Ziege oder einen Damhirsch, den er für seine Falken bestimmt, und auf diese Weise amüsiert er sich. Mitten in diesen Gärten in einem anmutigen Hain hat er ein königliches Lusthaus erbauen lassen, das auf schönen vergoldeten und bemalten Säulen ruht. Um jede Säule entfaltet ein Drache, der ebenfalls vergoldet ist, seine Flügel, während sein Kopf den Vorsprung des Daches stützt, und seine Krallen sind zur Rechten und Linken am Getäfel ausgestreckt. Das Dach besteht aus Bambusrohr, das ebenfalls vergoldet und mit so schönem Firnis übermalt ist, daß die Nässe ihm keinen Schaden tut. Die Bambusrohre, die dazu gebraucht werden, haben drei Spannen im Umfange und zehn Klafter Länge; man durchschneidet sie von den Enden in zwei gleiche Teile, so daß sie Rinnen bilden, und mit diesen ist das Haus gedeckt; aber um das Dach gegen den Wind zu schützen, ist jedes Rohr mit beiden Enden am Dachstuhl befestigt.

Das Gebäude wird auf jeder Seite wie ein Zelt von mehr als zweihundert starken, seidenen Seilen gehalten, da es sonst, wegen der Leichtigkeit des Rohrs, von der Gewalt stark wehender Winde umgerissen werden könnte. Das Ganze ist mit solcher Kunst gebaut, daß alle Teile zerlegt, weggeführt und wieder aufgestellt werden können, wie es Seiner Majestät gefällt. Diesen Platz hat er wegen seiner milden und heilkräftigen Luft als Erholungsort gewählt, und drei Monate des Jahres hält er dort Hof, nämlich im Juni, Juli und August, und jedes Jahr am achtundzwanzigsten Mondestag in dem letzten dieser Monate ist es gebräuchlich, von dort abzureisen und an einen bestimmten Ort zu ziehen, wo gewisse Opfer in folgender Weise dargebracht werden.

Man muß wissen, daß Seine Majestät in ihrem Marstall ungefähr zehntausend Hengste und Stuten unterhält, die weiß wie Schnee sind, und von der Milch dieser Stuten darf niemand trinken, der nicht zu der von Dschingis Khan abstammenden Familie gehört, mit Ausnahme einer einzigen anderen Familie, die Horiat heißt; ihr verlieh der Monarch dieses ehrenvolle Privilegium als Belohnung für tapfere Taten in der Schlacht, die in seiner Gegenwart verrichtet wurden.

So groß aber ist die Achtung, die diesen Pferden erwiesen wird, daß niemand es wagt, wenn sie auf den königlichen Wiesen weiden, sich vor sie hinzustellen oder sie in ihren Bewegungen zu hindern. Die Sterndeuter, die in seinen Diensten stehen und tief erfahren in den teuflischen Künsten der Magie sind, haben es ausgesprochen, es sei seine Pflicht, alljährlich am achtundzwanzigsten Mondestag im August die Milch, welche von diesen Stuten genommen wird, in den Wind zu sprengen, als ein Opfer allen Geistern und Götzen, die sie anbeten, um sie gnädig zu stimmen und dem Volke, Mann und Frau, Vieh, Geflügel, dem Korn und anderen Früchten der Erde ihren Schutz zu sichern.

Deswegen beobachtet Seine Majestät die erwähnte Regel und begibt sich an diesem bedeutungsvollen Tag an den Ort, wo er mit eigener Hand das Milchopfer darbringt. Bei dieser Gelegenheit zeigen die Sterndeuter oder Magier, wie sie genannt werden können, zuweilen ihre Geschicklichkeit in einer bewunderungswürdigen Weise; denn wenn sich der Himmel bewölkt und mit Regen droht, besteigen sie das Dach des Palastes, in welchem der Großkhan zurzeit residiert, halten durch ihre Zaubersprüche den Regen ab und beschwören das Ungewitter; denn wenn es ringsum im Lande regnet, stürmt und donnert, bleibt der Palast selbst von den Elementen unangefochten.

Die, welche solche Wunder tun, heißen Tebeth und Kesmir, zwei Klassen von Götzendienern, die in den magischen Künsten tiefer erfahren sind als irgendwelche Leute in anderen Ländern. Sie erklären, diese Werke kämen durch die Heiligkeit ihres Lebens und infolge ihrer Bußübungen zustande, und auf den so erlangten Ruf sich stützend, zeigen sie sich mit unreiner, unanständiger Haltung. Sie waschen sich nicht das Gesicht, kämmen sich nicht das Haar und leben allesamt in schmutziger Weise. Ja, ihre abscheuliche, bestialische Gewohnheit ist so groß, daß, wenn irgendein Verbrecher hingerichtet wird, sie den Leichnam mit sich nehmen, sein Fleisch am Feuer rösten und verschlingen. Von Leuten jedoch, die eines natürlichen Todes sterben, essen sie die Leichname nicht. Außer den schon erwähnten Namen haben sie auch noch einen anderen und heißen Baksi (›Bhikschu‹, Bettelmönch), ein Name, der sich auf ihre religiöse Sekte oder ihren Orden bezieht; wir würden sagen Prediger- oder Minoritenmönche.

So erfahren sind sie in ihrer höllischen Kunst, daß man behaupten kann, sie vollbringen, was sie nur wünschen, und wir wollen ein Beispiel geben, obwohl man denken wird, es übersteige die Grenzen alles Glaubens. Wenn der Großkhan in seiner Staatshalle beim Mahle sitzt, so ist die Tafel, welche in der Mitte steht, acht Ellen (braccia) erhöht, und in einiger Entfernung davon steht ein großes Büfett, wo alle Trinkgefäße aufgestellt sind. Nun bewirken sie durch ihre übernatürliche Kunst, daß die Flaschen mit Wein, Milch oder anderen Getränken die Becher von selbst füllen, ohne daß ein Bedienter sie berührt, und die Becher fliegen in einer Entfernung von zehn Schritten durch die Luft bis zur Hand des Großkhans. Sobald er sie geleert hat, kehren sie zu dem Platze zurück, von dem sie gekommen, und das geschieht in Gegenwart der Personen, die eingeladen sind, Zeugen solcher Kunst zu sein.

Diese Baksis gehen, wenn die Festtage ihrer Götzen nahen, in den Palast des Großkhans und reden ihn etwa so an: »Hoher Herr! Eure Majestät mögen wissen, daß, wenn die Ehre eines Brandopfers unseren Göttern nicht gegeben wird, sie in ihrem Zorn uns schlechtes Wetter schicken werden, mit Brand im Korn, Pestilenz im Reich und mit anderen Plagen. Deshalb bitten wir Eure Majestät, uns eine Anzahl Widder mit schwarzen Köpfen zu gewähren, ferner Weihrauch und Aloe, damit wir die hergebrachten Gebräuche in pflichtgemäßer Feierlichkeit vollbringen können.« Ihre Worte aber sprechen sie nicht unmittelbar zum Großkhan, sondern zu gewissen hohen Staatsbeamten, die sie ihm dann mitteilen. Wenn er sie vernommen hat, so verfehlt er nie, ihre Bitte in allem zu erfüllen. Wenn nun der Tag erscheint, so opfern sie die Widder und verrichten die Feierlichkeit, indem sie die Brühe, in der das Fleisch gekocht wurde, vor ihren Götzen ausgießen.

Es gibt in diesem Land große Klöster und Abteien, so groß, daß sie für kleine Städte gelten könnten; einige enthalten wohl zweitausend Mönche, die dem Dienst ihrer Götter geweiht sind, nach den irregeführten religiösen Gebräuchen des Volkes. Diese Mönche sind besser gekleidet als das übrige Volk; sie scheren Haupt- und Barthaare und begehen die Feste ihrer Götzen mit der ausgesuchtesten Feierlichkeit. Sie haben dabei Gesangchöre und brennende Fackeln. Einigen von ihnen ist es erlaubt, Frauen zu nehmen. Auch gibt es noch einen anderen geistlichen Orden, dessen Mitglieder Sensim genannt werden (vermutlich Taoisten); sie üben strenge Enthaltsamkeit und führen ein hartes Leben, denn sie essen nichts anderes als eine Art Nudeln aus Mehlkleie, welche sie so lange in warmes Wasser tauchen, bis die mehligen Teile sich von der Kleie getrennt haben. Diese Sekte betet das Feuer an, und ihre Anhänger werden von den anderen, weil sie nicht wie diese Götzen verehren, als Schismatiker betrachtet. Sie scheren ihr Haupt- und Barthaar wie die anderen und tragen hanfene Kleider von schwarzer oder dunkler Farbe; aber auch wenn der Stoff von Seide wäre, würde doch die Farbe dieselbe sein. Sie schlafen auf rohen Matten und erdulden größere Beschwerden als irgendein anderes Volk.

Ibn Battuta
In indischer Gefangenschaft

»Als ich vor dem Sultan erschien, überhäufte er mich mit Ehren noch über das Maß hinaus, das ich bei ihm gewohnt war, und sprach zu mir: ›Ich habe nach dir geschickt, daß du dich als mein Gesandter zu dem König von China begibst. Denn ich kenne deine Vorlieben für Reisen und weite Fahrten.‹«

Unsere Abreise geschah am 17. des Monats Safar im Jahre 743 (22. 7. 1342). Diesen Tag hatten sich die chinesischen Gesandten zur Abreise ausgesucht; denn diese Völker wählen zu einem Reisebeginn nur ganz bestimmte Monatstage aus.

In Kowil angelangt, erfuhren wir, daß eine Anzahl heidnischer Inder die Stadt Jalāli eingeschlossen habe und sie belagere. Dieser Ort ist sieben Meilen von Kowil entfernt. So begaben wir uns denn dorthin. Die Ungläubigen, die schon nahe daran waren, die Einwohner niederzukämpfen, wußten nichts von uns, bis wir einen heftigen Angriff auf sie machten. Es waren etwa tausend Reiter und dreitausend Mann Fußvolk. Wir erschlugen sie bis zum letzten Mann und bemächtigten uns ihrer Rosse und Waffen. Von unseren Leuten erlitten 23 Reiter und 25 Mann Fußvolk den Märtyrertod, darunter auch der Eunuch Kāfūr, der Mundschenk, der das Geschenk an den König von China zu betreuen hatte. Wir teilten diese Nachricht dem Sultan mit und verblieben in Kowil in Erwartung der Antwort. Inzwischen kamen die Ungläubigen erneut aus dem schwer zugänglichen Gebirge und überfielen die Umgebung der Stadt Jalāli. Unsere Leute stiegen tagtäglich mit dem Emir des Bezirkes aufs Pferd, um ihm zu helfen, die Angreifer zurückzutreiben.

An einem dieser Tage ritt ich mit einer Anzahl meiner Kameraden aus. Wir hatten einen Baumgarten aufgesucht, um in der hochsommerlichen Hitze Mittagsrast zu halten, als wir Geschrei hörten. Wir stiegen rasch auf und prallten mit den Ungläubigen zusammen, die ein Dorf in der Umgebung von Jalāli überfallen hatten. Wir verfolgten sie, sie aber zerstreuten sich;

auch unsere Leute kamen bei ihrer Verfolgung auseinander, und ich blieb mit fünf meiner Kameraden allein. Da griff uns aus einem nahen Dickicht eine Schar Reiter und Fußvolk an. Wir mußten wegen ihrer großen Zahl die Flucht ergreifen; mich verfolgten etwa zehn, sie ließen aber bald, bis auf drei, von mir ab. Ich hatte keinen Weg vor mir, und der Boden war sehr steinig. Die Vorderfüße meines Pferdes blieben zwischen den Steinen stecken, ich mußte absteigen, machte seine Füße frei und stieg wieder in den Sattel. Mein Sattelschwert, das mit Gold verziert war, fiel aus seiner Scheide; ich stieg nochmals ab, hob es auf, hängte es um und setzte mich wieder aufs Pferd, das alles, während die Feinde noch auf meiner Spur waren. Dann kam ich zu einer großen Schlucht; ich saß ab und stieg bis zu ihrer Sohle herab. Hier sah ich meine Verfolger zum letzten Mal.

Aus der Schlucht kam ich in ein Tal mitten in einem üppigen Wald, den ein Weg durchzog. Ich betrat ihn, ohne zu wissen, wohin er führe. Als ich weiterritt, griffen mich etwa vierzig Ungläubige an, die Bogen in ihren Händen hielten und mich umringten. Ich fürchtete, sie würden eine Ladung Pfeile auf mich abschießen, wenn ich ihnen zu entfliehen versuchte. Ich hatte keinen Panzer; so warf ich mich denn zur Erde und gab mich gefangen, da die Inder den, der sich so verhält, nicht töten. Sie ergriffen mich, raubten mir alles, was ich hatte, ausgenommen Jacke, Hemd und Hose, schleppten mich in das Dickicht und brachten mich schließlich zu ihrem Lagerplatz, der sich bei einem Teich zwischen den Bäumen befand. Sie brachten mir Brot aus Erbsenmehl; ich aß davon und trank Wasser. Unter den Rebellen befanden sich zwei Muslime, die mich auf persisch anredeten und mich über meine Person befragten. Ich berichtete ihnen einiges, verschwieg aber, daß ich im Auftrag des Sultans unterwegs sei. Sie sagten zu mir: »Zweifellos werden dich diese Leute da oder auch andere umbringen. Aber hier ist ihr Anführer.« Sie zeigten mir einen Mann unter den Anwesenden, den ich mit Hilfe der Muslime ansprach und den ich mir günstig zu stimmen trachtete. Er übergab mich drei seiner Leute, einem alten Mann, dessen Sohn und einem bösartigen Neger. Sie sprachen zu mir, und ich verstand soviel, daß sie den Auftrag erhalten hätten, mich umzubringen. Am Abend des Tages schleppten sie mich in eine Höhle. Gott aber gab einem Fieber mit Schüttelfrost Macht über den Neger, so daß er über mir zusammenbrach. Der Alte und sein Sohn schliefen.

Als der Morgen gekommen war, besprachen sie sich untereinander und deuteten mir durch Zeichen an, mit ihnen zum Teich herabzusteigen. Ich verstand, daß sie mich erschlagen wollten. Ich sprach den Alten an und suchte mir seine Gunst zu erwerben. Er hatte Mitleid mit mir. Ich schnitt die beiden Ärmel meines Hemdes ab und schenkte sie ihm, damit ihn seine Genossen nicht zur Rechenschaft zögen, wenn ich entfliehe. Um die Mittagszeit hörten wir beim Bassin sprechen; jene glaubten, es seien ihre Leute, und bedeuteten mir, mit ihnen zu kommen. Wir stiegen herab, fanden aber andere Leute. Diese rieten meinen Wächtern, mit ihnen zu gehen; sie aber wollten nicht. Sie setzten sich alle drei vor mir nieder, und ich saß Aug in Aug mit ihnen. Sie legten einen Hanfstrick, den sie bei sich hatten, auf die Erde; ich sah ihnen zu und sprach bei mir: »Mit diesem Strick werden sie dich binden und töten.« Nach etwa einer Stunde kamen drei von ihren Leuten hinzu. Sie besprachen sich, und ich verstand soviel, daß sie meine Wächter fragten, warum sie mich nicht getötet hätten. Der Alte zeigte auf den Neger, als ob er sich mit dessen Krankheit entschuldigen wollte. Einer der drei Neuankömmlinge war ein junger Mann von hübschem Äußeren. Er sprach zu mir: »Willst du, daß ich dich freigebe?« – »Gewiß«, erwiderte ich. »So geh denn!« Ich nahm die Jacke, die ich trug, und schenkte sie ihm. Er gab mir dafür ein abgenütztes Tuch, das er bei sich hatte, zeigte mir den Weg, und ich ging weg. Da ich fürchtete, sie könnten anderer Ansicht werden und mich wieder ergreifen, ging ich in ein Bambusdickicht, in dem ich mich verbarg, bis die Sonne untergegangen war. Dann kam ich heraus und ging auf dem Weg weiter, den mir der junge Mann gezeigt hatte, und der mich zu einem Wasser führte, aus dem ich trank. Ich wanderte das erste Drittel der Nacht hindurch und gelangte zu einem Berg, an dessen Fuß ich schlief. Am nächsten Morgen setzte ich den Pfad fort und erreichte am Vormittag einen hohen Felsenberg, auf dem Umm Ġīlān, »dornige Akazien«, und Lotosbäume wuchsen. Ich pflückte Lotosfrüchte und aß sie, doch die Dornen hinterließen auf meinem Arm Spuren, die bis heute sichtbar geblieben sind.

Von diesem Berg stieg ich zu einem mit Baumwolle bepflanzten Feld hinunter, auf dem Rizinusbäume standen und wo sich ein Bā'in befand. Mit Bā'in bezeichnen die Inder einen sehr weiten, innen mit Steinen ausgemauerten Brunnen, der eine Treppe hat, auf welcher man bis zum Wasserspiegel hinabsteigen kann. Manche haben in ihrer Mitte und an den Ecken steinerne Pavillons, offene Hallen und Sitze. Die Könige und die Großen des Landes wetteifern in der Erbauung solcher Bā'in an Wegen, die kein Wasser haben.

Zu dem erwähnten Bā'in gelangt, löschte ich meinen Durst. Ich fand bei ihm einige Senfsprossen, die jemandem entfallen waren, als er sie waschen wollte. Ich aß davon, legte den Rest beiseite und schlief unter einem Rizinusbaum ein. Während ich schlummerte, erschienen plötzlich an dem Wasserplatz etwa 40 gepanzerte Reiter, von denen auch einige das Feld betraten. Gott aber schlug ihre Augen mit Blindheit, so daß sie mich nicht sahen. Nach ihnen hielten etwa 50 Bewaffnete ebenfalls beim Brunnen an. Einer von ihnen ging zu einem Baum, der dem gegenüber stand, unter dem ich lag, bemerkte mich aber nicht. Ich verkroch mich nun in das Baumwollfeld, wo ich den Rest des Tages blieb. Die Inder lagerten beim Bā'in, wuschen ihre Gewänder und spielten. Als die Nacht anbrach, verstummten ihre Stimmen, und ich entnahm daraus, daß sie abgezogen oder eingeschlafen waren. Ich kroch jetzt aus meinem Versteck heraus, folgte bei der mondhellen Nacht den Spuren der Pferde und marschierte, bis ich zu einem andern Brunnen kam, über dem sich ein Kuppelbau erhob. Ich stieg zu ihm herab, trank von seinem Wasser und aß von den Senfsprossen, die ich bei mir trug. Beim Betreten der Kuppel fand ich, daß sie voll von Gras sei, das die Vögel darin zusammengetragen hatten. Auf diesem Lager schlief ich. Ich fühlte zwar, daß sich Tiere unter dem Gras bewegten, die ich für Schlangen hielt, kümmerte mich aber nicht darum, so müde war ich.

Am nächsten Morgen folgte ich einem breiten Weg, der zu einem verlassenen Dorf führte, worauf ich einen anderen nahm, der ähnlich endete. So ging dies einige Tage. Einmal schlug ich einen Pfad ein, auf dem ich Ochsenspuren fand; auch einen Stier traf ich, der einen Packsattel und eine Sichel trug. Sieh da, dieser Weg führte zu einem Heidendorf. So nahm ich denn einen andern, der mich zu einem verlassenen Dorf brachte, in dem ich zwei nackte Schwarze sah. Ich fürchtete mich vor ihnen und blieb unter den Bäumen. Als es Nacht geworden, ging ich in das Dorf, in ein Haus hinein und fand in einem der Zimmer eine Art großes Faß, wie es die Inder verfertigen, um das Getreide aufzubewahren; es hat an seinem Boden eine Öffnung, weit genug für einen Mann. Ich kroch hinein und fand den Boden innen mit Stroh bedeckt; auch ein Stein war dort, auf den ich mein Haupt legte und einschlief. Auf dem Faß saß ein Vogel, der den größten Teil der Nacht mit den Flügeln schlug; ich glaube, daß er sich fürchtete; so fanden wir uns hier: zwei, die Furcht hatten.

In solcher Lage brachte ich sieben Tage zu, von dem Tag an gerechnet, an dem ich gefangengenommen worden und der ein Samstag war. Am 7. Tage gelangte ich in ein starkbevölkertes Dorf, das von Ungläubigen bewohnt war und in dem sich ein Teich und Gemüsegärten befanden. Ich bat die Einwohner um Speise, aber sie wollten mir nichts zu essen geben; um einen Brunnen fand ich aber Rettichblätter, die ich aß. Eine Schar Ungläubiger, die Vorposten aufgestellt hatten, rief mich an, ich gab aber keine Antwort und setzte mich auf den Boden nieder. Einer von ihnen kam mit gezogenem Schwert auf mich zu und schwang es, als ob er zuschlagen wollte. Ich drehte mich nicht einmal nach ihm um, so ungeheuer müde war ich. Er durchsuchte mich, fand aber nichts bei mir; da nahm er denn das Hemd, dessen Ärmel ich dem Alten gegeben hatte.

Am 8. Tage wurde mein Durst außerordentlich groß, und ich hatte kein Wasser. Ich kam in ein verlassenes Dorf, in dem ich keine Zisterne fand, obgleich die Bewohner dieser Dörfer sonst Zisternen anzulegen pflegen. Ich folgte nun einem Pfad, der mich zu einem ungemauerten Brunnen führte, auf dem wohl ein Strick aus Pflanzenfasern lag, aber kein Eimer daran, um Wasser darin zu schöpfen. Ich band das Tuch, das ich am Kopfe trug, an den Strick und schlürfte das Wasser, mit dem es getränkt war, aber das stillte meinen Durst nicht. So band ich denn meinen Stiefel an den Strick und schöpfte Wasser darin; aber ich hatte noch nicht genug. Ich ließ ihn ein zweites Mal hinab, aber der Strick riß, und der Stiefel fiel in den Brunnen. Da band ich den zweiten Stiefel an und trank, bis ich satt war. Dann schnitt ich ihn entzwei und band seinen Oberteil an meinen zweiten Fuß mit dem Strick des Brunnens und mit Fetzen, die ich dort fand.

Während ich über meine mißliche Lage nachdachte, zeigte sich plötzlich vor mir ein Mensch. Ich sah ihn an: Es war ein Schwarzer, der in seiner Hand einen Ledersack und einen eisenbeschlagenen Stock hielt. Auf der Schulter trug er einen Ranzen. Er sprach mich an: »Heil über Euch!« – »Auch über Euch sei Heil«, erwiderte ich, »und die Gnade Gottes und sein Segen.« Er fuhr auf persisch fort: »Wer bist du?« Ich antwortete: »Ich bin ein verirrter Mann.« – »Ich bin in der gleichen Lage«, sagte er. Dann band er seinen Krug an einen Strick, den er bei sich hatte, und schöpfte Wasser. Ich wollte trinken. Er aber hielt mich ab: »Gedulde dich!« Er öffnete seinen Sack und entnahm ihm eine Handvoll schwarzer Kichererbsen, die mit ein wenig Reis gebraten waren. Ich aß davon und trank. Er nahm die vorgeschriebenen Waschungen vor und betete mit zweimaliger Niederwerfung; auch ich wusch mich und betete. Dann fragte er nach meinem Namen, und ich sagte ihm Mohammed, und fragte ihn auch nach dem seinen. Er sagte: El-Kalb el-Farih (»das fröhliche Herz«). Ich nahm dies als ein günstiges Vorzeichen. Dann sprach er zu mir: »Im Namen Gottes, begleite mich!« – »Ja«, erwiderte ich und ging eine Weile mit ihm, spürte aber eine solche Ermattung in meinen Gliedern, daß ich mich nicht aufrecht halten konnte und mich setzen mußte. »Was hast du denn?« fragte er mich. Ich sagte ihm: »Bevor ich dich traf, konnte ich gehen, aber nachdem ich dir begegnet, kann ich nicht mehr.« – »Lob sei Gott«, rief er aus, »steig auf meinen Rücken!« Ich sagte: »Du bist schwach und hältst das nicht aus.« – »Gott wird mich stärken«, erwiderte er, »du mußt es unbedingt tun.«

So stieg ich denn im Reitsitz auf seinen Rücken, während er zu mir sprach: »Rezitiere oft den Spruch des Korans: Gott ist uns Genüge und, oh, über diesen besten aller Beschützer!« Ich sagte diese Verse oft vor, aber der Schlaf in meinen Augen überwand mich, und ich kam nicht früher zu mir, als bis ich auf die Erde fiel. Da erwachte ich und sah von dem Mann keine

Spur. Dafür befand ich mich in einem dichtbevölkerten Dorf; ich ging weiter zur Ortsmitte und fand, daß es unterworfenen Indern gehörte und daß der Ortsvorsteher ein Muslim war. Man meldete ihm meine Anwesenheit, und er suchte mich auf. »Wie heißt dieses Dorf?« fragte ich ihn. Er erwiderte: »Tāj-Būra« (Tājpur). Zwischen diesem Ort und der Stadt Kowil, wo sich unsere Leute befanden, war eine Entfernung von zwei Parasangen. Der Ortsvorsteher ließ mich in sein Haus bringen und mir warme Speisen vorsetzen. Während ich mich wusch, sagte er mir: »Ich habe ein Kleid und einen Turban, die ein ägyptischer Araber von den Leuten des Feldlagers bei Kowil hinterlegt hat.« – »Her damit«, sprach ich, »ich werde sie anlegen, bis ich ins Feldlager gekommen bin.« Er brachte die Kleider, und ich sah, daß es meine eigenen Kleider waren, die ich dem Araber geschenkt, als wir in Kowil angekommen waren.

Mein Erstaunen war groß, und ich gedachte des Mannes, der mich auf seinem Rücken getragen hatte. Ich erinnerte mich auch an das, was mir der Heilige Gottes, des Erhabenen, Abū 'Abdallāh el-Murschidī, vorhergesagt hatte, nämlich: »Du wirst nach Indien kommen und dort meinen Bruder Dilschad treffen. Er wird dich aus einer bösen Lage, in die du geraten wirst, befreien.«

Da gedachte ich der Antwort des Unbekannten, als ich ihn nach seinem Namen fragte und er mir erwiderte »El-Kalb el-Farih«, was ins Persische übersetzt »Dilschad« heißt. Nun wußte ich, er war die Person, der zu begegnen jener mir geweissagt hatte, und er war ein Heiliger.

Noch in der gleichen Nacht schrieb ich an meine Gefährten in Kowil und teilte ihnen meine Rettung mit. Sie brachten mir ein Pferd und Kleider und freuten sich über meine Rettung.

ENTDECKUNGEN AMERIKAS

»Der Amerikaner, der den Kolumbus zuerst entdeckte, machte eine böse Entdeckung.«

Georg Christoph Lichtenberg
Sudelbücher, Heft G183 (1779/83)

Benedeit
Sankt Brandans wundersame Seefahrt

Sie fahren aufs Meer hinaus, und ihr Gastgeber fährt mit ihnen. Niemals mehr werden sie zu der Insel der Vögel zurückkehren. Sie richten ihren Kurs gen Osten und kommen nicht vom Weg ab: denn sie haben jemand an Bord, unter dessen Führung sie froh und glücklich fahren. In ununterbrochener Fahrt und ohne Aufenthalt fahren sie vierzig Tage auf hoher See, so daß sie nichts sehen als das Meer und den Himmel über sich; und mit Erlaubnis des göttlichen Königs nähern sie sich jetzt dem Nebel, der das ganze Paradies umschließt, das einst Adams Besitz war. Große Wolken hüllen alles in Finsternis, so daß es für seine Erben keine Rückkehr dorthin gibt. Der dichte Nebel blendet so sehr, daß jeder, der dort eintritt, nichts mehr erkennen kann, wenn er nicht von Gott Sehkraft erhält, mit der er diese Wolke durchdringen kann. Da sagte der Gastgeber: »Zögert nicht, sondern setzt das Segel in den Wind.« Als sie sich nähern, teilt sich die Wolke und läßt eine Durchfahrt frei. Sie fahren in den Nebel hinein und finden mitten hindurch einen breiten Weg. Wegen der Wolke an ihrer Seite vertrauen sie sich ganz ihrem Gastgeber an; sie ist riesig groß und dicht zusammengeballt und türmt sich zu beiden Seiten auf. Drei Tage fahren sie in voller Fahrt auf dem Weg, der sich vor ihnen aufgetan hat. Am vierten Tag kommen sie aus dem Nebel heraus; darüber sind die Pilger sehr froh.

Sie sind aus der Wolke herausgekommen und haben das Paradies gut sehen können. Zuerst sehen sie eine Mauer, die bis zu den Wolken reichte. Sie besaß keine Zinnen und keinen Wehrgang, keinen Wachturm noch überhaupt einen Turm. Keiner von ihnen weiß genau, aus welchem Material die Mauer gemacht ist. Sie war noch weißer als Schnee. Ihr Erbauer war der König der Könige. Sie war ganz aus einem Stück ohne jede Verzierung – mühelos hatte er sie fertiggestellt; die Edelsteine, mit denen die Mauer besetzt war, verbreiten großen Glanz. Auserlesene, goldgesprenkelte Chrysolithen gab es dort in großer Zahl. Die Mauer leuchtet und funkelt von Topasen und Chrysoprasen, Hyazinthen, Chalcedon, Smaragden und Sardonyx ...

Sie steuern geradewegs auf die Pforte zu, aber der Zugang war sehr schwierig: Drachen bewachen ihn, die am ganzen Körper wie Feuer brennen. Genau über dem Eingang hängt ein Schwert – wer sich vor ihm nicht fürchtet, ist ein Tor – mit der Spitze nach unten und dem Griff nach oben; es ist kein Wunder, daß sie sich fürchten. Es schwebt und dreht sich; allein der Anblick macht schwindlig. Weder Eisen noch Fels noch Diamant können seiner Schneide standhalten. Dann erblickten sie einen Jüngling von sehr großer Schönheit, der auf sie zukommt. Er ist ein Bote Gottes und sagt ihnen, sie sollten ans Ufer kommen. Sie legen an, er empfängt sie und nennt sie alle bei ihrem richtigen Namen. Dann küßte er sie herzlich und besänftigte die Drachen: Er heißt sie, sich ganz demütig und widerstandslos auf die Erde legen; und das Schwert läßt er von einem Engel festhalten, den er herbeiholen läßt: Der Eingang ist offen, und alle treten in die ewige Herrlichkeit ein.

Der Jüngling geht voraus und führt sie durch das Paradies. Sie sehen ein Land voll von schönen Bäumen und Wiesen; die Wiese, die immer voll von schönen Blumen ist, ist ein Garten. Die Blumen duften dort sehr süß wie an dem Ort, wo die Frommen wohnen, ein Ort mit herrlichen Bäumen und Blumen und sehr kostbaren Früchten und Düften. Dornen, Disteln und Brennesseln gibt es dort nicht. Alle Bäume und Kräuter strömen einen süßen Duft aus. Die Blumen blühen immer, und die Bäume tragen ständig Frucht, zu keiner Jahreszeit setzen sie aus. Hier ist stets milder Sommer, die Bäume tragen immer Frucht, die Blumen blühen, die Wälder sind voll von Wild und alle Flüsse voll von gutem Fisch ...

Der junge Mann sagte zu ihnen: »Laßt uns umkehren, ich werde euch nicht noch weiter führen. Es ist euch nicht erlaubt, weiter zu gehen; denn dafür seid ihr zu unwissend. Brandan, du hast jetzt das Paradies gesehen, worum du Gott so sehr gebeten hast. Hunderttausendmal mehr Herrlichkeit als du gesehen hast gibt es weiter da vorne. Mehr wirst du erst erfahren, wenn du hierher zurückkehrst. Wohin du jetzt leiblich gekommen bist, wird bald deine Seele zurückkehren. Nun kehre um; du wirst zurückkommen und hier das Jüngste Gericht erwarten. Nimm dir einige von diesen Steinen als Zeichen des Trostes mit.« Als der junge Mann dies gesagt hatte, ging Brandan weg und nahm als Zeichen Steine mit.

Brandan hat von Gott und den lieben Heiligen im Paradies Abschied genommen. Der junge Mann geleitet sie hinaus, bis sie alle in das Schiff eingestiegen sind, dann hat er über sie das Kreuzzeichen geschlagen. Sogleich haben sie ihre Segel gehißt, ihr frommer Gastgeber blieb dort zurück, denn das Paradies war seine rechtmäßige Bleibe. Brandan und seine Gefährten fahren voller Freude weg, die Winde sind ihnen nicht hinderlich: Nach drei Monaten kommen sie durch die große Macht Gottes wieder in Irland an.

Schon geht die Neuigkeit durch das Land, daß Brandan aus dem Paradies zurückgekehrt ist. Nicht nur seine Verwandten freuen sich, sondern alle miteinander. Vor allem seine lieben Mönche sind froh, daß sie jetzt ihren gütigen Vater wiederhaben. Oft erzählt er ihnen von ihrer Fahrt, wo es ihnen gutgegangen und wo sie in Bedrängnis geraten waren; und er erzählte ihnen, wie er alles Notwendige, worum er Gott bat, bereit vorfand. Dies und das, alles erzählte er ihnen, und wie er fand, was er suchte.

Der Wikinger Fahrten nach Weinland
Grönland-Saga

Nun ist zu berichten, daß Bjarni Herjulfsson von Grönland nach Norwegen fuhr und dort Jarl Erich besuchte. Der Jarl empfing ihn freundlich. Bjarni erzählte von seinen Fahrten. Er berichtete, daß er Neuland gesehen habe. Die Leute am Hofe aber meinten, er müsse doch wohl wenig wißbegierig gewesen sein, da er nichts aus jenen Gegenden zu berichten habe, und man machte ihm deshalb Vorwürfe. Bjarni wurde nun Hofmann beim Jarl und fuhr im nächsten Sommer wieder nach Grönland.

Damals sprach man viel davon, neue Länder aufsuchen zu wollen. Leif, der Sohn Erichs des Roten von Steilhang, ging zu

Bjarni Herjulfsson, kaufte sich ein Schiff von diesem und verschaffte sich Mannschaft dazu. Im ganzen waren es fünfunddreißig Mann. Leif bat seinen Vater Erich, wieder ihr Führer auf der Fahrt zu sein. Doch Erich wollte davon nichts Rechtes wissen. Er sagte, er sei zu alt dazu, und meinte, er könne nicht mehr solche Anstrengungen wie früher ertragen. Leif dagegen sagte, Erich würde auch jetzt noch von ihrem Geschlecht der beste Führer für eine solche Fahrt sein. So gab denn Erich nach und ritt, sobald sie fahrtbereit waren, von daheim fort. Nahe beim Schiff aber strauchelte Erichs Pferd. Er fiel herunter und verletzte sich den Fuß. Da sagte Erich: »Es soll mir nicht mehr vergönnt sein, weiteres Neuland zu entdecken als das, was ich jetzt bewirtschafte. Wir werden nicht mehr alle zusammen weiterfahren.« So kehrte Erich nach Steilhang zurück, aber Leif ging mit den fünfunddreißig Mann aufs Schiff.

Es war ein Deutscher mit auf der Fahrt namens Tyrkir. Sie rüsteten nun ihr Schiff, und sobald sie seefertig waren, fuhren sie aufs Meer und trafen zuerst auf das Land, das Bjarni und seine Leute zuletzt gesehen hatten. Sie segelten nach der Küste, ankerten, setzten ein Boot aus und fuhren an Land. Nirgends sahen sie Gras dort. Oben im Lande waren gewaltige Gletscher. Alles vom Strand bis zu diesen sah aus wie flaches Gestein, und das ganze Land erschien ihnen höchst unwirtlich. Da sagte Leif: »Uns ist's mit dem Land anders ergangen als Bjarni, der es gar nicht betrat. Ich werde ihm nun einen Namen geben. Es soll Flachsteinland (d. i. Labrador) heißen.«

Nun kehrten sie zum Schiff zurück und fuhren weiter. Sie fanden da ein zweites Land. Sie segelten wieder zur Küste, ankerten, setzten ein Boot aus und gingen ans Ufer. Das Land war eben und waldbestanden. So weit sie gingen, sahen sie weiße Sandflecken, und das Ufer fiel nicht steil ab nach der See. Da sagte Leif: »Auch diesem Land werde ich einen Namen geben, den es verdient. ›Waldland‹ (d. i. Neufundland) soll es heißen.« Dann fuhren sie schleunigst wieder zum Schiff.

Nun stachen sie wieder bei Nordost in See. Sie waren zwei Tage unterwegs und sahen dann wiederum Land. Sie segelten nach der Küste und kamen zu einer Insel nördlich vom Festland. Sie gingen sie hinauf, sahen sich bei gutem Wetter um und fanden Tau auf dem Gras. Sie netzten zufällig ihre Hände darin, führten sie zum Mund und meinten, nie etwas so Süßes gekostet zu haben. Sie fuhren jetzt zu ihrem Schiff zurück und segelten in den Sund zwischen der Insel und dem Vorgebirge, das sich nordwärts vom Lande her wies. Sie steuerten westlich an dem Vorgebirge vorüber. Da waren zur Ebbezeit große Untiefen am Seestrand, und ihr Schiff saß fest. Die Flut war vom Schiff in der Ferne zu sehen, doch sie waren so gespannt, ans Ufer zu kommen, daß sie nicht warten mochten, bis das Wasser ihr Schiff wieder hob. Sie gingen an Land. Dort kam ein Fluß aus einem See.

Sobald die Flut wieder ihr Schiff hob, nahmen sie ihr Boot, ruderten zum Schiff zurück, führten es stromaufwärts und schließlich in den See. Dort ankerten sie, trugen ihre Hängematten vom Schiff und schlugen Landzelte auf. Dann beschlossen sie, sich für den Winter dort anzusiedeln, und erbauten sich dort große Hütten (die sog. Leifshütten). Weder im Fluß noch im See fehlte es an Lachsen, und größere Lachse als diese hatten sie früher nie gesehen. Das Land war so reich, daß sie keine Winterfütterung für das Vieh nötig zu haben glaubten. Keinen Frost gab es dort im Winter, und das Gras wurde kaum welk. Tag und Nacht waren nicht so verschieden lang wie auf Grönland oder Island. Am Mittwintertag sah man die Sonne von halbacht Uhr vor- bis halbfünf Uhr nachmittags. Als der Hausbau fertig war, sprach Leif zu seinen Fahrtgenossen: »Nun will ich unsere Schar teilen und das Land auskundschaften lassen. Die eine Hälfte bleibe daheim in der Hütte, die andere erforsche das Land, gehe aber nie so weit, daß sie nicht abends zurück sein kann, und sie zersplittere sich ja nicht.« Das taten sie denn auch eine Zeitlang. Leif selbst zog bald mit aus, bald blieb er daheim in der Hütte. Er war groß und stark, von höchst mannhaftem Aussehen. Dazu ein in jeder Hinsicht kluger und maßvoller Mann.

Eines Abends fehlte einer aus der Schar, und das war Tyrkir, der Deutsche. Leif war darüber in großer Unruhe. Denn Tyrkir war lange bei ihm und schon bei seinem Vater gewesen und hatte ihn in seiner Kindheit sehr geliebt. Leif machte seinen Fahrtgenossen darob heftige Vorwürfe. Er brach auf, ihn zu suchen, und zwölf Männer begleiteten ihn. Sie waren aber erst kurze Zeit unterwegs, da kam ihnen Tyrkir schon entgegen.

Man empfing ihn voller Freude. Leif merkte bald, daß sein Ziehvater nicht recht bei sich war. Der hatte eine steile Stirn, flackernde Augen und Sommersprossen im Gesicht. Er war klein von Wuchs und unansehnlich, doch höchst geübt in allerlei Kunstfertigkeiten. Da sagte Leif zu ihm: »Wo weiltest du so lange, lieber Ziehvater, und warum trenntest du dich von den Gefährten?« Tyrkir sprach zuerst lange deutsch, rollte die Augen und fletschte die Zähne, und keiner verstand, was er sagte. Nach einer Weile aber sagte er dann auf nordisch: »Ich ging nicht viel weiter als ihr. Doch habe ich eine Neuigkeit für euch. Ich fand Weinranken und Weintrauben.« – »Ist das richtig, lieber Ziehvater?« fragte Leif. »Gewiß«, erwiderte Tyrkir, »wo ich daheim bin, fehlt es doch weder an Weinranken noch an Weintrauben.« Nun schliefen sie die Nacht, und am Morgen sagte Leif zu seiner Schiffsmannschaft: »Nun wollen wir uns mit zweierlei beschäftigen. An einem Tag immer mit Weinlese, am andern mit dem Abhacken der Weinranken und dem Fällen von Bäumen als Fracht für mein Schiff.« Und so ward's beschlossen.

Nun war, heißt es, ihr Schleppboot bald voll mit Weintrauben beladen und auch die Fracht für das Schiff selbst zurechtgehauen. Im Frühjahr rüsteten sie ihr Schiff und segelten ab. Leif gab dem Land einen Namen nach seiner Beschaffenheit und nannte es Weinland. Sie stachen nun in See und hatten Fahrwind, bis sie Grönland sehen konnten und die Berge dort unterhalb der Gletscher. Da kam ein Mann zu Leif und fragte: »Was steuerst du denn so sehr wider den Wind?« Leif erwiderte ihm: »Ich achte auf mein Steuer, doch auch auf anderes. Seht ihr denn nichts?« Sie sagten alle, sie sähen nichts, das des Aufsehens wert wäre. »Ich weiß nicht«, meinte Leif, »ist das dort ein Schiff oder eine Schäre?« Nun sahen's auch die andern und sagten, eine Schäre sei es. Doch Leif sah schärfer als sie und entdeckte dort zugleich Menschen. »Kreuzen wir nun wider den Wind«, sagte Leif, »um ihnen nahe zu kommen, falls sie in Not sind. Wir müssen an sie heran, um ihnen zu helfen. Sind sie aber nicht friedlich gesinnt, dann können wir uns noch immer gegen sie stellen, wie wir wollen. Sie aber haben das nicht in der Hand.«

Sie fuhren nun an die Schäre, zogen die Segel ein, ankerten

und setzten ein kleines Boot aus, das sie zusätzlich bei sich hatten. Dann fragte Tyrkir jene, wer ihre Schar befehlige. Die Antwort war, er heiße Thorir und sei aus Norwegen. »Wie aber«, fragten jene, »heißt du?« Leif nannte seinen Namen. Thorir fragte weiter: »Bist du der Sohn Erichs des Roten von Steilhang?« Leif bejahte es. »Jetzt will ich euch alle auf mein Schiff nehmen«, sagte er, »auch euer Gut, so viel das Schiff fassen kann.« Jene nahmen das Anerbieten an, und sie segelten dann mit ihrer Last zum Erichsfjord bis nach Steilhang. Dort trugen sie die Fracht vom Schiff.

Darauf bot Leif dem Thorir und dessen Frau Gudrid sowie noch drei von seinen Begleitern Aufenthalt bei sich an. Den andern Schiffsleuten Thorirs und seinen eignen aber schaffte er woanders Quartier. Leif hatte fünfzehn Mann von der Schäre gerettet und hieß fortan Leif der Glückliche. Er hatte dabei Gut und Ansehen gewonnen.

In diesem Winter brach ein schweres Siechtum aus unter Thorirs Leuten. Thorir selbst starb und manch anderer aus seiner Schar. Im gleichen Winter starb auch Erich der Rote. Nun wurde viel über Leifs Fahrt nach Weinland gesprochen, und dessen Bruder Thorvald dünkte es, jener habe das Land zu wenig untersucht. Da sprach Leif zu Thorvald: »Du magst, wenn du willst, auf meinem Schiff nach Weinland fahren, Bruder. Zunächst jedoch muß es das Holz holen, das Thorir auf der Schäre hatte.« Und das geschah denn auch.

Nun rüstete sich Thorvald zur Fahrt nach Weinland mit dreißig Mann nach den Anweisungen seines Bruders Leif. Sie machten das Schiff fahrtfertig und stachen in See. Von ihrer Fahrt wird nichts berichtet, bis sie nach Weinland kamen zu den Leifshütten. Dort bargen sie ihr Schiff am Ufer und verhielten sich ruhig den Winter über. Sie fingen sich Fische zur Mahlzeit.

Im Frühjahr aber sagte Thorvald, sie wollten ihr Schiff rüsten, ihr Schleppboot aber sollte mit einigen Männern nach Westen hin die Küste abfahren und dort den Sommer über weiter das Land untersuchen. Sie fanden, das Land war schön und bewaldet, und nur auf den kurzen Zwischenräumen zwischen Wald und See zogen sich weiße Sandstrecken hin. Auch zahlreiche Inseln und manche Untiefen waren dort. Sie stießen weder auf menschliche Siedlungen noch auf Tiere. Nur auf einer Insel im Westen trafen sie auf einen hölzernen Kornschober. Sonst fanden sie nirgends menschliche Spuren, kehrten um und kamen im Herbst zu den Leifshütten zurück.

Im Sommer danach aber fuhr Thorvald auf dem Handelsschiff nach Osten an der Küste entlang und dann auch an der Nordküste. Da überfiel sie bei einem Vorgebirge ein schwerer Sturm und trieb sie dagegen, so daß ihnen unten der Kiel abbrach. Sie mußten dort lange zur Ausbesserung ihres Schiffes verweilen. Da sagte Thorvald zu seinen Gefährten: »Jetzt wollen wir den Kiel auf diesem Vorgebirge aufrichten und es Kielspitz nennen.« Und das taten sie.

Dann segelten sie weiter nach Osten an der Küste entlang und dann in die nächsten Fjordmündungen hinein, und sie stießen auf ein Vorgebirge, das dort heraussprang und ganz bewaldet war. Da verankerten sie ihr Schiff und schoben die Brücke aufs Land. Thorvald ging ans Ufer mit allen seinen Gefährten. Er sagte: »Hier ist's schön, und hier möchte ich mir einen Hof bauen.« Dann gingen sie wieder aufs Schiff, und nun sahen sie auf dem Strande einwärts des Vorgebirges drei Höcker. Und als sie dahinkamen, sahen sie, es waren drei Fellboote, und drei Männer lagen unter jedem. Da ordneten sie ihre Schar und ergriffen sie alle außer einem, der auf einem der Fellboote entwich. Die übrigen acht erschlugen sie, und sie gingen dann wieder auf das Vorgebirge, um Umschau zu halten. Da sahen sie einige Erhöhungen im Fjord, und sie vermuteten darin Wohnstätten.

Nun überfiel sie eine solche Schläfrigkeit, daß sie sich nicht wachhalten konnten und sie allesamt einschliefen. Da ertönte ein Ruf über ihnen, daß sie alle aufwachten. So aber klang dieser Ruf: »Wach auf, Thorvald, mit allen deinen Gefährten, willst du dein Leben retten. Geh mit all deinen Leuten an Bord des Schiffes und verlaß schleunigst dieses Land.«

Indem kamen eine Unmenge Fellboote aus dem inneren Teil des Fjordes auf sie zugefahren und griffen sie an. Da sagte Thorvald: »Nun Schanzen aufgerichtet auf unserm Schiff! Wehren wir uns, so gut wir können. Doch angreifen wollen wir nicht.« Das taten sie. Aber jene – die Skrälinger* – schossen auf sie eine Zeitlang. Dann flüchteten sie, jeder so schnell er konnte. Thorvald fragte seine Gefährten, ob sie verwundet seien. Sie sagten: »Nein.« – »Ich hab eine Wunde unter dem Arm«, sagte er, »ein Pfeil flog mir zwischen der Schiffsschanze und dem Schild in den Arm. Hier ist der Pfeil. Er wird mein Tod sein. Nun rat ich euch, macht euch schleunigst auf die Heimfahrt. Mich aber tragt auf das Vorgebirge, wo's mir so schön schien, mich niederzulassen. Ich sprach wohl wahr, als ich äußerte, daß ich da einmal hausen würde. Dort bestattet mich. Setzt mir ein Kreuz zu Häupten und zu Füßen. ›Kreuzspitz‹ soll diese Stelle fortan heißen.«

Grönland war damals schon christlich, doch Erich der Rote war vor der Einführung des Christentums gestorben. Nun starb auch Thorvald. Seine Leute taten nach seiner Anweisung. Dann kehrten sie um zu ihren Gefährten, und sie teilten einander ihre Erlebnisse mit. Sie überwinterten dort noch und beluden ihr Schiff mit Weintrauben und Weinranken. Im Frühjahr rüsteten sie zur Fahrt nach Grönland, kamen auf ihrem Schiff wieder zum Erichsfjord und konnten Leif viel Neues erzählen.

Christoph Kolumbus
Meine dritte Reise oder Als erster Europäer in Südamerika

Jedesmal, wenn ich nach den Indien steuerte, änderte sich meiner Erinnerung nach die Temperatur stets, sobald ich 100 Leguas (Spanische Meile, entspricht ca. 5 km) westwärts von den Azoren angelangt war. Daher entschloß ich mich, falls mir Gott günstigen Wind und gutes Wetter schenken würde, den südlichen Kurs aufzugeben und westwärts zu segeln. Am Ende dieser acht Tage gefiel es unserm Herrn, mir günstigen Ostwind zu schenken. Ich steuerte nun westwärts und war mir

* Der Name (die Schwächlinge) bezeichnete zunächst die Eskimos auf Grönland und in Kanada, dann aber auch die Indianer Neufundlands und namentlich Neuschottlands: die Micmacindianer.

klar, diesen Kurs nicht zu ändern, bis ich Land zu finden hoffte, wo ich die Schiffe ausbessern und unsere Vorräte möglichst erneuern lassen wollte. Vor allem brauchten wir Wasser. Nach 17 Tagen, während denen der Herr mir günstigen Wind gab, sahen wir an einem Dienstag, dem 31. Juli (1498), gegen Mittag Land. Ich hatte es bereits am Montag vorher erwartet und hielt daher zunächst den alten Kurs bei. Aber als die Hitze zunahm, das Wasser hingegen weniger wurde, beschloß ich, nordwärts nach den Kariben-Inseln zu fahren und setzte dementsprechend die Segel um.

Wie mir Gottes Güte immer zugetan war, so auch jetzt. Einer der Seeleute erblickte vom Mastkorb aus gegen Westen eine Kette von drei Bergen. Wir sprachen darauf das Salve Regina und andere Gebete, und alle dankten Gott. Ich gab unsern nach Norden gerichteten Kurs auf und hielt nach dem Lande zu. Um die Stunde des Abendsegens (kurz vor 19 Uhr) erreichten wir ein Kap, das ich Kap Galea nannte (heute Kap Galeota an der Südostspitze von Trinidad). Der Insel selbst hatte ich bereits den Namen Trinidad gegeben. Hier stießen wir auf einen Hafen, der ausgezeichnet war, aber keinen Ankergrund besaß. Am Strand erblickten wir Häuser und Menschen. Das Land ringsum war sehr schön und so frisch und grün, wie die Gärten von Valencia im Monat März. Ich war enttäuscht, daß ich nicht in den Hafen einlaufen konnte, und ging daher an der Küste westwärts. Nachdem ich 5 Leguas gesegelt war, traf ich sehr guten Ankergrund und ankerte.

Am nächsten Tag segelte ich in derselben Richtung weiter, um einen Hafen zu suchen, wo ich die Schiffe ausbessern, Wasser einnehmen und meine Vorräte ergänzen konnte. Als wir eine Pipe Wasser eingenommen hatten, drangen wir weiter vor bis zu einem Vorgebirge, wo wir guten Ankergrund und Schutz vor den Ostwinden fanden. Ich ließ die Anker sacken, das Wasserfaß ausbessern, neuen Wasser- und Holzvorrat einnehmen und die Mannschaft von den lang ertragenen Strapazen ausruhen. Dieser Spitze gab ich den Namen Sandspitze (Punta del Arenal). Der Erdboden in der Nachbarschaft war voller Tierspuren, die an die der Ziegen erinnerten (vielleicht Hirsche?). Obgleich man daraus schließen mußte, daß es dort deren sehr viele gab, sahen wir nur eine, und diese war tot.

Am Tag darauf erschien aus dem Osten ein großes Kanu, in dem vierundzwanzig Mann hockten. Diese waren sämtlich jung, stattlich gebaut und mit Bogen, Pfeilen und Holzschilden wohl bewaffnet. Ihre Hautfarbe war nicht dunkel, sondern heller als bei allen andern Indianern, die ich bisher erblickt hatte. Sie zeichneten sich durch sehr gemessene Bewegungen und schöne Körperformen aus. Ihre Haare trugen sie lang und glatt, nach kastilischer Weise verschnitten. Um den Kopf waren ihnen baumwollene Tücher verschiedener Farbe geschlungen. Sie erinnerten an einen almaizar (maurischer Turban). Einige dieser Schärpen wurden an Stelle eines Gewandes um den Körper getragen. Die Eingeborenen riefen uns aus weiter Entfernung vom Kanu aus an. Aber keiner von uns konnte sie verstehen. Ich machte ihnen durch Zeichen verständlich, sie möchten näher herankommen. Darüber verstrichen über zwei Stunden. Waren sie zufällig ein wenig näher getrieben, entfernten sie sich bald wieder. Um sie zum Herankommen zu veranlassen, ließ ich ihnen Becken und andere schimmernde Gegenstände zeigen.

Endlich näherten sie sich weiter als bisher. Da ich mit ihnen sprechen wollte und sie durch nichts heranlocken konnte, ließ ich auf dem Achterdeck eine Trommel schlagen und einige unserer jungen Leute tanzen, in dem Glauben, die Indianer würden sich diese Lustbarkeit ansehen wollen. Aber sobald sie den Trommelschlag und den Tanz inne wurden, ließen sie ihre Ruder fallen und spannten ihre Bogen. Jeder ergriff seinen Schild, und sie begannen, ihre Pfeile auf uns zu schießen. Die Musik und der Tanz wurden daraufhin abgebrochen, und ich ließ einige unserer Armbrüste abschießen. Darauf wandten sie sich ab von uns, eilten zu der andern Karavelle und hielten sich unter deren Achterdeck auf. Der Pilot dieses Schiffes empfing sie höflich und schenkte dem, der ihr Häuptling zu sein schien, einen Rock und einen Hut. Man einigte sich durch Zeichen dahin, daß der Pilot sich an Land begeben und mit dem Häuptling reden sollte. Die Indianer begaben sich deshalb sofort dorthin und warteten auf ihn. Aber da der Pilot nicht ohne meine Erlaubnis gehen wollte, kam er in einem Boot zu mir aufs Schiff, worauf die Indianer in ihrem Kanu verschwanden. Ich habe weder einen von ihnen noch irgendeinen andern Bewohner der Insel je wiedergesehen.

Bei meiner Ankunft an der Sandspitze stellte ich fest, daß die Insel Trinidad mit dem Land von Gracia (Küste von Paria) eine zwei Leguas breite Straße bildet, die von Westen nach Osten ging. Als wir sie passieren mußten, stießen wir auf heftige Strömungen, die laut brüllend die Straße kreuzten, woraus ich schloß, dort müsse ein Sand- oder Felsenriff sein, das uns die Einfahrt unmöglich machen würde. Hinter dieser Strömung lief wieder eine andere, die ebenfalls durch brüllenden Lärm wie an Felsen schlagende Brandungswellen angezeigt wurde. Ich ankerte im Schutz der Sandspitze außerhalb der Straße und beobachtete, wie sich das Gewässer von Ost nach West stürzte. Dies ging ohne Unterlaß Tag und Nacht, so daß es unmöglich zu sein schien, rückwärts wegen der Strömung oder vorwärts wegen der Untiefen zu gehen.

Während ich auf Deck war, hörte ich in der Stille der Nacht ein fürchterliches Brüllen, das von Süden gegen das Schiff kam. Ich wollte feststellen, was dies sein könnte, und sah, daß das Meer wie ein schiffshoher Berg von West nach Ost rollte und immer näher kam. Vor diesem tosenden Meer wälzte sich eine mächtige, schrecklich brüllende Woge, die ähnlich dem furchtbaren Aufruhr der andern Strömung war. An diesen Tag lebt in mir eine Erinnerung der Furcht, die ich damals fühlte, weil das Schiff möglicherweise unter der Gewalt dieses entsetzlichen Meeres zerschellen könnte. Aber das Unheil ging vorüber und erreichte den Ausgang der Straße, wo der Aufruhr lange Zeit anhielt.

Am Tag darauf sandte ich Boote aus, die die Meerestiefe messen sollten. Sie fanden, daß an der tiefsten Stelle der Mündung der Straße 6 oder 7 Faden Wasser waren, und daß dort beständig Gegenströmungen sich bildeten, von denen die einen hinein-, die andern hinausstürzten. Dem Herrn gefiel es jedoch, uns günstigen Wind zu schenken. Ich drang durch die Straße vor und gelangte bald in ruhiges Fahrwasser. Wasser, das wir aus dem Meer heraufzogen, erwies sich als Flußwasser. Nun segelte ich nordwärts, bis ich zu einem stattlichen Hafen kam. Hier tauchten zwei hohe Vorgebirge auf. Eines lag nach Osten zu. Es bildete einen Teil der Insel Trinidad. Das andere zog sich gen Westen. Es gehörte zu dem Land, dem ich den Namen Gracia gegeben hatte. Hier fanden wir einen Kanal, der noch schmaler als der an der Sandspitze war. Er zeichnete sich ebenfalls durch Strömungen, schreckliches Brüllen und Tosen aus. Das Wasser war nicht salzig.

Bisher war es mir noch nicht gelungen, mit Eingeborenen in Verbindung zu treten, so sehr ich mich darum bemühte. Ich segelte immer der Küste folgend westwärts. Je weiter ich vordrang, desto ungesalzener und bekömmlicher wurde das Wasser, das ich fand. Als ich eine ziemliche Zeit lang weitergesegelt war, erreichte ich eine Gegend, wo das Land bebaut zu sein schien. Dort ging ich vor Anker und sandte die Boote an Land. Die Mannschaften, die an den Strand gingen, stellten fest, daß die Eingeborenen diesen Platz erst vor kürzester Zeit verlassen hatten. Sie beobachteten auch, daß auf dem Berg Affen hausten. Da ich hoffte, gen Westen flacheres Land zu finden, lichtete ich die Anker und folgte der Küste, bis die Gebirgskette zu Ende ging. Dort ankerte ich an einer Flußmündung, wo wir bald durch viele Eingeborene besucht wurden, von denen wir erfuhren, daß dieses Land Paria genannt wurde und daß weiter westwärts die Bevölkerung zahlreicher sei. Ich ergriff vier der Eingeborenen und setzte meine Fahrt gen Westen fort.

Als ich 8 Leguas weiter vorgedrungen war, fand ich im Rükken eines Vorgebirges, dem ich den Namen Punta de la Aguja (Nadelkap, heute Kap Pelikan) gab, eines der lieblichsten Gebiete der Welt, das obendrein dicht bevölkert war. Es war drei Uhr morgens, als ich dort ankam. Die grünen, schönen Gestade lockten mich, so daß ich dort vor Anker ging und mit den Eingeborenen in Verbindung trat. Einige dieser Fremdlinge kamen in ihren Kanus bald in die Nähe unseres Schiffes und forderten mich im Namen ihres Häuptlings auf, an Land zu gehen. Sowie sie bemerkten, daß ich ihnen keine Aufmerksamkeit zollte, erschienen sie in großer Zahl mit ihren Booten an unsern Schiffen. Viele von ihnen trugen Goldstücke auf der Brust, einige hatten Perlenbänder um die Arme. Darüber war ich sehr erfreut und suchte von ihnen zu erfahren, wo sie diese fänden. Sie versicherten mir, daß es diese Sachen in der Nähe ihres Landes und auch nordwärts davon gäbe. Ich würde mich hier gern länger aufgehalten haben. Aber die Vorräte an Getreide, Wein und Fleisch, die ich für die in Española zurückgelassenen Kolonisten bestimmt hatte, waren nahezu dahingeschwunden, weshalb ich meine ganze Sorge darauf richtete, sie in Sicherheit zu bringen und mich nicht wegen jeder Sache aufzuhalten. Ich wollte mir jedoch einige von den Perlen, die ich gesehen hatte, verschaffen und sandte zu diesem Zweck Boote ans Land.

Die Zahl der Eingeborenen war groß. Es waren prächtige Gestalten von gleicher Hautfarbe wie die übrigen Indianer. Sie waren überdies sehr entgegenkommend und nahmen unsere Matrosen äußerst höflich auf. Anscheinend waren sie uns sehr zugetan. Unsere Leute erzählten, daß zwei Häuptlinge, die sie für Vater und Sohn hielten, ihnen aus der Masse des Volkes entgegenkamen und sie zu einem sehr großen Haus führten, das mit Fassaden verziert war. Dieses Haus war nicht rund und zeltartig wie die andern Häuser. Im Innern befanden sich viele Schemel, auf die unsere Leute sich setzen mußten. Die Indianer ließen sich daneben nieder. Es wurde Brot gebracht, dazu Früchte aller Art, roter und weißer Wein, der nicht aus Weintrauben gewonnen war, sondern allem Anschein nach aus verschiedenen Früchten, vor allem aus Mais, einer Pflanze, die eine Ähre wie der Weizen trägt. Sie wuchs hier in großer Menge. Einige davon nahm ich mit nach Spanien.

Die Männer saßen zusammen auf der einen Seite des Hauses, die Frauen auf der andern. Sie bemühten sich gegenseitig eifrig, Nachrichten über ihre Heimatländer zu erhalten. Nachdem unsere Leute im Haus des älteren Indianers bewirtet worden waren, nahm sie der jüngere in seine Hütte und bereitete ihnen den gleichen herzlichen Empfang. Darauf kehrten die Matrosen zu den Booten zurück und kamen an Bord. Ich lichtete sogleich die Anker. Denn ich hatte Eile, um die Lebensmittel zu retten, die zu Ende gingen, und die ich mit so großer Mühe und Sorge zusammengebracht hatte. Ich mußte außerdem auf meine Gesundheit achten, die durch langes Wachen angegriffen war. Obgleich ich auf meiner letzten Reise 33 Tage ohne Schlaf und Ruhe zugebracht und beinahe das Augenlicht verloren hatte, schmerzten doch jetzt meine Augen unter Bluten viel stärker als bei der früheren Reise.

DIE NEUGEFUNDENEN LÄNDER

»Zu den größten und allerseltsamsten Ereignissen natürlicher Art zähle ich in erster Linie dies, daß ich in dem Jahrhundert zur Welt kam, da der ganze Erdkreis entdeckt wurde, während den Alten nur wenig mehr als der dritte Teil bekannt gewesen war.
Jetzt haben wir Amerika entdeckt und, um einzelne Teile zu nennen, Brasilien, die Feuerlande, Patagonien, Peru, Paraná, Caribana, Neuspanien, Neufrankreich . . . Bis alle diese Gebiete gerecht verteilt sind, wird es sicherlich noch große Mißhelligkeiten geben.«

Girolamo Cardano
De propria via (1575/76)

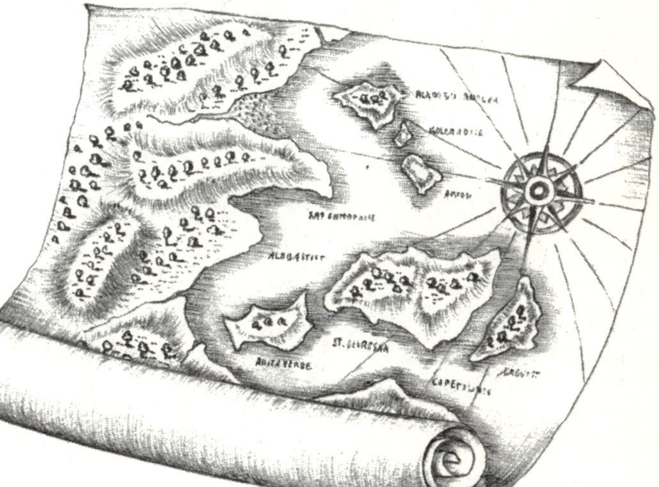

Francesco Antonio Pigafetta
MAGELLAN ÜBERQUERT DEN STILLEN OZEAN

Mittwoch, den 28. November 1520, ließen wir besagte Straße (die Magellanstraße zwischen dem Südende Patagoniens und Feuerland) hinter uns und segelten auf das offene Meer hinaus, das wir später »mare pacifico« nannten. Wir brachten auf diesem Meer drei Monate und 20 Tage zu, ohne daß wir jemals Proviant oder Erfrischungen irgendeiner Art aufnehmen konnten. Was wir aßen, war alter Zwieback, fast zu Staub zerfallen und voller Maden, stinkend vom Kot, den die Ratten hatten fallen lassen, als sie sich über den frischen Zwieback hermachten. Und wir tranken Wasser, das gelb war und faulig roch. Wir aßen sogar die Ochsenhäute, mit denen die große Rahe überzogen war, um die Takelage zu schonen: Die Sonne, der Regen und der Wind hatten sie beinhart gemacht, und so ließen wir sie vier oder auch fünf Tage ins Meer hängen, hievten sie hoch, legten sie eine Weile in die Glut und verspeisten sie dann. Auch aßen wir Sägemehl und Ratten, deren jede einen halben Dukaten kostete, und nicht einmal davon gab es genug.

Zu diesen Mißhelligkeiten kam etwas weitaus Schlimmeres hinzu. Bei einem Großteil unserer Männer schwoll das Zahnfleisch oben wie unten dermaßen an, daß sie nichts mehr zu sich nehmen konnten. Und es litten so viele an dieser Krankheit (Skorbut), daß neunzehn von ihnen starben. Zu alledem kam noch, daß 25 bis 30 Mann der Taucherkrankheit anheimfielen, mit Schmerzen an Armen, Beinen und anderen Körperteilen, so daß nur einige wenige ihre Gesundheit behielten. Ich selbst, dem Herrn sei Dank, blieb von aller Krankheit verschont.

Während jener drei Monate und 20 Tage segelten wir an die 4000 Leguas (spanische Meile, ca. 5 km) auf offenem Meer. Wir hatten ihm den Namen »mare pacifico« gegeben, zu Recht, denn in dieser Zeit kam nicht ein einziger Sturm auf; auch konnten wir kein Land ausmachen, ausgenommen zwei kleine unbewohnte Inseln, wo es außer Vögeln und Bäumen nichts zu entdecken gab. Wir nannten sie die Unglücksinseln. Sie liegen 200 Leguas voneinander, und man kann dort nirgends ankern, weil man nicht auf Grund stößt. Auch sahen wir dort jede Menge Haifische, und zwar von der Größe, die Tiburoni genannt werden. Die erste Insel liegt auf 15 Grad, die andere auf 9 Grad südlicher Breite.*

Mit besagtem Wind segelten wir 50 oder 60 Leguas am Tag, manchmal auch mehr; das eine Mal kam der Wind von achtern, das andere Mal seitwärts. Und hätten nicht Gott der Herr und die Jungfrau Maria uns beigestanden und uns gutes Wetter gesandt, so daß wir uns an der Brise erfrischen konnten, so wären wir alle Hungers gestorben in diesem unermeßlichen Meer. Ich glaube nicht, daß es je einem Menschen in den Sinn käme, eine derartige Reise zu unternehmen.

Hätten wir uns, als wir aus jener (Magellan-) Straße kamen, nur immer nach Westen gehalten, so hätten wir um die ganze Erde segeln können, ohne je auf Land zu stoßen, ausgenommen das Kap der elftausend Jungfrauen, das in gerader Linie den östlichsten Punkt dieses Ozeans bildet, so wie das Kap der Sehnsucht den westlichsten Punkt des Pazifik ausmacht. Diese beiden Kaps sind genau 52 Breitengrade vom Südpol entfernt.

Der Südpol ist nicht auf die gleiche Weise von Sternen überwölbt wie der Nordpol. Hier kann man viele kleinere Sterne erblicken, nahe beieinander und doch wie zwei Wolken ein wenig voneinander entfernt und etwas verschwommen; und mitten unter ihnen sind zwei Sterne, nicht sonderlich groß, nicht sonderlich hell, die sich kaum bewegen: Diese beiden Sterne sind der Südpol (polo antarctico).

Die Nadel unseres Kompasses war noch immer vom Nordpol bestimmt, sie schlug aber nicht mit derselben Kraft aus wie in ihrer eigenen Hemisphäre (nördlich des Äquators). Als wir nun auf offenem Meer segelten, befragte der Generalkapitän alle Steuerleute, während wir unter Segel standen, in welche Richtung sie navigierten und die Seekarten absteckten. Alle erwiderten, genau nach dem Kurs, wie er ihn vorgegeben hätte. Darauf erklärte er, sie nähmen einen falschen Kurs (was

* Seinerzeit konnte die Breite nur nach der Sonne und die Länge überhaupt nicht berechnet werden. Es gab keinerlei Karten, auf die man sich stützen konnte. Magellans nautische Ausrüstung bestand lediglich aus Kompaß, Stundenglas und Sternhöhenmesser.

auch der Fall war), und es täte not, die Nadel entsprechend auszurichten, weil die Magneteinwirkung in dieser Region weitaus schwächer sei. Als wir uns so mitten auf offenem Meer befanden, erblickten wir am westlichen Himmel ein Kreuz aus fünf Sternen, leuchtend hell und sehr klar erkennbar.

Wir fuhren in nordwestlicher Richtung, bis wir schließlich den Äquator erreichten. Nachdem wir ihn überschritten hatten, segelten wir mit Kurs West-Nordwest. Dann fuhren wir 200 Leguas mit striktem Kurs westwärts, schlugen daraufhin die südwestliche Richtung ein, bis wir uns auf 13 Grad nördlicher Breite befanden, um Kap Cattigara (Comorin, südlichster Punkt der Halbinsel Vorderindien) anzulaufen. Dieses Kap liegt nicht dort, wo die Kosmographen es vermuten (sie haben es nie gesehen), sondern mehr gegen Norden etwa auf dem 12. Breitengrad.

Nachdem wir auf besagtem Kurs 60 Leguas zurückgelegt hatten, entdeckten wir Mittwoch, den 6. März 1521, in nordwestlicher Richtung unter 12 Grad nördlicher Breite eine kleine Insel und zwei weitere Inseln, die im Südwesten lagen. Die im Norden gelegene Insel war größer und höher als die beiden anderen. Der Generalkapitän beabsichtigte, die größere Insel anzulaufen, um unseren Proviant aufzufüllen. Doch war dies nicht möglich, weil die Inselbewohner in unsere Schiffe eindrangen und uns frech beraubten, ohne daß wir uns vor ihnen hätten schützen können. Während wir die Segel einholten, um an Land zu gehen, machten sie sich mit großer Geschicklichkeit daran, uns ein Boot zu stehlen, das am Heck des Kapitänsschiffes befestigt war. Das brachte den Generalkapitän so in Rage, daß er mit 40 bewaffneten Männern an Land ging, 40 oder 50 Hütten niederbrannte und auch mehrere kleine Boote; dabei tötete er sieben Inselbewohner. Unser Boot brachten sie zurück. Wir setzten nun unverzüglich die Segel und nahmen unseren alten Kurs wieder auf. Noch bevor wir an Land gingen, hatten einige unserer Kranken gebeten, wir möchten ihnen, sollte es Tote geben, doch deren Eingeweide bringen, das würde ihnen zur schnellen Genesung verhelfen.

Man muß hierzu wissen, daß diese Menschen, wenn wir sie

verwundeten und einer unserer Pfeile ihren Körper durchbohrte, sie den Pfeil voller Verwunderung betrachteten und ihn dann herauszogen; und unmittelbar darauf waren sie tot.

Als wir nun rasch aufbrachen und diese Menschen sahen, daß wir uns von der Insel entfernten, verfolgten sie uns mit hundert kleinen Booten oder noch mehr, und sie zeigten uns Fische und taten, als wollten sie uns davon geben. Doch statt dessen bewarfen sie uns mit Steinen und flüchteten dann. In ihren kleinen Booten fuhren sie zwischen dem am Heck vertäuten Boot und dem unter vollen Segeln stehenden Schiff hindurch; das geschah so schnell und mit so großem Geschick, daß es wie ein Wunder erschien. Wir sahen einige Frauen laut weinen und sich die Haare raufen, und ich glaube, daß dies der Männer wegen geschah, die wir getötet hatten.

Diese Menschen leben in Freiheit und ganz nach ihrem eigenen Willen, denn sie kennen keinen Herrn oder Höchsten über sich. Sie gehen vollständig nackt, und einige tragen einen Bart; das Haar reicht ihnen bis zu den Hüften. Nach Art der Albaner tragen sie kleine Hüte, die aus Palmblättern geflochten sind. Diese Menschen sind so groß wie wir und wohlgestaltet. Sie beten nichts und niemanden an. Bei der Geburt sind sie weiß, später wird ihre Haut dunkel. Die Zähne färben sie sich schwarz oder rot.

Auch die Frauen gehen nackt, sie bedecken nur ihre Scham mit einem Stück Palmbast, der zwischen Baum und Borke wächst, dünn und biegsam wie Papier. Sie sind zartgliedrig und schön. Ihre Haut ist heller als die der Männer, ihr tiefschwarzes Haar fällt weich und fließend bis zur Erde. Sie arbeiten nicht auf dem Feld, sondern bleiben in ihren Hütten und flechten aus Palmblättern Matten und Körbe. Als Nahrung dienen ihnen einmal Cochi oder Bataten (Süßkartoffeln), dann Vögel, spannenlange Feigen (Bananen), Zuckerrohr und fliegende Fische. Die Frauen reiben sich Körper und Haar mit Kokos- und Sesamöl ein. Ihre Hütten bestehen aus Holzgerüsten, überdeckt mit Planken und Feigenblättern in doppelter Ellenlänge (d. i. Bananenblätter). Sie sind ebenerdig. Innen sind Zimmer und Bettstatt mit Matten versehen, aus Palmblättern gefertigt und sehr schön anzusehen, und man liegt auf feinem, weichem Palmstroh. Diese Menschen haben keine

Waffen, sie benutzen lediglich Stöcke, deren Spitze aus Fischbein besteht. So arm sie sind, so einfallsreich sind sie auch und große Diebe; aus diesem Grund nannten wir diese drei Inseln »Ladronen«, Diebesinseln.

Ihre Hauptbeschäftigung ist es, mit ihren kleinen Booten und mit Angelhaken aus Fischbein Jagd zu machen auf fliegende Fische. Ihre Boote sind entsprechend ausgelegt. Sie gleichen den Gondeln von Fusine (bei Venedig), sind aber schmaler. Manche sind schwarz, einige weiß, andere wiederum rot. Dem Segel gegenüber ist ein großer, zugespitzter Balken angebracht, mit Querstangen, die bis ins Wasser reichen und so die Sicherheit vergrößern. Die Segel sind aus Palmblättern zusammengenäht, sie haben von vorn nach achtern zu die Form eines Lateinsegels. Ihre Paddel ähneln unseren Herdschaufeln. Heck und Bug unterscheiden sich bei diesen Booten nicht; wie die Delphine schnellen sie zwischen den Wogen hindurch. Aus den Gesten dieser Diebesleute konnten wir erschließen, daß sie glaubten, außer ihnen gäbe es keine anderen Menschen auf der Welt.

Bernal Diaz del Castillo

Cortez trifft Moctezuma in Mexiko

Wir waren nun schon vier Tage in Mexiko (damals Tenochtitlán genannt), und niemand von uns hatte bis jetzt das Quartier verlassen. Cortez wollte aber den großen Marktplatz der Stadt und den Haupttempel besichtigen. Er schickte deshalb seine Dolmetscher, die Donna Marina und Aguilar und einen seiner Pagen, den Ortega, der schon etwas Mexikanisch gelernt hatte, zu Moctezuma und ließ ihn um sein Einverständnis bitten. Der Fürst antwortete zwar, daß wir überall willkommen seien, hatte aber doch Sorge, daß wir seine Götzen in irgendeiner Form beleidigen könnten, und begleitete uns daher, zusammen mit vielen seiner Großen. Es war ein prachtvoller Aufzug. Auf halbem Weg stieg er aus der Sänfte; denn er hielt es für unehrerbietig, sich den Götzen anders als zu Fuß zu nahen. Die ersten

Männer seines Hofes führten ihn unter den Armen; andere gingen vor ihm her und trugen zwei Stöcke, die wie Zepter aussahen und die Nähe des Fürsten ankündigten. In der Sänfte trug er immer einen kleinen Stab, halb Gold, halb Holz, der wie ein Richterstab aussah. Er bestieg den Tempel in Begleitung von vielen Papas und brachte dem Huitzilopochtli, dem Kriegsgott, Rauchopfer dar. Unser Generalkapitän aber und wir anderen Berittenen waren wir üblich bewaffnet. Wir ritten, begleitet von zahlreichen Kaziken, über den großen Marktplatz von Tlatelolco.

Dort fanden wir eine unerwartet große Menge Menschen, zahlreiche Verkaufsstände und eine ausgezeichnete Ordnungspolizei. Die Kaziken machten uns auf alle Besonderheiten aufmerksam. Jede Warengattung hatte ihre Plätze. Da gab es Gold- und Silberarbeiten, Juwelen, Stoffe aller Art, Federn, Baumwolle und Sklaven. Der Sklavenmarkt war hier genauso groß wie der Negermarkt der Portugiesen in Guinea. Damit sie nicht fliehen konnten, waren sie mit Halsbändern an lange Stangen geschnallt. Nur wenige durften frei herumgehen.

Dann kamen die Stände mit einfacheren Waren, mit grobem Zeug, mit Zwirn und Kakao zum Beispiel. Ganz Neuspanien (Mexiko) bot hier seine Erzeugnisse an. Ich kam mir vor wie auf der großen Messe zu Hause, in meinem Geburtsort Medina del Campo, wo auch jede Ware ihre eigene Straße hat. Da gab es Sisalstoffe, Seile und Strickschuhe. Dort wurden gekochte süße Yuccawurzeln und andere aus dieser Pflanze gewonnene Produkte angeboten. Es gab rohe und gegerbte Häute von Tigern, Löwen, Schakalen, Fischottern, Rotwild, wilden Katzen und anderen Raubtieren. Wir fanden aber auch Stände, an denen Bohnen, Salbei und vielerlei andere Gemüse und Gewürze verkauft wurden. Es gab einen besonderen Geflügel- und Wildbretmarkt, einen für die Kuchenbäcker und einen für die Wursthändler. In den Ständen der Töpfer fanden wir von großen irdenen Gefäßen bis zum kleinsten Nachttopf alles. Wir gingen an Verkäufern von Honig, Honigkuchen und anderen Leckereien vorbei, an Möbel-, Holz- und Kohlenhändlern. Ganze Kähne mit menschlichen Fäkalien lagen am Ufer. Die Mexikaner brauchten sie zum Gerben. Ich finde kein Ende mit dieser Aufzählung, und doch habe ich das Papier, die Röhren mit dem flüssigen Eukalyptusöl und mit dem Tabak, die wohlriechenden Salben und die Hallen mit den Sämereien noch gar nicht genannt, ganz zu schweigen von den Heilkräutern. Und nun hätte ich doch fast die Handwerker vergessen, welche die Feuersteinmesser machen, das Salz, den Fischmarkt und die Brote, die aus getrocknetem Schlamm gemacht werden, den man in den Seen fischt. Sie schmecken wie Käse. Schließlich gab es noch Instrumente aus Messing, Kupfer und Zinn, handgemalte Tassen und Krüge aus Holz, kurz so vielerlei Waren, daß mein Papier nicht ausreicht, sie alle zu nennen. Es gab übrigens auch eine Art Marktgericht mit drei Richtern und mehreren Gehilfen, die für die Warenschau verantwortlich waren.

Wir wollten aber den großen Cue besteigen. Als wir auf dem Weg dorthin an den Vorhöfen des Marktes vorbeikamen, sahen wir noch Kaufleute, welche die Goldkörner aus den Bergwerken verkauften. Sie schütteten ihre wertvolle Ware in große Gänseknochen, deren Wände sie so lange bearbeiteten, bis das Gold durchschien. Je nach der Länge und Dicke dieser Röhren konnte man dafür soundso viele Packen Zeug oder Kakaobohnen (die heute noch als kleine Münze verwendet werden) oder Sklaven oder andere Waren eintauschen.

Vom Markt aus kamen wir bald in die großen Höfe, die den Haupttempel der Hauptstadt Mexiko umgaben. Sie waren größer als der Marktplatz von Salamanca. Um den riesigen Hof lief eine doppelte Mauer aus Kalk und Stein. Er war durchweg mit weißen, sehr glatten Platten gepflastert, die in einem bestimmten Wechsel von einem bräunlichen Estrich unterbrochen wurden. Alles war so sauber, daß man nirgends einen Strohhalm oder ein Stäubchen sah.

Moctezuma war bei seinen Opferzeremonien hoch oben auf dem Tempel. Er schickte uns über die vielen Stufen sechs Papas und zwei vornehme Staatsbeamte entgegen, die Cortez hinaufführen sollten. Es waren einhundertundvierzehn hohe Stufen. Die Mexikaner fürchteten, daß der Aufstieg unserem Cortez ebenso schwerfallen werde wie ihrem Moctezuma. Sie wollten ihm deshalb den Arm reichen. Er lehnte aber jede Hilfe ab. Die stumpfe Spitze des Cue war eine breite Plattform mit großen Steinen, auf welche die armen Opfer gelegt wurden.

Darüber stand ein großes Götzenbild, ein Drache, umgeben von anderen abscheulichen Figuren. Überall sahen wir Spuren von frischem Menschenblut. Moctezuma trat mit zwei Papas aus einer Art Kapelle, in der seine verfluchten Götzen standen, und empfing Cortez mit großer Höflichkeit. Er sagte: »Der Aufstieg wird dich wohl ermüdet haben, Malinche?« Cortez antwortete, daß uns nichts ermüden könne. Daraufhin nahm der Fürst ihn an der Hand und forderte ihn auf, von hier oben aus seine Hauptstadt, die anderen in den See gebauten Städte und die zahlreichen Ortschaften ringsherum zu betrachten, nicht zuletzt auch den großen Marktplatz, den man von hier aus besonders gut übersehen konnte.

Dieser Teufelstempel beherrschte wirklich die ganze Gegend. Wir sahen die drei Dammstraßen, die nach Mexiko führten: die von Iztapalapa, über die wir eingezogen waren, die von Tacuba, über die wir acht Monate später unter großen Verlusten fliehen mußten, und die von Tepeaquilla. Wir sahen die große Wasserleitung, die von Chapultepec kommt und die ganze Stadt mit süßem Wasser versorgt, und die langen hölzernen Brücken, von denen die Dammstraßen unterbrochen waren, um die Verbindung zwischen den vielen Teilen des Sees zu ermöglichen. Auf dem See wimmelte es von Fahrzeugen, die Waren und Lebensmittel aller Art geladen hatten. Wir stellten einwandfrei fest, daß man Mexiko nur über die Zugbrücken oder in Kähnen erreichen konnte. Aus allen Orten ragten die weißen Opfertempel wie Burgen über die Häuser mit ihren Söllern, über kleinere kapellenartige Bauten und über die Befestigungstürme hinaus. Es war ein einmaliger Blick.

Lange staunten wir dieses herrliche Gemälde unter uns an. Dann besahen wir uns von hier oben aus noch einmal den Marktplatz mit seinem Gewimmel von Menschen, die einen Lärm machten, den man über eine Stunde weit hören konnte. Leute, die Konstantinopel und Rom gesehen hatten, erzählten, daß sie noch nirgendwo einen so großen und volkreichen Marktplatz gefunden hätten.

Bei dieser Gelegenheit fragte Cortez den Pater Bartolomé (de Las Casas), ob er nicht auch finde, daß man jetzt den Moctezuma um die Erlaubnis zum Bau einer Kirche bitten solle. Der Pater meinte, es sei wohl jetzt noch etwas zu früh, so schön dieser Plan wäre. Er glaube nicht, daß der Fürst darauf eingehen werde. Daraufhin sagte Cortez zu Moctezuma: »Ihr seid fürwahr ein großer Monarch, und es käme Euch zu, ein noch größerer zu sein! Es war für uns eine ganz besondere Freude, all Eure Städte von hier oben aus betrachten zu dürfen. Nachdem wir nun schon einmal hier sind, habe ich aber noch eine Bitte: zeigt uns auch Eure Götter und Teufel!« Der Fürst besprach sich erst mit seinen Papas. Dann führte er uns in einen Turm.

Dort war ein großer Saal mit zwei altarähnlichen Postamenten und einer reichgeschmückten Decke. Auf diesen Postamenten standen zwei riesige, dicke Figuren. Die eine stellte den Kriegsgott dar, den Huitzilopochtli. Das Götzenbild zeigte ein breites Gesicht, mißgestaltete grausige Augen und war über und über mit Edelsteinen, Gold und Perlen bedeckt, die mit einem Kleister befestigt waren, den die Indianer aus einer besonderen Wurzel gewinnen. Riesige goldene, juwelengeschmückte Schlangen wanden sich um den Leib des Ungeheuers, das in der einen Hand einen Bogen, in der anderen Pfeile trug. Ein kleiner Götze stand neben ihm und trug ihm einen kurzen Spieß und einen goldenen, mit Edelsteinen besetzten Schild. Mit blauen Steinen verzierte Masken und Herzen aus Gold und Silber hingen dem Kriegsgott um den Hals. Vor ihm standen mehrere Kohlenbecken mit Kopal, dem uns schon bekannten Weihrauch des Landes, und mit drei Herzen von Indianern, die an diesem Tag für ihn geschlachtet worden waren und nun hier als Opfer verbrannt wurden. Die Wände und der Boden waren schwarz von Menschenblut. Es stank abscheulich in diesem Tempelraum.

Auf dem anderen Postament stand der Gott der Hölle mit einem Bärengesicht und mit leuchtenden Augen, die aus einem Spiegelglas gemacht waren, das sie in Mexiko Tezcat nennen. Auch dieser Huichilobos war über und über mit Juwelen bedeckt. Um seinen Leib wand sich ein Kreis von Figuren, die wie Teufel aussahen und lange nackte Schwänze hatten. Dem Ungeheuer waren an diesem Tag schon fünf Menschenherzen geopfert worden. Auf der höchsten Spitze des Opfertempels stand wieder ein kapellenartiger Bau aus Holz, der ganz besonders schön und kostbar war. Er war der Fruchtbarkeitsgöttin gewidmet. Auch sie saß erhaben da, halb Mensch, halb Eidechse. Die untere Hälfte mit den Samen aller Pflanzen der Erde war vor den Augen der Besucher verhüllt. In dem Raum war ein Gestank, schlimmer als in jedem schlechtgelüfteten Schlachthaus. Wir konnten es kaum erwarten, wieder an die frische Luft zu kommen. Dort stand auch die Höllenpauke, eine ungeheure Trommel, die einen sehr schwermütigen Ton von sich gab, den man zwei Stunden weit hörte. Das Trommelfell war aus der Haut einer Riesenschlange. Es gab dort oben auf der Plattform noch mehr Hölleninstrumente: große und kleine Höllentrompeten, riesige Schlachtmesser und die Reste von verbrannten Menschenherzen. Unser Generalkapitän sagte lächelnd zu Moctezuma: »In der Tat, ich kann nicht begreifen, wie ein so großer und weiser Herrscher wie Ihr an diese Götzen glauben kann, die doch keine Gottheiten sein können, sondern böse Geister, Teufel. Erlaubt uns, auf die Spitze dieses Tempels ein Kreuz und in einen Raum neben Eurem Kriegs- und Höllengott ein Muttergottesbild zu setzen. Ihr und Eure Papas, Ihr werdet sehr bald sehen, welche Angst diese Götzen ergreifen wird.«

Moctezuma kannte das Madonnenbild. Er antwortete Cortez in Gegenwart von zwei Papas, die sehr böse dreinblickten, mit nur schlecht verhaltenem Zorn: »Malinche! Hätte ich gewußt, welche Schmähreden du hier halten würdest, ich hätte dir meine Götter keineswegs gezeigt! In unseren Augen sind es gute Götter. Sie schenken uns Leben und Gedeihen, Wasser und gute Ernten, gesundes und fruchtbares Wetter, und wenn wir sie darum bitten, auch Siege. Deshalb beten wir zu ihnen, und deshalb opfern wir ihnen. Ich muß dich bitten, kein unehrerbietiges Wort mehr gegen sie zu sagen!« Cortez hörte die zornigen Worte und sah die Erregung, in der sie gesprochen wurden. Darum erwiderte er nichts, sondern sagte nur: »Ich glaube, es ist für uns beide Zeit zu gehen.«

Moctezuma antwortete, daß er ihn nicht länger aufhalten wolle. Er müsse nun hierbleiben und seine Götter wieder versöhnen; denn er habe uns auf den Tempel geführt und sei mit schuld an diesen Beleidigungen. Cortez erwiderte: »Wenn es so steht, dann bitte ich um Verzeihung.« Dann stiegen wir die einhundertvierzehn Stufen wieder hinunter, was einigen unserer Leute sehr schwerfiel, denn sie hatten geschwollene Leistendrüsen, was man gemeinhin Syphilis nennt.

Nicolaus Federmann
Auf Goldsuche im venezolanischen Urwald

Als wir das letzte Pueblo der Xaguas verlassen und uns dem Land der Caquetios, einem sehr streitbaren Volk, bis auf eine Meile genähert hatten, konnten wir in einer schönen Ebene, an einem großen Fluß gelegen, an die zwanzig ihrer Dörfer sehen. Wir hielten Rast und beratschlagten, was zu unternehmen sei, denn aus der Vielzahl an Pueblos konnten wir auf eine große Anzahl Indios schließen, und wenn sich diese unserer Freundschaft widersetzten, könnte das zu einem großen Nachteil für uns werden, denn über die Stärke, die Frechheit und Geschicklichkeit dieses Stammes hatten wir schon einiges vernommen. Zu unserer eigenen Sicherheit kamen wir überein, diese Indios nicht wie die anderen zu überfallen, denn es waren ihrer einfach zu viele, und wir hatten wenig dabei zu gewinnen.

Seit Coro hatten wir einen Caquetio-Indio dabei, den schickten wir mit einigen Xaguas zu ihren Pueblos; für die Kaziken oder Häuptlinge gaben wir ihnen eine Reihe von Geschenken mit, und man möchte sie von unserer Ankunft und dem Grund unserer Reise verständigen. Außerdem ließen wir ausrichten, wenn sie unsere Freunde sein wollten, möchten sie uns entgegenziehen und mit uns Frieden schließen.

Weil wir aber keineswegs sicher sein konnten, diesen Stamm so eilig und so gütlich zufriedenzustellen, blieben wir auf der Hut und stellten an diesem Tag und auch die Nacht über Wachen auf. Wir befanden uns etwa eine Meile von den Pueblos entfernt, und die Indios, die wir spät erst ausgesandt hatten, waren am Abend noch nicht mit einer Antwort zurückgekehrt. Unser Vorteil war, daß wir notfalls die Pferde als stärkste Waffe einsetzen konnten, denn vor ihnen haben die Indios die meiste Furcht.

Am frühen Morgen kamen unsere Abgesandten mit etwa 40 Caquetios zurück, sie brachten Wildbret und andere Speisen und sagten mir, daß ihre Kaziken oder Häuptlinge uns in ihren Pueblos erwarteten und daß sie uns gern für Freunde hielten. Also schickte ich sie wieder heim mit der Botschaft, ich würde ihnen zur Stunde noch nachfolgen; und obwohl sie auf uns warten wollten und sich erboten, uns den Weg zu zeigen, schlug ich ihnen das sachte ab, da ich in ihrer Abwesenheit von den Gesandten zu erfahren hoffte, was diese Caquetios vorhätten.

Doch konnte ich nichts anderes in Erfahrung bringen, als daß wir von ihnen weder Betrug noch Unannehmlichkeiten zu erwarten hätten, da der dolmetschende Caquetio, der mit uns aus Coro gekommen war, bei seinen Leuten uns hoch gerühmt hatte: Wir hätten allen Stämmen gegenüber Wohlverhalten gezeigt und dies mit Taten und Geschenken bewiesen. Er hatte aber auch auf unsere Macht und Stärke denen gegenüber, die sich uns widersetzten, hingewiesen, und darauf hätten die Caquetios beschlossen, unsere Freunde zu sein und uns alles, wessen wir bedurften, zu bewilligen.

Ich beschenkte den Dolmetsch und gab ihn frei, denn bis dahin hatte ich ihn einem Christen als Diener beigegeben. Ich konnte aber, nach der Größe der Ortschaften und der Vielzahl der Menschen zu urteilen, sehr wohl erkennen, daß nicht allein die Rede des Dolmetschs sie bewogen hatte; zu einem Teil war der Grund dafür ihr Verlangen, sich die Leute genauer anzusehen, von denen sie nie zuvor gehört hatten. Vielleicht waren sie auch der Meinung, sie seien uns an Zahl und Stärke überlegen und könnten, falls wir gegen sie mit Gewalt vorgingen, wirksamen Widerstand leisten.

Als ich nun den ersten Pueblo dieser Provinz Barquisimeto erreichte, fand ich darin eine große Menge Indios, an die 4000, alle wohlproportioniert und kräftig, und sie empfingen mich ausgesprochen freundlich. Um es kurz zu machen: Ich blieb in diesen Pueblos oder Flußdörfern, 23 an der Zahl und jeweils eine halbe, höchstens eine Meile voneinander entfernt, volle 14 Tage, um sie einzeln zu besichtigen und die Einwohner als Freunde zu gewinnen. Auch über die anderen Ortschaften des Landes, die an unserer Wegstrecke lagen, zog ich Erkundigungen ein. In allem bewiesen sie uns gute Freundschaft und machten uns – ungenötigt und aus freien Stücken – Geschenke im Wert von 3000 Goldpesos, das sind etwa 5000 rheinische Gulden. Es ist nun mal ein reiches Volk, das viel Gold besitzt, es verarbeitet und damit handelt. Macht man ihnen Gegengeschenke aus Eisen, also Hacken, Äxte, Messer und dergleichen, die sie dringend benötigen, dann wäre, wie sich leicht denken läßt, dafür viel Gold und Reichtum zu bekommen. Ihre vielen Geschenke gaben sie uns gutwillig, nur um ihre Herrlichkeit zu beweisen, und nicht, wie in den zuvor von uns besuchten Siedlungen, aus Furcht.

Wir konnten wohl spüren, daß sie sich auf ihre Vielzahl verließen, denn ich vermute, aus diesen 23 Ortschaften könnten sie in einem halben Tag etwa 30000 kriegsgeübte Indios zusammenbringen. Mit den vier Stämmen, die sie an vier Seiten umgeben, sind sie verfeindet und müssen daher jederzeit Krieg und Überfall ihrer Feinde befürchten und dagegen Vorsorge treffen.

Wir waren der Meinung, daß sie wegen dieser starken feindlichen Umgebung so eng beieinander wohnten, um ihnen um so wirkungsvoller Widerstand leisten zu können. Denn sie sind zahlenmäßig das größte Volk, das wir auf unserer Reise bisher – und seitdem – so nah beieinander, so gut bewaffnet und an so stark befestigten Plätzen angetroffen haben.

In dieser Provinz ging die Kunde von einem anderen Meer, das Südmeer oder mittägliches Meer genannt wird. Es war genau das, was wir erhofften und wonach wir verlangten, und was der Hauptgrund für unsere Reise gewesen war. Dieses Meer zu erreichen und dort großen Reichtum an Gold, Perlen und Edelsteinen vorzufinden, war unsere ganze Hoffnung, und sie stützte sich auf das, was man bereits in anderen indianischen Ländern an diesem Südmeer gefunden hat.

Und obwohl uns die Einwohner dieser Pueblos davon berichteten, so wollten sie selbst noch nie dort gewesen sein. Sie gaben vor, sie hätten durch ihre Eltern davon gehört – was wir aber für eine Ausrede hielten, um uns nicht dorthin führen zu müssen.

VOM KANNIBALEN ZUM EDLEN WILDEN

»Die Menschen in der Neuen Welt sind wild, in eben dem Verhältnis, wie wir die Früchte wild nennen, welche die Natur von selbst und nach ihrem eignen Fortschritt hervorgebracht hat, während es im Grunde sie eigentlich sind, die wir durch unsere Künstelei verstellt und aus der gewöhnlichen Ordnung – welche wir so nennen sollten – herausgerissen haben.«

Montaigne, Essais (1580)

Hans Staden
Eine Landschaft der wilden nacketen grimmigen Menschfresser

Wie sie des Tages mit mir umgingen, als sie mich zu ihren Wohnungen brachten.

Selbigen Tages – nach der Sonne gerechnet, war es um die Vesperzeit – sahen wir ihre Wohnungen. Wir waren also drei Tage unterwegs gewesen, das waren von Bertioga aus, wo ich gefangengenommen wurde, dreißig Meilen Wegs.

Wie wir nun nahe an ihre Wohnungen kamen, war das ein Dörflein von sieben Hütten, und sie nannten es Ubatuba. Wir fuhren auf ein Uferland, das am Meer liegt, und nahe dabei arbeiteten die Frauen in ihrer Pflanzung mit Wurzelgewächsen, die sie Mandioka nennen. Dort waren ihrer viele dabei, die Wurzeln auszureißen, und ich mußte ihnen in ihrer Sprache zurufen: »Aju ne xé peẽ remiurama«, das heißt: »Ich, euer Essen, eure Speise, komme.«

Wie wir nun anlandeten, liefen sie alle aus den Hütten (sie lagen auf einer Anhöhe), jung und alt, um mich anzuschauen. Und die Männer gingen mit ihren Bogen und Pfeilen zu ihren Hütten und übergaben mich ihren Frauen; die nahmen mich zwischen sich, und einige gingen vor mir, einige hinter mir her, sie tanzten und sangen in einem fort die Gesänge, die sie den eigenen (gefangenen) Leuten vorzusingen pflegen, wenn sie sie essen wollen.

Sie brachten mich nun bis zur Ywara (Caiçara), das ist die Befestigung aus kräftigen langen Knüppeln, die sie rund um ihre Hütten errichten: Sie gleicht dem Zaun um einen Garten und ist ihrer Feinde wegen angelegt. Wie ich nun hineintrat, kam das Frauenvolk auf mich zu und schlug mich mit Fäusten und raufte mir den Bart und rief in seiner Sprache: »Xe anama poepika aé.« Das heißt so viel wie: »Mit dem Schlag räche ich an dir meinen Freund, den die, unter denen du gewesen, getötet haben.« Danach führten sie mich in die Hütte, wo ich mich in ein Inni (Hängematte) legen mußte; da kamen die Frauen heran und schlugen nach mir und rauften mich und drohten mir an, wie sie mich essen wollten.

Ebenso war das Mannsvolk in einer Hütte beieinander; es trank die Getränke, die sie Kawi (Cauim) nennen, und hatte seine Götzen bei sich, Tamerka (Maracá, Rasseln aus Flaschenkürbissen) genannt; und ihnen zu Ehren sangen sie, daß sie ihnen so gut geweissagt hatten, daß sie mich fangen würden. Den Gesang hörte ich wohl, doch während einer halben Stunde kam kein Mannsvolk zu mir; um mich waren nur Frauen und Kinder.

Wie meine beiden Herren zu mir kamen und mir sagten, sie hätten mich einem Freund geschenkt, der mich verwahren und totschlagen solle, wenn es Zeit wäre, mich zu essen.

Ich kannte mich in ihren Gebräuchen noch nicht so aus wie später und dachte, daß sie jetzt dazu rüsten, mich zu töten. Über eine kleine Weile kamen die, die mich gefangen hatten, mit Namen Jeppipo Wasu und Alkindar Miri. Es waren Brüder. Sie sagten, sie hätten mich aus Freundschaft dem Bruder ihres Vaters, Ipperu Wasu, geschenkt. Der solle mich verwahren und dann auch totschlagen, wenn man mich essen wollte, und sich so durch mich einen Namen verschaffen.

Dieser Ipperu Wasu hatte nämlich vor einem Jahr einen Sklaven gefangen und aus Freundschaft dem Alkindar Miri geschenkt. Dieser hatte ihn totgeschlagen und dadurch einen Namen gewonnen, dafür aber dem Ipperu Wasu versprochen, ihm den ersten, den er fangen würde, zu schenken. Der nun war ich.

Weiter sagten mir die beiden, die mich gefangen hatten: »Jetzt werden die Frauen dich hinausführen zum Poracé.« Das Wort verstand ich damals nicht, es heißt soviel wie tanzen. So zogen sie mich an den Stricken, die ich um den Hals hatte, wieder aus der Hütte auf den Platz. Es kamen alle Frauen, die in den sieben Hütten waren, und griffen mich an, das Mannsvolk aber ging davon. Da zerrten mich die Frauen, einige an den Armen, andere an den Stricken, die ich um den Hals hatte, so stark, daß ich kaum Atem holen konnte. So zogen sie mit mir dahin, und ich wußte nicht, was sie mit mir im Sinn hatten. Da gedachte ich des Leidens unseres Erlösers Jesu Christi, wie er durch die schnöden Juden unschuldig gelitten hatte. Das tröstete mich, und ich wurde um so geduldiger. Da brachten sie mich vor die Hütte des Königs. Er hieß Vratinge Wasu, auf deutsch gesagt »der große weiße Vogel«. Vor dessen Hütte war frische Erde aufgeschüttet, darauf setzten sie mich, und einige hielten mich fest. Da glaubte ich nicht anders, als daß sie mich nun bald totschlagen würden, und sah mich nach der Iwera Pemme (Ibirapema, eine Keule) um, mit der sie die (gefangenen) Leute erschlagen; und ich fragte, ob sie mich bald töten wollten, doch sie sagten, nein, noch nicht. Nun trat eine Frau aus der Gruppe auf mich zu. Sie hatte als Werkzeug ein Stück Kristall, in einer Art Gabelung befestigt, und schor mir damit die Augenbrauen. Sie wollte mir auch den Bart um den Mund abschneiden, doch das duldete ich nicht und sagte, sie sollten mich mit dem Bart töten. Da sagten sie, sie wollten mich noch nicht töten, und ließen mir den Bart. Doch einige Tage darauf schnitten sie ihn mir mit einer Schere ab, die sie von den Franzosen hatten.

Wie sie mit mir vor der Hütte tanzten, in der sie die Abgötter Tamerka (Maracá) hatten.

Danach führten sie mich von dem Ort, wo sie mir die Augenbrauen geschoren hatten, zu der Hütte, in der sie die Tamerka, ihre Abgötter, aufbewahren, und machten um mich einen runden Kreis. Da stand ich mittendrin, und zwei Frauen neben mir banden an eins meiner Beine mit einer Schnur etliche Rasseln; sie banden mir auch einen viereckigen Fächer aus Vogelschwanzfedern, der in ihrer Sprache Arasoya (Araçoia) heißt, hinten auf den Hals, so daß die Federn mir über den Kopf gingen. Danach fing das Frauenvolk an zu singen, und nach seinem Takt mußte ich mit dem Bein, an das sie mir die Rasseln gebunden hatten, auftreten, damit es rasselte und mit dem Gesang übereinstimmte. Das Bein, an dem ich verwundet war, tat mir dabei so weh, daß ich kaum stehen konnte, denn ich war noch nicht verbunden.

Wie sie mich nach dem Tanz dem Ipperu Wasu, der mich töten sollte, ins Haus brachten.

Wie nun der Tanz ein Ende hatte, wurde ich dem Ipperu Wasu ausgeliefert und dort in sicherer Verwahrung gehalten. Er sagte mir, ich hätte noch einige Zeit zu leben. Sie brachten alle ihre Abgötter, die in der Hütte waren, herbei und setzten sie um mich herum und sagten, die hätten geweissagt, daß sie einen Portugaleser fangen würden. Da sagte ich: »Die Dinger haben keine Macht und können auch nicht reden; und es ist eine Lüge, daß ich ein Portugaleser bin, vielmehr bin ich Freund der Franzosen und ihnen verwandt, und das Land, in dem ich daheim bin, heißt Allemanien.« Darauf meinten sie, das müßte ich lügen, denn wenn ich der Franzosen Freund wäre, was täte ich dann unter den Portugalesern. Sie wüßten sehr wohl, daß die Franzosen ebensosehr Feinde der Portugaleser seien wie sie. Denn die Franzosen kämen jedes Jahr mit Schiffen und brächten ihnen Messer, Äxte, Spiegel, Kämme und Scheren, und sie gäben ihnen dafür Brasilienholz, Baumwolle und andere Waren, wie Federwerk und Pfeffer.

Deshalb wären sie ihre guten Freunde, was man von den Portugalesern nicht sagen könnte. Denn die wären in den vergangenen Jahren ins Land gekommen und hätten da, wo sie jetzt wohnen, mit ihren Feinden Freundschaft geschlossen. Danach wären sie auch zu ihnen gekommen und hätten zu handeln begehrt; und sie wären guten Glaubens an ihre Schiffe gekommen und an Bord gestiegen, wie sie es noch heutigen Tages täten bei den Franzosen; und sie sagten, wenn dann die Portugaleser genug von ihnen im Schiff gehabt hätten, hätten sie sie (die Tupinambás) angegriffen, gebunden und ihren Feinden (den Tupiniquins) zugeführt, die sie dann getötet und gegessen hätten. (. . .) Und weiter sagten sie, daß die Portugaleser dem Vater der beiden Brüder, die mich gefangen hatten, einen Arm abgeschossen hätten, so daß er daran gestorben sei; und ihres Vaters Tod wollten sie nun an mir rächen. Darauf meinte ich, was sie denn an mir rächen wollten, ich sei nun mal kein Portugaleser; ich wäre vor kurzem mit den Kastilianern hierhin gekommen, hätte Schiffbruch erlitten und wäre aus diesem Grunde bei ihnen geblieben. (. . .)

Wie sie einen Gefangenen aßen und mich dazu mitnahmen.

Nachdem etliche Tage verstrichen waren, wollten sie einen Gefangenen im Dorf Ticoaripe, ungefähr sechs Meilen von dort, wo ich gefangen lag, essen. So machten sich einige aus den Hütten, bei denen ich war, auf und führten mich mit sich. Der Sklave, den sie essen wollten, war einer vom Stamm Maracaiá. Wir fuhren mit dem Boot dorthin.

Wie nun die Zeit kam, daß sie seinen Tod betrinken wollten (das ist so ihr Brauch, wenn sie vorhaben, einen Menschen zu essen), machten sie einen Wurzeltrank, Kawi (Cauim) genannt; erst danach, wenn der getrunken ist, töten sie ihn. Am Vorabend des Tages, an dem sie seinen Tod betrinken wollten, ging ich hin zu ihm und sagte zu ihm: »Du bist also gerüstet zum Tod.« Da lachte er und sagte: »Ja.« Nun nennen sie die Schnur, mit der sie die Gefangenen binden, Mussurana; sie ist aus Baumwolle und dicker als ein Finger. Ja, meinte er, er sei in allen Dingen wohl gerüstet, nur die Mussurana wäre nicht lang genug (es fehlten noch ungefähr sechs Klafter daran). Ja, sagte er, bei ihnen hätte man bessere. Und er redete so, als solle es zur Kirmes gehen.

Ich hatte nun ein Buch in portugalesischer Sprache bei mir, die Wilden hatten es in einem Schiff gefunden, das sie mit Hilfe der Franzosen erobert, das hatten sie mir gegeben. Ich ging von dem Gefangenen weg, las in dem Buch, und sein Schicksal jammerte mich. Dann ging ich wieder zu ihm hin, redete mit ihm (denn die Portugaleser haben diese Maracaiás zu Freunden) und teilte ihm mit: »Ich bin auch ein Gefangener, genauso wie du, aber ich bin nicht hergekommen, um von dir zu essen, sondern meine Herren haben mich mitgebracht.« Da sagte er, er wüßte wohl, daß Leute wie wir kein Menschenfleisch äßen.

Weiter sagte ich ihm, er solle getrost sein, denn sie würden nur sein Fleisch essen, aber sein Geist würde an einen anderen Ort fahren, wohin auch der Geist unserer Leute fahre: da gäbe es viel Freude. Da meinte er, ob das auch wahr sei. Ich sagte: »Ja.« Er sagte, er hätte Gott nie gesehen. Ich sagte, er würde ihn im anderen Leben sehen. Wie ich nun das Gespräch mit ihm beendet hatte, ging ich von ihm fort.

Selbige Nacht kam ein großer Wind und wehte so schrecklich, daß er Stücke von dem Dach der Hütte herunterwehte. Da begannen die Wilden mit mir zu zürnen und sagten in ihrer Sprache: »Aipó mair angaipaba ybytu guasu omou.« Das besagt: Der böse Mensch, der Heilige, macht, daß der Wind jetzt kommt, denn er sah tagsüber in die Donnerhäute – damit meinten sie das Buch, das ich bei mir hatte. Und ich täte es darum, weil der Sklave unser, d. h. der Portugaleser, Freund wäre; und ich wäre wohl der Meinung, mit dem bösen Wetter das Fest zu verhindern. Ich bat Gott den Herrn und sagte: »Herr, du hast mich bis hierher behütet, behüte mich auch fortan«, denn sie murrten sehr über mich.

Wie nun der Tag anbrach, wurde das Wetter schön, und sie tranken und waren es zufrieden. Da ging ich hin zu dem Sklaven und sagte ihm, der große Wind wäre Gott gewesen, und er wolle ihn zu sich nehmen. Anderntags wurde er gegessen. Wie das zugeht, werdet ihr in einem weiteren Kapitel finden.

Mit was für Zeremonien sie ihre Feinde töten und essen, auch, womit sie sie totschlagen und wie sie mit ihnen umgehen.

Wenn sie einen Feind heimbringen, so schlagen ihn erstmal die Frauen und Jungen. Danach bekleben sie ihn mit grauen Federn, scheren ihm die Augenbrauen, tanzen um ihn herum und binden ihn gut fest, daß er ihnen nicht entläuft. Sie geben ihm eine Frau, die ihn versorgt und auch mit ihm zu tun hat. Und wenn sie schwanger wird, ziehen sie das Kind auf, bis es groß ist. Dann aber, wenn es ihnen in den Sinn kommt, schlagen sie es tot und essen es auf.

Sie geben ihm (dem Gefangenen) gut zu essen, halten ihn so eine Zeitlang und rüsten sich dann: Sie verfertigen viele Gefäße, in die sie Getränke hineintun, backen zudem besondere Gefäße für die Gerätschaften, mit denen sie ihn bemalen und bekleben; sie machen Federquasten und binden sie an das Holz (den Schaft der Keule), mit dem sie ihn totschlagen. Sie knüpfen eine lange Schnur, Mussurana genannt, mit der binden sie ihn, sobald er sterben soll. Wenn sie alle Geräte beieinander haben, bestimmen sie den Zeitpunkt, an dem er sterben soll, und laden die Wilden von anderen Dörfern ein, in der und der Zeit dorthin zu kommen.

Dann füllen sie alle Gefäße voll Getränk. Ein oder zwei Tage, bevor die Frauen die Getränke zubereiten, führen sie den Gefangenen ein- bis zweimal auf den Platz und tanzen um ihn herum.

Sobald nun alle, die von außerhalb kommen, beieinander

sind, heißt der Hütten-Oberste sie willkommen und spricht die Worte: »So kommt und helft, euren Feind zu essen.« Tags zuvor, bevor sie zu trinken anheben, binden sie dem Gefangenen die Mussurana-Schnur um den Hals. An dem Tag bemalen sie die Iwera Pemme (Holzkeule Ibira-pema), mit der sie ihn totschlagen wollen. Sie ist mehr als ein Klafter lang, und man bestreicht sie mit einem Klebstoff. Dann nehmen sie Eierschalen, die grau sind und von dem Vogel Mackukawa (Macaguá) stammen, zerstoßen sie staubklein und bestreichen dann die Keule damit. Nun setzt sich eine Frau davor und kritzelt etwas in den angeklebten Eierschalenstaub. Während sie malt, stehen viele Frauen um sie herum und singen. Ist die Iwera Pemme dann, wie sie sein soll, geschmückt mit Federquasten und anderen Dingen, so hängen sie sie in eine leere Hütte an einer Stange über dem Erdboden auf und singen dann die ganze Nacht um die Hütte herum.

In derselben Weise bemalen sie das Gesicht des Gefangenen. Auch während die Frau an ihm herummalt, singen die anderen. Und wenn sie zu trinken anheben, nehmen sie den Gefangenen zu sich; der trinkt mit ihnen, und sie schwatzen mit ihm.

Wenn das Trinken dann ein Ende hat, ruhen sie anderen Tages und bauen dem Gefangenen eine kleine Hütte an der Stelle, an der er sterben soll; darin liegt er wohlverwahrt die Nacht über.

Gegen Morgen, eine gute Weile vor Tagesanbruch, kommen sie und tanzen und singen um die Keule herum, mit der sie ihn totschlagen wollen, sobald der Tag anbricht. Dann ziehen sie den Gefangenen aus der kleinen Hütte heraus, brechen die Hütte ab und machen einen Platz frei. Nun binden sie ihm die Mussurana vom Hals los, binden sie ihm um den Leib und ziehen sie nach beiden Seiten straff an. Er steht jetzt festgebunden in der Mitte; ihrer viele halten die Schnur an beiden Enden. Sie lassen ihn so eine Weile stehen, legen ihm Steinchen hin, damit er nach den Frauen wirft, die um ihn herumlaufen und ihm androhen, wie sie ihn essen wollen. Die Frauen sind bemalt und dazu bestimmt, wenn er zerschnitten ist, mit den ersten vier Stücken um die Hütten zu laufen. Daran haben die anderen Kurzweil.

Nun geschieht folgendes. Sie machen ein Feuer, ungefähr

zwei Schritt von dem Sklaven entfernt, so daß er es sehen muß. Dann kommt eine Frau mit der Keule Iwera Pemme gelaufen, hält die Federquasten in die Höhe, kreischt vor Freude und läuft an dem Gefangenen vorbei, damit er sie sieht. Nun ergreift eine Mannsperson die Keule, stellt sich damit vor den Gefangenen und hält sie ihm vor, so daß er sie sieht. Inzwischen geht derjenige, der ihn totschlagen will, mit anderen fort; es sind insgesamt vierzehn oder fünfzehn, und sie machen ihre Leiber mit Asche grau. Dann kommt er mit seinen Zuchtgesellen auf den Platz, dorthin, wo der Gefangene ist; der andere, der vor dem Gefangenen steht, übergibt ihm die Keule; dann kommt der König der Hütten und nimmt die Keule und steckt sie dem, der den Gefangenen totschlagen soll, einmal durch die Beine. Das gilt bei ihnen als eine Ehre.

Darauf nimmt wieder der, der ihn totschlagen soll, die Keule, und sagt: »Ja, hier bin ich, ich will dich töten, denn deine Leute haben auch viele meiner Freunde getötet und gegessen.« Der Gefangene antwortet: »Wenn ich tot bin, so habe ich noch viele Freunde, die mich sehr wohl rächen werden.«

Mit der Keule schlägt er ihm nun hinten auf den Kopf, daß ihm das Hirn herausspringt. Sogleich nehmen ihn die Frauen, ziehen ihn auf das Feuer, kratzen ihm die ganze Haut ab, machen ihn ganz weiß und stopfen ihm den Hintern mit einem Holz zu, damit nichts von ihm abgeht.

Wenn ihm die Haut abgefegt ist, nimmt ihn eine Mannsperson, schneidet ihm die Beine über den Knien und die Arme am Leib ab. Dann kommen die vier Frauen, nehmen die vier Stükke, laufen um die Hütten und machen ein großes Freudengeschrei. Danach trennen sie ihm den Rücken mit dem Hintern vom Vorderteil ab; das teilen sie dann unter sich. Das Eingeweide behalten die Frauen; sie sieden es, und von der Brühe machen sie eine Suppe, Mingáu genannt, die sie und die Kinder trinken. Das Eingeweide essen sie, essen auch das Fleisch vom Kopf; das Hirn, die Zunge und was sie sonst genießen können, essen die Jungen.

Wenn das alles geschehen ist, geht ein jeder wieder heim, und jeder nimmt sich sein Teil mit.

Der, der den Gefangenen getötet hat, gibt sich noch einen (Bei-) Namen, und der König der Hütten ritzt ihn mit dem

Zahn eines wilden Tieres oben in die Arme. Wenn es ausgeheilt ist, sieht man die Narben, und die gelten als ehrenvoll.

Den Tag über muß er nun in einem Netz (einer Hängematte) stilliegen; man gibt ihm einen kleinen Flitzebogen mit einem Pfeil, damit er sich die Zeit vertreibt. Er schießt in Wachs. Das geschieht, damit ihm die Arme von dem Schrecken des Totschlages nicht unsicher werden. Das alles habe ich gesehen und bin dabeigewesen.

Jean de Léry
Die wilden Frauen

Die amerikanischen Barbaren, welche Brasilien bewohnen, heißen Tuupinambolsier, und mit diesen bin ich schier ein Jahr auf freundschaftlichem Fuße umgegangen.

Ebenso wie die Männer gehen die Frauen hier völlig nackt, und ebenso wie diese reißen sie sich alle Haare am ganzen Leib aus, selbst die Wimpern und Augenbrauen. Hinsichtlich des Haupthaars machen sie es aber anders als die Männer, die selbiges bis auf den Scheitel abscheren und es erst am Hinterkopf herabhängen lassen. Sie nähren es nicht bloß, sondern kämmen und waschen es auch sehr oft, wie das Frauenvolk bei uns. Nicht selten binden sie es mit einer rotgefärbten baumwollenen Binde zusammen. Gewöhnlich gehen sie jedoch mit weit herabhängenden Haaren einher: denn sie haben Vergnügen daran, wenn sie ihnen über und um die Schultern herumliegen und wallen.

Von den Männern unterscheiden sie sich auch dadurch, daß sie nicht, wie jene, ihre Lippen durchbohren und folglich auch nicht ihr Gesicht mit Edelsteinen auszieren. Ihre Ohrläppchen durchlöchern sie jedoch so stark, daß man, wenn sie die Ohrgehänge herausgenommen, einen Finger in die Öffnung stecken kann. Diese Ohrgehänge werden aus der großen Vignol-Muschel gemacht; sie haben die Weiße und Länge einer mittleren Kerze, weshalb sie denn auch, da sie bis auf die Schultern, mitunter bis auf die Brust reichen, den Ohren (zumindest von weitem) die Form der Hängeohren von Spürhunden geben.

Das Gesicht putzen sie folgendermaßen heraus: Die Nachbarin oder Freundin trägt mit einem winzigen Pinsel einen kleinen runden Tupfen auf die Wangenmitte der zu Bemalenden auf. Dann macht sie ringsherum Kreise in der Form eines Schneckenhauses und fährt darauf mit blauen, gelben und roten Farben fort, bis sie der anderen das ganze Gesicht bunt angestrichen und verziert hat. Ebenso wie es in Frankreich manche Straßenmädchen tun, vergißt man dabei auch nicht, an die Stelle der ausgezupften Wimpern und Augenbrauen einen Pinselstrich zu setzen.

Im übrigen fertigen sie prächtige Armbänder an, die aus vielen weißen Knochenstücken bestehen, die in Form von großen Fischschuppen geschnitten und aneinandergefügt werden. Sie verstehen sich darauf, eine dieser Schuppen mit der anderen durch Wachs und eine Art Gummilösung, die anstelle von Leim benutzt wird, so gut miteinander zu verbinden, daß es wirklich nicht besser gemacht werden kann. Das Ganze ist, wenn es fertiggestellt ist, etwa anderthalb Fuß lang und kann wohl am besten mit den Armschienen, die man bei uns beim Ballspiel verwendet, verglichen werden. Auch weiße Halsbänder tragen sie, die sie in ihrer Sprache »Buüre« nennen. Sie tragen sie allerdings nicht am Hals, wie das die Männer tun, sondern wickeln sie sich nur um die Arme. Für den gleichen Zweck bedienen sie sich auch gern der hübschen kleinen Glasknöpfe in Gelb, Blau, Grün und anderen Farben, die wie Rosenkränze aufgereiht sind und die von ihnen »Morubi« genannt werden. Davon hatten wir große Mengen für die dortigen Tauschgeschäfte mitgebracht. Kamen wir in ihre Dörfer, oder suchten sie uns im Fort auf, damit wir ihnen Glasperlen geben sollten, boten sie uns Früchte oder irgend etwas anderes aus ihrem Lande an. Das taten sie, wie das so ihre Art ist, mit vielen Schmeicheleien. Sie konnten uns zur Verzweiflung bringen, wenn sie uns ständig folgten und dabei sagten: »Mair, deagatorem amabé morubi«, das heißt: »Franzose, du bist gut, gib mir von deinen Armbändern aus Glasknöpfen«. Ebenso verfuhren sie, wollten sie von uns Kämme haben, die sie »Guap« oder »Kuap« nennen, oder Spiegel, die von ihnen »Arona« genannt werden, oder sonstige Kramwaren, die wir besaßen und die sie gern haben wollten.

Zu den seltsamsten und in hohem Maß ungewöhnlichen Tatsachen, die ich bei den brasilianischen Frauen beobachtet habe, gehört folgendes: Sie bemalen sich den Körper, die Arme, die Schenkel und die Beine nicht so oft wie die Männer. Sie bedekken sich auch nicht mit Federn oder sonstigen Dingen, die in ihrem Lande wachsen. Trotzdem ist es uns nie gelungen, sie zum Anlegen von Kleidern zu bewegen. Mehrere Male haben wir vergeblich versucht, ihnen Wollkleider und Hemden einzutauschen. Bei den Männern gelang uns das zuweilen, und manchmal zogen sie die Sachen sogar an. In dieser Hinsicht waren die Frauen außerordentlich hartnäckig, und ich glaube nicht, daß sie ihre Ansicht inzwischen geändert haben. Sie duldeten nicht die geringste Kleinigkeit an ihrem Körper, was es auch sei.

Um sich von solchem Zwang befreien und ständig nackt bleiben zu können, berufen sie sich auf folgende dort übliche Gewohnheit: An jeder Quelle und an jedem klaren Fluß, denen sie unterwegs begegnen, kauern sie sich nieder oder gehen ins Wasser und schütten sich mit beiden Händen Wasser über den Kopf. Sie waschen sich und tauchen dabei, wie es die Enten tun, den ganzen Körper unter Wasser. Das geschieht oft mehr als zehnmal am Tag. Sie sagen, jedesmal dabei Kleider auszuziehen, sei ihnen viel zu beschwerlich. In der Tat eine prächtige, ganz vortreffliche Begründung! Wir mußten uns mit ihr begnügen, denn durch Disputieren richteten wir nichts bei ihnen aus. Sie halten so viel von ihrer Nacktheit, daß nicht nur die freien Tuupinambolsierinnen auf dem Festland alle Kleider hartnäckig verwarfen; selbst die von uns gekauften weiblichen Gefangenen, deren wir uns bei der Befestigung unseres Forts als Sklavinnen bedienten, konnten sich nicht enthalten, bei der Nacht vor dem Schlafengehen völlig nackend auf der Insel herumzulaufen, so zu ihrem Vergnügen, ohne Hemd oder sonst ein Kleidungsstück. Und hätte es in ihrer Macht gestanden, die Kleider an- oder abzulegen, und wären sie von uns nicht mit Schlägen dazu gebracht worden, sie anzuziehen, sie hätten lieber die brennende Sonnenhitze ertragen, hätten eher in Kauf genommen, sich Arme und Schultern vom vielen Stein- und Lehmtragen zu verletzen. – Soviel von dem Putz, den Armbändern und übrigen Zierraten der amerikanischen Frauen.

Von dem Putz der neugeborenen Kinder werde ich noch berichten, wenn ich auf das Heiraten bei den Barbaren zu sprechen komme. An dieser Stelle will ich nur noch einiges über die etwas älteren sagen, die über das dritte, vierte Jahr hinaus sind und bei ihnen »Konomimiri« heißen. Sie machten uns nicht wenig Vergnügen, wenn sie uns beim Eintritt in ihre Dörfer in Scharen entgegenliefen. Sie sind viel dicker als unsere Kinder, haben einen weißen Knochen in der Unterlippe, rundum abgeschorene Haare und den Körper zuweilen bemalt.

Um etwas von uns zu erhalten, gaben sie uns schmeichelnde Worte und wiederholten sie oft: »Kutuassat, amabi pinda«, das heißt: »Verbündeter, gib mir Angeln (zum Fischen).« Erhielten sie diese, was nicht selten vorkam, so geschah es in der Weise, daß wir zehn bis zwölf kleinere Angeln auf den Sand oder in den Staub niederlegten. Dann fingen sie gleich an zu jauchzen, warfen sich auf den Boden und wühlten wie Kaninchen in der Erde herum: daran hatten wir denn nun so unsere Freude.

Wiewohl ich das Jahr hindurch, das ich bei ihnen zugebracht habe, die Barbaren jeglichen Alters sehr sorgfältig beobachtet habe, so gestehe ich doch am Ende, daß es wegen ihrem sehr anderen, uns ganz fremden Betragen äußerst schwer fällt, sie mit der Feder oder dem Pinsel abzubilden. Will also einer sein vollkommenes Vergnügen an ihnen haben, so wollte ich ihm raten, selbst nach Amerika zu gehen. Aber, wird einer sagen, das ist keine Reise von einem Tag. Das sage ich auch, und wollte daher auch nicht, daß sie einer ohne guten Vorbedacht unternähme.

MIT KÄPTN COOK DREIMAL UM DIE WELT

»Jetzt scheint, um die Welt gekommen zu sein, zu den Erfordernissen einer gelehrten Erziehung zu gehören, und in England soll schon ein Postschiff eingerichtet werden, Müßiggänger für ein geringes Geld auf Cook's Spuren herumzuführen.«

Adelbert von Chamisso
Tagebuch der Reise um die Welt (1836)

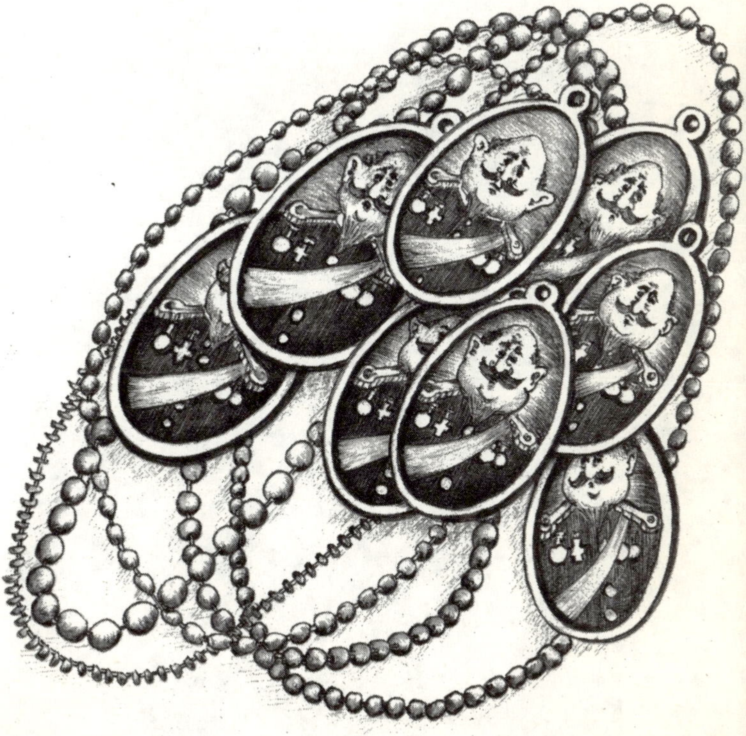

James Cook
Aus dem Tagebuch meiner ersten Reise

Freitag 6. Oktober 1769. Die Farbe des Wassers scheint blasser als gewöhnlich, auch schon während der letzten Tage. Das veranlaßte uns häufig zu loten, doch können wir mit 180 Faden noch keinen Grund finden.

Um zwei Uhr nachmittags erblickten wir Land vom Mastkorb aus im NW. und konnten es bei Sonnenuntergang nur gerade von Deck aus erkennen.

Sonnabend 7. Oktober. Bei Tageslicht segelten wir auf das Land (Neuseeland) zu, um fünf Uhr nachmittags erblickten wir die Einfahrt zu einer Bucht, die sich recht weit landeinwärts zu erstrecken schien.

Sonntag 8. Oktober. Bei Tagesanbruch fanden wir uns leewärts der Bucht, der Wind stand im Norden. In der Bucht sahen wir mehrere Kanus, Menschen an der Küste und einige Häuser im Land. Das Land an der Meeresküste ist hoch mit steilen Felsen, und landeinwärts liegen hohe Gebirge. Nachmittags fuhren wir in die Bucht ein und ankerten an der Nordostseite vor der Mündung eines kleinen Flusses. Dann fuhr ich mit einer Abteilung in der Pinasse (eine Art Schaluppe aus Fichtenholz) und der Jolle, begleitet von Herrn Banks und Dr. Solander, an Land. Alsbald machten sich die Wilden aus dem Staub. Indessen gingen wir bis zu ihren Hütten, die etwa zwei- bis dreihundert Ellen vom Strande lagen, und ließen vier Leute zurück, um die Jolle zu bewachen. Kaum hatten wir sie verlassen, als vier Männer aus dem Gehölz auf dem andern Ufer des Flusses traten, die der Jolle sicherlich die Fahrt stromabwärts abgeschnitten hätten, wenn nicht die Besatzung der Pinasse sie entdeckt und ihr zugerufen hätte, hinabzufahren, was sie auch, von den Wilden dicht verfolgt, tat. Der Bootsführer der Pinasse, der die Aufsicht über beide Boote führte, ließ, als er dies sah, zwei Flinten über ihre Köpfe abschießen. Bei dem ersten Schuß stockten sie und sahen sich um, aber von dem zweiten nahmen sie nicht mehr Notiz. Darauf wurde ein dritter abgefeuert und dieser traf einen von ihnen, der gerade im Begriff war, seinen Speer nach dem Boot zu schleudern. Da standen die drei andern eine oder zwei Minuten lang regungslos, doch als sie zu sich gekommen waren, eilten sie davon. Als wir die Schüsse hörten, kehrten wir augenblicklich zu den Booten zurück und gingen an Bord, nachdem wir den Toten in Augenschein genommen hatten.

Montag 9. Oktober. Am Morgen sah man einige Eingeborene an demselben Platz wie gestern abend. Ich ging mit bemannten und bewaffneten Booten auf der entgegengesetzten Seite des Flusses an Land. Herr Banks, Dr. Solander und ich landeten anfangs allein. Wir riefen sie in der Sprache der Georgs-Insel an, aber sie antworteten, indem sie ihre Waffen über dem Kopf schwangen und, wie wir annahmen, den Kriegstanz tanzten. Darauf zogen wir uns zurück, bis die Seesoldaten gelandet waren, die ich etwa zweihundert Ellen hinter uns aufziehen ließ. Wir gingen wieder an den Fluß und nahmen Tupia (einen Tahitier), Herrn Green und Dr. Monkhouse mit. Tupia sprach sie in seiner eigenen Sprache an, und wir waren angenehm überrascht zu bemerken, daß sie ihn vollkommen verstanden. Nach kurzer Unterhaltung schwamm einer von ihnen zu uns herüber und nach ihm noch zwanzig bis dreißig. Wir machten jedem Geschenke, aber damit waren sie nicht zufrieden, sondern wollten alles, was wir bei uns hatten, besonders unsere Waffen. Tupia warnte uns mehrmals, sobald sie herüberkämen, auf der Hut zu sein, denn ihre Gesinnung sei uns nicht freundlich. Und das merkten wir sehr bald, denn einer entriß Herrn Green seinen Hirschfänger und wollte ihn nicht herausgeben. Das ermutigte die übrigen zu größerer Frechheit, und da ich sah, daß noch mehr ihnen zu Hilfe herüberkamen, ließ ich auf den, der den Hirschfänger genommen hatte, feuern, was auch sofort geschah und ihn so verwundete, daß er bald darauf starb. Die andern zogen sich zu einem fast mitten im Fluß gelegenen Felsen zurück. Ich sah, daß hier mit diesem Volk nichts anzufangen war, und da auch das Wasser im Fluß salzig war, schiffte ich mich ein, um auf der andern Seite des Vorsprungs nach frischem Wasser zu suchen und, wenn möglich, einige Eingeborene zu überraschen, an Bord zu nehmen und durch freundliche Behandlung und Geschenke ihre Freundschaft zu erwerben.

Ich ruderte um die Spitze der Bucht, konnte aber wegen der

starken Brandung allenthalben an der Küste keinen Landungsplatz finden. Als ich zwei Boote von der See hereinkommen sah, ruderte ich dem einen entgegen, um die Leute abzufangen, und kam so nahe heran, ehe sie auf uns achteten, daß Tupia ihnen zurufen konnte, sie sollten sich neben uns legen, wir würden ihnen nichts tun. Statt dessen bemühten sie sich aber zu entkommen, worauf ich ihnen eine Flinte über die Köpfe hinweg abschießen ließ in der Voraussicht, das würde sie veranlassen, sich entweder zu ergeben oder über Bord zu springen. Aber darin täuschte ich mich, denn unverzüglich griffen sie zu den Waffen oder was sie sonst im Boot hatten und fingen an, uns anzugreifen. Nun sah ich mich genötigt, Feuer geben zu lassen, und unglücklicherweise wurden zwei oder drei getötet, einer verwundet, und drei sprangen über Bord. Diese nahmen wir auf und brachten sie an Bord, wo sie gekleidet und mit aller erdenklichen Freundlichkeit behandelt wurden. Zum Erstaunen aller wurden sie auf einmal so fröhlich und glücklich, als wären sie bei ihren eigenen Freunden.

Ich bin gewärtig, daß die meisten menschlich Denkenden, die derartige Erfahrungen noch nicht gemacht haben, mein Verhalten verurteilen werden, auch bin ich selbst der Meinung, daß mein Grund, das Boot abzufangen, mich nicht ganz rechtfertigt, und hätte ich denken können, daß sie den geringsten Widerstand leisten würden, wäre ich gar nicht an sie herangegangen; da sie es aber taten, durfte ich nicht stehenbleiben und mich oder meine Begleiter am Kopf treffen lassen.

Georg Forster
Nachricht von der Osterinsel

Am 13ten März 1774 frühmorgens liefen wir dicht unter die südliche Spitze der Insel. Die Küste ragte in dieser Gegend senkrecht aus dem Meer empor und bestand aus gebrochnen Felsen, deren schwammige und schwarze eisenfarbige Masse vulkanischen Ursprungs zu sein schien. Zwei einzelne Felsen lagen ungefähr eine Viertelmeile vor dieser Spitze in der See.

Einer von ihnen hatte eine sonderbare Form, er glich nämlich einer großen Spitzsäule oder einem Obelisk, und beide waren von einer ungeheuren Menge Seevögel bewohnt, deren widriges Geschrei uns die Ohren betäubte. Nicht lange danach entdeckten wir eine andre Landspitze, ungefähr zehn Meilen von der ersten, und hier wurde das Land nach dem Ufer herab etwas flacher und ebener. In dieser Gegend entdeckten wir auch einige bepflanzte Felder, doch schien die Insel, im Ganzen genommen, einen elenden dürren Boden zu haben. Der Pflanzungen waren so wenige, daß wir uns eben keine Hoffnung zu vielen Erfrischungen machen durften; dennoch blieben unsre Augen unablässig darauf gerichtet. Mittlerweile sahen wir viele, fast ganz nackte Leute eiligst von den Bergen gegen die See herabkommen. Soviel wir unterscheiden konnten, waren sie unbewaffnet, welches uns ein Merkmal friedlicher Gesinnung zu sein dünkte. Wenige Minuten danach schoben sie ein Kanu ins Wasser, in welchem sich zwei von ihnen zu uns auf den Weg machten; weil sie sehr rasch ruderten, waren sie in kurzer Zeit neben dem Schiff. Sie riefen, wir möchten ihnen einen Strick zuwerfen, dessen Benennung in ihrer Sprache ebenso wie in der tahitischen lautete. Sobald wirs getan hatten, befestigten sie einen großen Klumpen reife Pisangs (Adamsfeige, Banane) daran und winkten nun, daß man den Strick wieder heraufziehen möge. Welche allgemeine und unvermutete Freude der Anblick dieser Früchte bei uns verursachte, ist kaum zu beschreiben; nur Leute, die ebenso elend sind, wie wir damals waren, können sich einen richtigen Begriff davon machen. Mehr als fünfzig Personen fingen aus Übermaß der Freude auf einmal an, mit den Leuten im Kanu zu sprechen, die natürlicherweise keinem einzigen antworten konnten. Kapitän Cook nahm allerhand Bänder, befestigte Medaillen und Korallen daran, und ließ ihnen solche zum Gegengeschenk herab. Sie bewunderten diese Kleinigkeiten sehr, eilten aber unverzüglich wieder ans Land. Als sie auf dem Rückweg um das Hinterteil des Schiffs herumruderten und dort eine ausgeworfne Angelschnur vom Verdeck herabhängen sahen, banden sie zum Abschiedsgeschenk noch ein kleines Stückchen Zeug daran. Beim Heraufziehen fanden wir, daß es aus ebensolcher Baumrinde wie das tahitische verfertigt und gelb gefärbt war.

Den wenigen Worten nach zu urteilen, die wir von ihnen gehört hatten, dünkte uns ihre Sprache ein Dialekt der Tahitischen zu sein. Es wird also an beiden Enden der Südsee einerlei Sprache geredet. Ihr ganzes Ansehen ließ uns vermuten, daß sie ein Zweig desselben Volksstammes sein müßten. Sie waren von mittlerer Größe, aber mager, und der Gesichtsbildung nach den Tahitiern ähnlich, jedoch nicht so schön. Der eine von den beiden, die im Kanu waren, hatte einen Bart, der bis auf einen halben Zoll abgeschnitten war. Der andre war ein junger Mensch von siebzehn Jahren. Sie hatten über den ganzen Körper ebensolche Punkturen wie die Neuseeländer und die Einwohner der Societäts- und der freundschaftlichen Inseln, gingen aber völlig nackend. Das Sonderbarste an ihnen war die Größe ihrer Ohren, deren Zipfel oder Lappen so lang gezogen war, daß er fast auf den Schultern lag; daneben hatten sie große Löcher hineingeschnitten, daß man ganz bequem vier bis fünf Finger durchstecken konnte. Dies stimmte genau mit der Beschreibung überein, welche Roggewein (Roggeven, Entdecker der Osterinsel) in seinem Reise-Journal von ihnen macht. Ihr Kanu war in seiner Art nicht minder sonderbar. Es bestand aus lauter kleinen Stückchen Holz, die ungefähr vier, fünf Zoll breit und drei bis vier Fuß lang, sehr kunstvoll zusammengesetzt waren. Überhaupt mochte es ungefähr zehn bis zwölf Fuß lang sein. Das Vor- und Hinterteil war jedes sehr hoch, in der Mitte aber war das Fahrzeug sehr niedrig. Es hatte einen Ausleger oder Balancier von drei dünnen Stangen, und jeder von den Leuten führte ein Ruder, dessen Schaufel gleichfalls aus verschiednen Stücken zusammengesetzt war. Auch diesen Umstand findet man in den holländischen Nachrichten, welche von Roggeweins Reise im Jahr 1728 zu Dort gedruckt ist, ganz gleichlautend angezeigt. Da sie die Sparsamkeit mit dem Holz so weit treiben, so ist zu vermuten, daß die Insel Mangel daran haben müsse, wenngleich in einer andern Reisebeschreibung das Gegenteil behauptet wird.

Obwohl wir der Stelle gegenüber, von wo das Kanu abgegangen war, einen Ankerplatz fanden, so liefen wir doch, in der Hoffnung, noch besseren Ankergrund zu finden, noch weiter längs der Küste und bis an ihre nördliche Spitze hin, die wir gestern, wiewohl von der andern Seite, gesehen hatten. Die

Hoffnung aber, hier eine bequemere Reede zu finden, schlug uns fehl, und so kehrten wir an den alten Platz wieder zurück. Am Ufer sah man eine Menge schwarzer Säulen oder Pfeiler, die zum Teil auf Plattformen errichtet waren, welche aus verschiednen Lagen von Steinen bestanden. Wir konnten nun an diesen Säulen nachgerade so viel unterscheiden, daß sie am obern Ende eine Ähnlichkeit mit dem Kopf und den Schultern eines Menschen hatten; der untere Teil aber schien bloß ein roher unbearbeiteter Steinblock zu sein. Von angebauten Ländereien bemerkten wir hier am nördlichen Ende der Insel nur wenig, denn das Land war in dieser Gegend steiler als nach der Mitte der Insel hin. Auch sahen wir nunmehr ganz deutlich, daß auf der ganzen Insel kein einziger Baum über zehn Fuß hoch war.

Nachmittags setzten wir ein Boot aus, in welchem der Lotse ans Land gehen sollte, um die Reede zu sondieren, von wo das Kanu zu uns gekommen war. Sobald die Einwohner unser Boot vom Schiff abrudern sahen, versammelten sie sich am Ufer, in der Gegend, nach der unsre Leute zu steuern schienen. Der größte Teil der Indianer war nackt, nur einige wenige hatten sich in Zeug von schöner hellgelber oder vielmehr Orangefarbe gekleidet, und diese mußten unsern Bedünken nach die Vornehmern der Nation (des Volkes) sein. Nunmehr konnten wir auch ihre Häuser bereits unterscheiden. Sie waren dem Anschein nach ungemein niedrig, aber lang; in der Mitte hoch und gegen beide Seiten schräg ablaufend, so daß sie der Form nach einem umgekehrten Kanu nicht unähnlich sahen. In der Mitte schienen sie eine kleine Öffnung oder Tür zu haben, die aber so niedrig war, daß ein Mann von gewöhnlicher Größe sich bücken mußte, um hineinzukommen. (...)

Nachdem wir eine Weile am Strande bei den Eingeborenen geblieben waren, gingen wir tiefer ins Land hinauf. Der ganze Boden war mit Felsen und Steinen von verschiedener Größe bedeckt, die alle ein schwarzes, verbranntes, schwammiges Aussehen hatten und folglich einem heftigen Feuer ausgesetzt gewesen sein mußten. Zwei bis drei Grasarten wuchsen zwischen diesen Steinen kümmerlich auf und milderten einigermaßen, obgleich sie schon halb vertrocknet waren, das verwüstete öde Ansehn des Landes. Ungefähr fünfzehn Schritte vom

Landungsplatz sahen wir eine Mauer von viereckigen gehauenen Steinen, davon jeder anderthalb bis zwei Fuß lang und einen Fuß breit war. In der Mitte betrug die Höhe ungefähr sieben bis acht Fuß; an beiden Enden aber war sie niedriger und im ganzen ungefähr zwanzig Schritt lang. Das Sonderbarste war die Verbindung dieser Steine, die so kunstvoll gelegt und so genau ineinander gepaßt waren, daß sie ein ungemein dauerhaftes Stück von Architektur ausmachten. Der Stein, woraus sie gehauen, ist nicht sonderlich hart, sondern nur eine schwarzbraune, schwammige, spröde Steinlava. Der Boden lief von der Küste immer bergauf, dergestalt, daß eine zweite Mauer, welche parallel mit dieser und zwölf Schritte weiter hinauf lag, nur zwei bis drei Fuß hoch sein durfte, um in dem Zwischenraum eine Art von Terrasse zu bilden, auf der das Erdreich eine ebene Fläche ausmachte, die mit Gras bewachsen war.

Fünfzig Schritt weiter gegen Süden fanden wir einen andern erhabnen ebnen Platz, dessen Oberfläche mit ebensolchen viereckigen Steinen gepflastert war wie man zum Mauerwerk gebraucht hatte. In der Mitte dieses Platzes stand eine steinerne Säule, aus einem Stück, die eine Menschenfigur bis auf die Hüften abgebildet vorstellen sollte und zwanzig Fuß hoch und fünf Fuß dick war. Diese Figur war schlecht gearbeitet und bewies, daß die Bildhauerkunst hier noch in der ersten Kindheit war. Augen, Nase und Mund waren an dem plumpen ungestalten Kopf kaum angedeutet. Die Ohren waren nach der Landessitte ungeheuer lang und besser als das übrige gearbeitet, obgleich sich ein europäischer Künstler ihrer geschämt haben würde. Den Hals fanden wir unförmig und kurz, Schultern und Arme nur wenig angedeutet. Auf dem Kopf war ein hoher runder zylindrischer Stein aufgerichtet, der über fünf Fuß im Durchschnitt und in der Höhe hatte. Dieser Aufsatz, der dem Kopfputz einiger ägyptischer Gottheiten gleich sah, bestand aus einer andern Steinart, denn er war von rötlicher Farbe; auch war an dessen beiden Seiten ein Loch zu sehen, als hätte man ihm seine runde Form durch ein Dreh- oder Schleifwerk gegeben. Der Kopf nebst dem Aufsatz machte die Hälfte der ganzen Säule aus, soweit sie über der Erde sichtbar war.

Wir merkten übrigens nicht, daß die Insulaner diesen Pfeilern, Säulen oder Statuen einige Verehrung erwiesen hätten; doch mußten sie wenigstens Achtung davor haben, denn es schien ihnen manchmal ganz unangenehm zu sein, wenn wir über den gepflasterten Fußboden oder das Fußgestell gingen und die Steinart untersuchten, wovon sie gemacht waren. (...)

Früh am folgenden Morgen beorderte Kapitän Cook die Leutnants Pickersgill und Edgecumbe, mit einer Partei (Schar) Seesoldaten und Matrosen das Innere des Landes zu untersuchen, um womöglich zu erfahren, ob es in irgendeiner andern Gegend besser angebaut und stärker bewohnt wäre. Herr Wales und Herr Hodges, Doktor Sparrman und mein Vater machten sich mit auf den Weg, so daß das ganze Detachement aus siebenundzwanzig Mann bestand.

Ich hingegen ging nach dem Frühstück mit Kapitän Cook und einigen andern Offizieren ans Ufer, wo wir ungefähr zweihundert Einwohner, und unter diesen vierzehn oder fünfzehn Weiber nebst ein paar Kindern, versammelt fanden. Es war uns unmöglich, die Ursache dieser Ungleichheit in der Zahl der beiden Geschlechter zu erraten; da aber alle Weibsleute, die wir bisher gesehen, ungemein freigebig mit ihren Gunstbezeugungen waren, so vermutete ich damals, daß die Verheirateten und Eingezogneren (zurückgezogen Lebenden), welche vielleicht die größte Zahl ausmachten, keinen Gefallen finden mochten, mit uns bekannt zu werden, oder vielleicht durch die Eifersucht der Männer gezwungen würden, in den entferntern Teilen der Insel zurückzubleiben.

Die wenigen, deren wir hie und da ansichtig wurden, waren die ausschweifendsten Kreaturen, die wir je gesehen. Sie schienen über alle Scham und Schande völlig weg zu sein, und unsre Matrosen taten auch, als wenn sie nie von so etwas gehört hätten; denn der Schatten der kolossalischen Monumente war ihnen in Hinsicht auf ihre Ausschweifungen schon Obdachs genug.

Heinrich Zimmermann
Unter Kapitän Cook bei den Aborigines und den Uramerikanern

Auf meiner im Jahre 1770 angetretenen Wanderschaft mußte ich, weil ich auf der erlernten Gürtlersprofession*, teils aus damaligem Abgang fremder Sprachen und teils aus Mangel der Professuonisien selbst, nicht allerorten Arbeit finden konnte, allerlei Wege zur Gewinnung meines Brots einschlagen; unter anderem war ich genötigt, zu Genf bei einem Rotgießer und bei einem Vergolder, zu Lyon bei einem Glockengießer, zu Paris bei einem Schwertfeger und zu London in einer Zuckersiederei Arbeit zu nehmen. Ich wollte, nach dem mir angeborenen frischen Pfälzermute, auch noch versuchen, wie es auf der See hergehe, und da in dem Jahre 1776 von dem Königreich Großbritannien zwei Kriegsschaluppen, nämlich die alte ›Resolution‹ und ›Discovery‹, auf neue Entdeckungen ausgeschickt wurden, so ging ich unterm 11. März nämlichen Jahres auf letzterer als Matros in Dienst.

Ich nahm mir gleich bei dem Anfang der Reise vor, alle Entdeckungen und alle Begebenheiten, soweit mein gemeiner Verstand reicht, fleißig zu bemerken, brauchte aber dabei, weil ich im voraus wußte, daß man (wie auch wirklich geschehen) die hiervon veröffentlichten Papiere entweder einliefern oder zernichten würde, die Vorsicht, daß ich mir ein kleines Schreibheft hielt, in dem ich das Hauptsächlichste ganz kurz und in halben Worten in deutscher Sprache niederschrieb.

Den 26. Jenner 1777 kamen wir an den südlichsten Teil von Neuholland (Australien, soweit von den Holländern entdeckt), nämlich das sogenannte Van-Diemens-Land (Tasmanien), und warfen in einem bequemen Hafen Anker.

Herr Cook ging am nämlichen Tag mit noch einigen Leuten ein ziemliches Stück Weges in das Land hinein und war so glücklich, bei seiner Rückkunft ungefähr neun Wilde mitzubringen; er beschenkte sie mit Spiegeln, weißen Hemden, Ge-

* Gürtelmacher, im speziellen einer, der die Beschläge anfertigt.

hängen von Glaskorallen und einigen metallenen Brustbildern Ihrer Majestät König Georgs III. von Großbritannien, und dieses tat eine so gute Wirkung, daß am andern Tag schon von selbst sich 49 Manns- und Frauenspersonen bei uns einfanden; sie wurden zum Teil wie die vorigen beschenkt, waren aber gleich jenen nicht zu bewegen, mit uns auf die Schiffe zu gehen.

Diese Wilden (Aborigines) sind von ganz dunkelbrauner Farbe, haben ganz kurze wollige Haare und sind nach der Äußerung des Herrn Cook den Eingeborenen an der Küste von Neuholland sehr ähnlich; sie gehen ganz entblößt, und beiderlei Geschlechter bedecken niemals ihre Scham. Die Weiber hatten ihre kleinen Kinder in einem Fell auf dem Rücken hangen und trugen sie mit sich, wo sie auch hingingen. Ihre Mundart ist ganz fein, von ihrer Sprache aber konnten wir und auch O-mai (ein »vornehmer Wilder« aus Otaheite, der mit an Bord war) nicht das mindeste verstehen. Ihr Wuchs ist nicht der schönste, und wir bemerkten unter ihnen eine sehr krüppelhafte und bucklige Mannsperson, die außer ihrer Ungestalt sich noch dadurch von allen andern unterschied, daß sie ganz feuerrotes wolliges Haar hatte; gleichwohl war diese, soviel wir an dem verehrenden Betragen der übrigen abnehmen konnten, ihr Befehlshaber.

Waffen nahmen wir bei ihnen gar keine wahr und hielten sie daher für gute, unschuldige Leute; Herr Cook konnte seine Verwunderung über den Unterschied dieser gegen jenes ungesellige wilde Volk an der Küste von Neuholland nicht genug äußern.

(Während der Fahrt entlang der Küste Britisch Kolumbiens:) Zwischen dem 58. und 59. Breitengrad unterscheidet sich das Volk von dem übrigen. Denn hier bemerkten wir, daß die Einwohner an der unteren Lippe sich noch einen Mund schnitten und sich auch falsche Zähne von Abgestorbenen künstlich einsetzten. Abenteuerlich waren diese Leute mit zwei Mäulern anzusehen, und wie sie zu beiden die Zunge herausstreckten; und machten selbiges dabei noch gräßlicher, weil sie unten an der Nase durch den Nasenknorpel ein ungefähr 5 bis 6 Zoll langes dünnes Bein gezogen hatten.

Von der Religion, sonstigen Sitten und Gebräuchen dieses amerikanischen Volkes in seiner Gesamtheit konnte ich, weil wir uns nirgends viel aufhielten, keine Erkundigung einziehen; es ist aber das ungesittetste und unartigste Volk unter allen wilden Nationen, so wir auf der ganzen Reise gefunden, und selbst ihre Mundart ist ganz stürmisch, indem sie mit außerordentlichem Geschrei alle ihre Reden vorbringen.

Sie rückten einmal in zwei Abteilungen mit ungefähr 40 bis 50 Kanus gegen uns an; sie umringten die Schiffe und fuhren dreimal um sie herum. Wir befürchteten einen Angriff und luden unsere Kanonen; sie stimmten alsdann auf ihren Kanus einen sehr schönen Gesang an und führten den Takt mit den Rudern. Die Genauigkeit, die sie in Führung des Taktes beobachteten, und die Lieblichkeit des Gesangs, ungeachtet ihrer starken Stimmen, zogen unsere Verwunderung ausnehmend an. Von jeder Abteilung war einer wie ein Harlekin in verschiedenen Farben gekleidet; diese wechselten mit ihren vielfarbigen Kleidern und mit verschiedenen vor das Gesicht gehaltenen Masken öfters ab und machten allerlei Possenspiele.

Das gesamte amerikanische Volk ist in der Fischerei sehr geschickt. Sie wissen sogar die Walfische zu fangen. Sie haben Harpunen von Bein, und diese sind, ebenso wie ihre Pfeile, vorne mit einem geschliffenen scharfen Stein versehen. In der Mitte hat die Harpune ein Gewerbe (Gelenk, Widerhaken); und wenn sie in den Walfisch eingeworfen ist, so kann sie wegen des Gewerbes nicht mehr heraus. Sie verfolgen den Walfisch beständig und werfen immer Harpunen in ihn, bis er sich verblutet.

KAPERKAPITÄNE, PIRATEN, PFLANZENJÄGER

»Ich bin Reisender und Seemann, das ist ein Lügner und schwachdenkender Mensch in den Augen jener Art von bequemen und stolzen Schriftstellern, welche im Schatten ihres Arbeitszimmers ins Blaue hinein über die Welt und ihre Bewohner philosophieren und sozusagen die Natur nach ihren eigenen blödsinnigen Einfällen bilden wollen.«

Louis Antoine de Bougainville
Voyage autour du monde (1771)

William Dampier
Abschweifungen eines Freibeuters

Meine Eltern wollten anfangs nicht einen Seefahrer aus mir machen, sondern hielten mich zur Schule an, wo ich bleiben sollte, bis ich Alter und Verstand erreicht haben würde, eine gewisse Lebensart zu wählen. Nachdem aber Vater und Mutter starben, faßten die, die für mich sorgten, andere Gedanken, nahmen mich aus der Lateinschule, ließen mich zwar schreiben und rechnen lernen, schickten mich aber nicht gar lange darauf nach Weymouth, zu einem seeverständigen Mann – was mit meiner Begierde, die ich von Jugend auf gehabt hatte, nämlich die Welt zu besehen, vortrefflich übereinkam.

Ich tat also mit meinem neuen Herrn eine kleine Reise nach Frankreich und, als wir von da wiederkamen, nach Terraneuf (Neufundland), und dazumal mochte ich ungefähr achtzehn Jahre alt gewesen sein. Auf dieser Reise brachte ich einen Sommer zu, war aber in selbigem Land so erfroren, daß ich nicht mehr dahin zu gehen verlangte, sondern mich wieder zu meinen Verwandten nach Hause begab.

Ich blieb nicht lange daheim, sondern ging nach London, wo man mir viel von einer langwierigen Reise in warme Länder vorschwatzte; das waren beides Dinge, die ich mir stets gewünscht hatte, und also entschloß ich mich, noch einmal mich auf See zu wagen. Weil ich nun erfuhr, daß ein Londoner Schiff namens »Johann und Martha«, welches der Capitain Earning kommandierte, nach Ostindien gedungen war, ließ ich mich auf selbigem einschreiben und wurde angewiesen, auf den Mast achtzuhaben, wozu mich meine ersten beiden Reisen schon geschickt genug gemacht hatten.

Wir gingen geradewegs nach Bantam auf die Insel Java, und als wir zwei Monate oder etwas darüber da verweilt, kehrten wir wieder nach England zurück und hatten damit etwas über ein Jahr zugebracht. Auf dem Hinweg legten wir bei S. Jacob, welche eine der Kapverdischen Inseln ist, und auf dem Rückweg bei der Himmelfahrts-Insel an. Auf dieser Reise lernte ich immer mehr von der Schiffahrt, hielt aber kein Tage-Register (Tagebuch). Wir gelangten nach Plymouth ungefähr zwei Monate, bevor der Ritter Robert Holms auszog, um die holländische Flotte von Smyrna (Izmir) zu verscheuchen – was das Kriegsfeuer mit den Holländern ein weiteres Mal entfachte, mich aber den ganzen Sommer über hinderte, in See zu stechen, weswegen ich mich zu meinem Bruder nach Somersetshire begab.

Weil mir aber die Zeit auf dem Land zu verdrießlich war, ließ ich mich auf das Schiff »Der königliche Prinz« werben, das der Ritter Eduard Sprag befehligte; unter ihm tat ich im Jahr 1673 Dienste, dem gleichen Jahr, in dem auch jener Krieg endigte. Wir bestritten diesen Sommer drei Schlachten, deren zwei ich beiwohnte; weil mich aber einen Tag oder zwei vor der dritten Schlacht eine schwere Krankheit überfiel, wurde ich auf ein Hospitalschiff gebracht. So sah ich dem Treffen, in welchem der Ritter Sprag totgeschossen wurde, nur von weitem zu. Kurz darauf brachte man mich mitsamt den anderen Kranken und Verwundeten nach Harwich, wo ich ziemlich lange elendig schmachten mußte, bis ich wieder zu meinem Bruder kommen konnte, meine Gesundheit zu pflegen.

Sobald nun der Krieg mit Holland zu Ende und ich wieder recht gesund geworden war, nahm mich meine alte Begierde, auf See zu leben, wieder ein. Es machte mir auch ein gewisser Edelmann aus der Nachbarschaft, der Obrist Helliar von East-Coker, einen guten Vorschlag, daß er mich nämlich nach Jamaika schicken und bei seinen Ländereien dort beschäftigen wollte. Ich nahm das Angebot an und begab mich auf das Schiff des Kapitän Kent, genannt »der vergnügte Mann von London«.

Damals war ich ungefähr zweiundzwanzig Jahre alt, aber noch niemals in Westindien gewesen. Damit man mir nun nicht bei meiner Ankunft in Jamaika einen Possen spielte und mich etwa in die Dienste der (Westindischen) Kompanie zwang, so bedung ich mir bei Kapitän Kent aus, ihm während der Reise Bootsknechtsdienste zu leisten, wofür er mir jedoch eine eigenhändig von ihm unterschriebene Versicherung geben mußte, daß ich bei der Ankunft wieder frei und ledig sein sollte.

Zu Anfang des Jahres 1674 gingen wir von der Themse ab und hatten so guten Wind, daß wir geschwind unter die beständigen Winde kamen, die uns bald vor die Insel Barbados brachten. Als wir sie zu Gesicht bekamen, sagte der Kapitän zu den Kaufleuten, wenn sie das Ankergeld bezahlen wollten, würde er auf der Reede der Insel anlegen und warten, bis sie Erfrischungen eingenommen hätten. Sie aber hatten keine Lust, deswegen den Beutel zu ziehen, und so folgte er dem Weg nach Jamaika.

Die andere Insel, die wir antrafen, war die von S. Lucia. Sie liegt ungefähr dreißig Meilen von Barbados und ist sehr reich an großen schönen Bäumen, die zu allerhand Zimmerer- und anderer Arbeit gebraucht werden können. Aus diesem Grund wird sie oft von den Engländern besucht, die von dort Holz zu den großen Spillen (Spindeln) und anderen Schiffsgeräten holen. Man hat auch versucht, dort eine englische Pflanzstadt zu errichten, konnte aber bisher wegen der karibischen Indianer nicht zum Zweck gelangen.

Diese Kariben sind Indianer von kriegerischer Art, gewohnt, auf ihren Piroggen oder großen Kanus stets auf Seeraub auszugehen. Eigentlich wohnen sie zwar auf dem Festland, zu gewissen Jahreszeiten fahren sie aber auf die Inseln, um sich dort zu erlustigen. Ehemals kamen sie oft auf die Barbadischen, aber seit sich die Engländer darauf festgesetzt, haben sie es bleiben lassen und ihre Streifereien nicht weiter betrieben als auf die Inseln, welche die Europäer noch nicht in Beschlag genommen haben – ausgenommen diejenigen, wo sie Hoffnung haben, sich ihrer zu bemächtigen; eine solche ist S. Lucia.

Viele von ihnen wohnen auch auf der Insel Tabago nahe am Festland; von da aus haben sie den Holländern, als diese sich auf Lucia festsetzen wollten, großen Schaden zugefügt. Ich habe gehört, daß diese Indianer ehemals auf den meisten der karibischen Inseln Pflanzstädte gehabt haben, und daß sie, wenn sie ausreisten, drei oder vier Wochen auf einer geblieben und danach zu einer anderen gegangen sind: Auf solche Weise haben sie, ehe sie wieder nach Hause gezogen, fast alle diese Inseln besucht.

Eine weitere Insel, S. Vincenz genannt, liegt nicht weit von S. Lucia. Wir fuhren zwischen diesen beiden hindurch, und weil wir auf S. Lucia Rauch sahen, schickten wir unsere kleine Schaluppe hin. Unsere Leute haben da etliche karibische Indianer angetroffen und ihnen Plantains (Pflanzen), Bananen, Tannäpfel und Zuckerrohr abgekauft; als sie wieder zu uns stießen, folgte ihnen ein Kanu mit drei oder vier Indianern nach. Diese wiederholten oft den Namen »Kapitän Warner«, und wir verstanden damals nicht, was sie damit sagen wollten. Ich erfuhr aber hernach, daß dieser Kapitän Warner ein Sohn des Gouverneurs Warner, gezeugt mit einer Indianerin, gewesen und auf Antego, einer von unseren englischen Inseln, geboren worden war. Der Vater hatte ihn nach englischen Sitten erziehen lassen, und von der Mutter her hatte er die indianische Sprache gelernt. Als er nun sah, daß seine englischen Freunde ihn ihre Verachtung spüren ließen, verließ er das väterliche Haus und begab sich auf die Insel S. Lucia, wo er unter den karibischen Indianern, die mütterlicherseits mit ihm verwandt waren, lebte. Dort schickte er sich so gut in ihre Gebräuche, daß er einer ihrer Oberhäupter wurde und so mit ihnen, von einer Insel zur anderen, nach Beute auszog.

Nun hatten die Kariber einmal in unseren Pflanzstädten auf Antego einigen Schaden verursacht, und des Gouverneurs Warners rechtmäßiger Sohn war mit einer Abteilung dorthin geschickt worden, um ihnen so zu begegnen, wie sie es verdienten. Bei dieser Gelegenheit suchte er die Gegend auf, wo sein Bruder, der indianische Warner, wohnte und bezeugte große Freude über dieses Ersuchen – obwohl der Ausgang zeigte, daß sie nichts weniger als aufrichtig gewesen war. Denn der englische Warner hatte ziemlich viele starke Getränke mitgebracht und seinen Bruder vom Vater her zu sich gebeten, einmal miteinander zu feiern und lustig zu sein. Während sie sich ergötzten, gab er jedoch seinen Leuten durch ein verabredetes Zeichen Befehl, den Bruder samt allen mitgebrachten Indianern umzubringen, was dann auch alsbald vollzogen wurde.

Die Ursachen dieses barbarischen Verfahrens werden unterschiedlich benannt: Einige sagen, der indianische Warner hätte Schuld an allem Schaden, der den Engländern zugefügt worden, deshalb hätte der Bruder ihn und seine Leute hinrichten lassen. Andere wollen das Gegenteil behaupten: daß er der Engländer bester Freund gewesen und gar nicht hätte zulassen wollen, daß seine Leute ihnen den geringsten Schaden tun; er hätte vielmehr alles, was nur möglich, angewendet, um mit ihnen in guter Freundschaft zu stehen; sein Bruder hätte ihn bloß darum töten lassen, weil er sich geschämt, einen Indianer zu einem so nahen Anverwandten zu haben.

Dem sei nun, wie es wolle, der Bruder wurde dieser Mordtat wegen gerichtlich belangt, auch endlich nach England geschickt, um da sein Urteil zu empfangen. Man muß gestehen, daß dergleichen untreue Stückchen – die Schande ungerechnet, die es ist, sie zu begehen – ein großes Hindernis sind, sich bei den Indianern beliebt zu machen.

Solange der Wind aus Norden blies, hatten wir gute Hoffnung, Jamaika zu erreichen. Als wir uns aber darin betrogen sahen, wurden wir sehr bekümmert, denn wir konnten die Insel nicht finden, wo wir doch nach unserer Rechnung gar nicht mehr weit davon sein sollten; und gegen Mittag, als wir auf der Karte nachsuchten, befanden wir, wir seien schon auf der Breite (dem Breitengrad) dieser Insel.

Wir hatten damals nicht mehr den geringsten Proviant. Daher fragte uns der Kapitän, was zu tun sei und welcher Weg wohl der kürzeste wäre, um an Land zu kommen: ob der nach Jamaika, oder ob man versuchen sollte, den Wind hinter uns zu bekommen, und so zu den Südinseln zu segeln. Alle unsere Leute, ich ausgenommen, waren letzterer Meinung, und zwar darum, weil unser Schiff so schlecht besegelt war, daß es mit dem Wind allein, ohne die See- und Landlüftchen, nimmermehr fortkommen würde; die aber könnten wir nicht erwarten, weil wir zu weit von der Küste wären und sich gar kein Land zeigte. Hingegen könnten wir – so sagten sie – bei den Südinseln in drei oder vier Tagen anlangen und dort auch genug Lebensmittel antreffen, entweder Fleisch oder Fisch.

Ich sagte dazu, eben das wäre der Knoten, ob wir etwas antreffen würden, denn es könnte ebenso geschwind geschehen, daß wir dort so wenig fingen wie auf der Insel Pins, wo Ochsen und Schweine genug gewesen und wir doch nicht gewußt hätten, wie wir es anstellen sollten, etwas zu fangen. Überdies könnten wir leicht sechs oder sieben Tage mit der Reise zu den besagten Inseln zubringen; die ganze Zeit über würden wir nun fasten müssen, was uns, wenn es auch nur zwei oder drei Tage währen sollte, so entkräften würde, daß wir bei unserer Ankunft nicht mehr jagen könnten. Im Gegenteil, wenn wir nur noch ein, zwei Tage die See halten und Jamaika suchen wollten, wäre es die glaublichste (plausibelste) Sache von der Welt, daß wir es entdecken und so weit anrükken könnten, um unsere Schaluppe nach Proviant auszuschikken, wenngleich auch das Schiff nicht bis auf die Reede gelangte. Andererseits wären wir, unserer Berechnung nach, nicht mehr so weit davon, daß wir es nicht sehen sollten, wenn nur klares Wetter wäre; die Wolken, die ganz niedrig standen, würden es zweifellos uns nur verdecken.

Dessenungeachtet und obgleich einige meinem Rat beifielen, wurde doch beschlossen, nach den Südinseln aufzubrechen; also wendeten wir das Schiff, spannten die Segel auf und fuhren immer Kurs Nord-Nord-Westen. Ich aber war über unser Vorhaben so voller Verdruß, daß ich in meine Hütte (Koje) kroch, vorher aber meine Gesellschaft warnte, wir müßten nun alle Hungers sterben.

Obgleich ich mich nun ins Bett legte, konnte ich doch unmöglich einschlafen. Denn wenn ich bedachte, daß ich drei oder vier Tage, wenn nicht eine ganze Woche würde Hunger leiden müssen, nachdem ich schon so viel ausgestanden, machte es mir große Unruhe. Und dazu war es noch ein besonderes Glück, daß unser Proviant bisher gereicht hatte: Denn wir hatten auf dem Schiff zwei Tonnen gesalzenes Rindfleisch, das wir eigentlich verkaufen sollten; es war aber so arg, daß niemand es kaufen wollte, was dann uns zustatten kam, weil wir, nachdem der andere Proviant völlig verzehrt, selbiges angriffen.

Wir kochten alle Tage zwei Stücke davon, und weil alle unsere Erbsen aufgegessen, auch wenig Mehl mehr übrig war, schnitten wir das gekochte Fleisch in kleine Stückchen, ließen es hernach weiterkochen, machten die Suppe mit ein wenig Mehl dick und aßen alles zusammen mit Löffeln. Diese kleinen Stückchen Fleisch sahen so braun aus wie die trockenen Rosinen, die wir an unsere Olla podrida (scharf gewürzter Fleischtopf) tun. Auf andere Weise zubereitet, war es gewiß nicht eßbar, denn obwohl es nicht stank, war es doch ganz schwarz und von recht üblem Geschmack, hatte auch kein Fitzelchen Fett. Außerdem war so wenig Brot und Mehl vorhanden, daß wir nicht einmal einen Kuchen backen konnten, um was zum Fleisch zuzubeißen.

Aber um wieder auf die Reise zu kommen: ich hatte in meiner Hütte kaum anderthalb Stunden zugebracht, als einer von unsern Leuten, die auf dem Oberdeck herumgingen, zu schreien anfing: »Land! Land!« Diese Zeitung erfreute mich trefflich, zumal da wir das Land alsbald ganz genau liegen sahen. Das erste, was wir entdeckten, war ein Hochland, und wir erkannten es als Berg Blewfields*, denn oben am Gipfel war er in der Mitte eingedrückt und hatte auf jeder Seite eine kleine Spitze. Er lag im Nord-Ost-1/4 Ost, und wir hatten den Wind im Osten, weswegen wir uns um etliche Grad wandten und nach Nord-Nord-Ost gingen, hierauf auch bald die ganze Küste sahen, die kaum fünf oder sechs Meilen von uns war. Wir bemühten uns den ganzen Nachmittag, so nahe wie wir konnten heranzukommen, und hatten uns gar keinen besonderen Ort vorgenommen, wo wir ankern wollten; der erste bequeme Ort, den wir finden würden, sollte uns dazu recht sein.

Am andern Morgen waren wir nahe genug am Land zwischen dem Vorgebirge Blewfields und Nigril, der Wind stand auch gut, um letztere zu erreichen; also wandten wir uns geradewegs dahin. Auf einmal ließ sich ein kleines Schiff sehen, ungefähr zwei Meilen von uns im Nordwesten; es gab durch Auf- und Ablassen seines Schumpfer-Segels ein Zeichen, daß es gerne mit uns reden wollte. Wir fürchteten aber, es möchte ein Feind sein, hielten uns daher noch mehr an das Ufer und ließen endlich, gegen drei Uhr nachmittags, vor Nigril den Anker fallen, nachdem wir dreizehn Wochen auf dieser Reise zugebracht hatten.

Wahrhaftig, ich glaube nicht, daß jemals ein Schiff auf dem Rückweg von der Bucht Campeche so viel krumme Wege hat nehmen dürfen wie unseres. Denn zuerst mußten wir durch die Klippen Alcranes fahren, und als wir diese Inseln besehen, verfielen wir auf die Sandbänke bei Colorado. Von da machten wir einen Umweg nach Groß-Caymanes und durchstreiften danach die Insel Pins, wiewohl ganz ohne Nutzen. Indessen

* Die Blauen Berge auf Jamaika, 2257 m hoch.

kann ich doch soviel sagen, daß wir durch dieses Hin- und Herlaufen so vieles in Erfahrung brachten, als wenn wir einzig aus diesem Grund ausgeschickt worden wären.

Alexandre Olivier Oexmelin
Der Aufstieg des berühmten Seeräubers L'Olonois

L'Olonois, französischer Herkunft, ist aus dem Poitou, aus einem Ort, den man »les sables d'Olone« nennt, woher er auch den Namen hat, unter dem er in ganz Amerika bekannt ist. Er verließ Frankreich schon in seiner Jugend und schiffte sich in La Rochelle ein, wo er bei einem Bewohner der karibischen Inseln anheuerte; der nahm ihn dorthin mit und behielt ihn drei Jahre lang in seinen Diensten.

Während dieser Zeit hörte er oft, wie man von den Seeräubern der Küste von Santo Domingo sprach, und er begeisterte sich so sehr für diese Art Leben, daß er, sobald er Herr seiner selbst war, die erste sich bietende Gelegenheit ergriff, sich ihnen anzuschließen und Seeräuberdienste zu tun. Dann wurde er selbst einer, und zwar einer der berühmtesten.

Als L'Olonois dieses Leben eine Zeitlang geführt hatte, langweilte es ihn, und er wollte mit den Freibeutern, die ihren Standort in Tortuga hatten, auf große Fahrt gehen. Er war wohl wie geschaffen für dieses Metier; seit seiner ersten Reise zeigte er sich darin so geschickt, daß er alle anderen übertraf.

L'Olonois machte nur wenige Fahrten als Begleiter mit; seine Kameraden wählten ihn bald zu ihrem Anführer und gaben ihm ein Schiff, mit dem er einige Raubzüge machte. Und doch verlor er alles wieder. Monsieur de la Place, der Gouverneur von Tortuga, gab ihm ein anderes Schiff, mit dem er auch nicht mehr Glück hatte; denn kaum hatte er einige Beute von geringem Wert gemacht, verlor er sie wieder und hatte zudem noch das Pech, in die Hände der Spanier zu fallen, die fast alle seine Leute töteten und ihn selbst verwundeten. Wen immer die Spanier verschonten, wurde als Gefangener nach Campeche gebracht.

Um sein Leben zu retten, beschmierte sich L'Olonois mit Blut und legte sich zu den Toten, und als die Spanier verschwunden waren, rappelte er sich auf, ging sich in einem Fluß waschen, zog die Kleider eines Spaniers an, der gründlich tot war (denn die beiden hatten sich geschlagen), und kam nun in die Stadt, wo er Mittel und Wege fand, einige Sklaven abzuwerben; er versprach ihnen, sie freizulassen, wenn sie ihm gehorchen wollten, und sie stimmten zu. Sie griffen sich das Boot ihres neuen Herrn und brachten es an einen Ort, wo L'Olonois sie erwartete, um sich vollends in Sicherheit zu bringen. In wenigen Tagen erreichten sie Tortuga. Die Spanier, immer noch des Glaubens, ihn getötet zu haben, machten ein Freudenfeuer; sie waren entzückt, sich eines Mannes entledigt zu haben, der ihnen keine Atempause gegönnt hatte.

In Tortuga angekommen, hielt L'Olonois sein Versprechen, den Sklaven die Freiheit zu schenken. Er dachte an nichts anderes mehr, als sich für die Grausamkeiten zu rächen, die die Spanier ihm angetan, indem sie Schiffbrüchige niedermetzelten. Das Verlangen, ein Vermögen zu machen, stachelte um so mehr seine Rachsucht an. Er beschloß, mit seinem Boot an die Nordküste Kubas zu fahren, vor den Hafen La Beca de Caravelas, wo Schiffe ankern, um Leder, Zucker, Fleisch und Tabak zu laden und in die Hauptstadt Havanna zu bringen, damit man die spanische Flotte dort versorgen könne.

Einige Freibeuter, von seinen Absichten ins Bild gesetzt, versammelten sich. Es waren einundzwanzig Leute, die sich ihm anschlossen, der Chirurg nicht mitgezählt. Sie schifften sich ein mit so viel Munition, wie sie ergattern konnten, und erreichten in wenigen Tagen Kuba, wo sie von einigen Fischerbooten entdeckt wurden; eins davon kaperten sie und nahmen es als weitere Verstärkung. Dann zogen sie sich, elf in jedem Boot, zu jenen kleinen Inseln vor der Küste zurück, die man Cayes du Nord nennt.

Beide Boote gingen nun auf einigen Abstand voneinander; jedes war stark genug, um sich eines der kleinen Handelsschiffe zu bemächtigen, die für gewöhnlich nur fünfzehn oder sechzehn Unbewaffnete an Bord haben. Doch lagen sie einige Monate, ohne etwas erbeuten zu können, obwohl es mitten in der verkehrsreichen Jahreszeit war. Schließlich fingen sie ein Fischerboot und erfuhren, man habe von ihrem Vorhaben Wind bekommen, und dies sei der Grund, weshalb kein Schiff es wage, in den Hafen einzulaufen oder ihn zu verlassen; doch mittlerweile hätten sich die am Handel Interessierten beim Gouverneur von Havanna beschwert und ihn inständig gebeten, dem Übel abzuhelfen und los ladrones (die Räuber) zu vernichten. Tatsächlich habe der Gouverneur auf diese Klagen hin eine leichte Fregatte geschickt, ausgerüstet mit zehn Kanonen und achtzig der kräftigsten Männer der Stadt, die bei der Abfahrt schworen, keinerlei Gnade walten zu lassen.

L'Olonois, der hiervon nun Kenntnis hatte, sagte zu seinen Kameraden: »Gut, meine Brüder, wir werden gerüstet sein.« Fortan waren sie auf der Hut, und wenige Tage darauf erspähten sie das große Schiff.

Es ging in einem Salzwasserfluß vor Anker, den die Spanier Effera nennen. In dieser Nacht noch, beschlossen unsere Freibeuter, wollten sie angreifen; sie kamen abends aus ihrem Versteck und ruderten sachte am Ufer entlang, im Schutze der Bäume, die den Fluß säumten. Kurz vor Tagesanbruch begannen sie, die Spanier von beiden Seiten mit Gewehren zu beschießen. Diese hielten gut Wache und zahlten ihnen mit gleicher Münze heim, obwohl sie sie nicht sahen. Die Freibeuter hatten ihre Boote unter Bäumen versteckt, die sie tarnten, und sich dahinter zurückgezogen, so daß die Boote ihnen als Verschanzung dienten. Die Spanier kartätschten los und schossen Musketensalven ab, ohne einen ihrer Feinde jedoch töten oder verletzen zu können.

Der Kampf dauerte nun schon bis Mittag, und die Spanier, die sich sehr geschwächt fühlten, machten Anstalten, sich zurückzuziehen: Da sahen die Freibeuter das Blut aus den Abflußrohren des Schiffes rinnen, ließen so schnell wie möglich ihre Boote zu Wasser, enterten, und die Spanier leisteten keinerlei Widerstand.

Man ließ sie von Bord und tötete all die Verletzten. Während des Blutbads warf sich ein Gefangener L'Olonois zu Füßen und rief in seiner Sprache: »Señor Capitan, no me mateis, yo os dire la verdad. – Herr Kapitän, tötet mich nicht, ich werde Euch die Wahrheit sagen.« L'Olonois, der Spanisch verstand, glaubte bei dem Wort »verdad«, daß da ein Geheimnis wäre; er befragte ihn, aber der Gefangene, er zitterte wie Espenlaub, konnte ihm keinerlei Antwort geben. Schließlich versprach er ihm Gnade, auf Ehrenwort, was er dann auch hielt. Da nahm der Gefangene wieder das Wort: »Señor Capitan«, sagte er, »der Herr Gouverneur, der nicht daran gezweifelt hat, diese stark bewaffnete Fregatte sei allemal fähig, das stärkste Eurer Schiffe zu besiegen, hat mich als Scharfrichter eingesetzt. Alle Gefangenen, die der Kapitän machen würde, sollte ich hängen. Euer Volk sollte so eingeschüchtert werden, daß es sich in Zukunft nie mehr in die Nähe dieser Küste wagt.«

Bei den Worten »Scharfrichter« und »hängen« geriet L'Olonois in höchste Wut, und es war ein Glück für den Sklaven, daß er noch den Satz sagte: »Ich werde dich begnadigen, dir sogar die Freiheit schenken, denn ich habe es versprochen.« Im gleichen Moment ließ er die Bodenluke öffnen, durch die er den Spaniern befahl, einer nach dem anderen heraufzukommen, und sobald sie oben waren, schlug er ihnen mit seinem Säbel die Köpfe ab. Er richtete dieses Blutbad ganz allein an; nur den letzten ließ er am Leben und gab ihm einen Brief mit an den Gouverneur von Havanna, des Inhalts, daß er mit seinen Leuten genau das gemacht habe, was er, der Gouverneur, ihm und den Seinen angedeihen lassen wollte; er freue sich sehr, daß dieser Befehl nun von seiner Seite komme; und der Herr könne sicher sein, daß jedem Spanier, den er in die Hände bekäme, dieselbe Behandlung zuteil würde; daß er vielleicht selbst solches Schicksal erleiden würde, aber dennoch entschlossen sei, sich eher zu töten, wenn es sein müsse, als in seine Hände zu fallen.

Der Gouverneur, von dieser Nachricht bestürzt, war es noch mehr, als er hörte, daß zweiundzwanzig Männer mit zwei Booten diesen Coup gelandet hatten. Das brachte ihn so in Wut, daß er Befehl gab, alle Häfen Westindiens anzulaufen und sämtliche französischen und englischen Gefangenen hängen zu lassen, anstatt sie mit Schiffen nach Spanien zu deportieren. Als das kubanische Volk von diesem Entschluß hörte, hielt es ihm vor, daß für jeden Engländer oder Franzosen, den die Spanier gefangennähmen, hundert der Ihren dran glauben müßten. Sie müßten aber segeln, um ihren Lebensunterhalt zu verdienen, und ihr Leben sei ihnen allemal teurer als ihre Habe. Denn auf diese wären die Freibeuter ja nur aus, das Leben hätten sie ihnen immer gelassen. Und aus diesem Grunde bäten sie den Gouverneur inständig, seine Absicht nicht auszuführen.

Dies hat man von den Spaniern erfahren, die von den Freibeutern gefangengenommen wurden.

Adelbert von Chamisso

Grünes Brasilien

Die Insel Santa Catharina liegt in der südlichen Halbkugel außerhalb des Wendekreises, in derselben Breite wie Teneriffa in der nördlichen. Dort ist der felsige Grund nur stellenweis und nur dürftig begrünt; den europäischen Pflanzenformen sind fremdartige beigemengt, und ihre auffallendsten auch fremd dem Boden. Hier umfängt eine neue Schöpfung den Europäer, und in ihrer Überfülle ist alles auffallend und riesenhaft.

Wenn man in den Kanal einläuft, der die Insel Santa Catharina von dem Festland trennt, glaubt man sich in das Reich der noch freien Natur versetzt. Die Berge, die sich in ruhigen Linien von beiden Ufern erheben, gehören, vom Urwald bekleidet, nur ihr an, und man gewahrt kaum an deren Fuß die Arbeiten des neu angesiedelten Menschen. Im Innern ragen, als Kegel oder Kuppeln, höhere Gipfel empor, und ein Bergrükken des Festlandes begrenzt gegen Süden die Aussicht.

Die Ansiedlungen des Menschen liegen meist längs dem Gestade, umschattet von Orangenbäumen, welche die Höhe unserer Apfelbäume erreichen oder übertreffen. Um sie herum liegen Pflanzungen von Bananen, Kaffee, Baumwollstauden usw., und Gehege, worin etliche unserer Küchengewächse, denen viele europäische Unkrautarten parasitisch gefolgt sind, unscheinbar gebaut werden. Der Melonenbaum und eine Palme *(Cocos Romanzoffiana M.)* ragen aus diesen Gärten hervor. Unterläßt der Mensch, die Spanne Landes, die er der Natur abgerungen hat, gegen sie zu verteidigen, überwuchert gleich den Boden ein hohes, wildes Gesträuch, worunter schöne Melastoma-Arten sich auszeichnen, umrankt von purpurblütigen Bignonien.

Will man von da seitab in die dunkle Wildnis des Waldes einzudringen versuchen, wird man von dem ausgehauenen Pfad, den man betreten hat, bald verlassen, und der Gipfel des nächsten Hügels ist unerreichbar. Fast alle erdenklichen Baumformen drängen sich im Wald in reicher Abwechslung. Ich will bloß die Akazien anführen, mit vielfach gefiederten Blättern, hohen Stämmen und fächerartig ausgebreiteten Ästen. Darunter wuchern am Boden über umgestürzten modernden Stämmen, weit über Manneshöhe, Gräser, Halbgräser, Farren, breitblättrige Heliconien usw.; dazwischen Zwergpalmen und baumartige Farrenkräuter. Vom Boden erhebt sich zu den Wipfeln hinan und hängt von den Wipfeln wieder herab ein vielfach verschlungenes Netz von Schlingpflanzen. Viele Arten aus allen natürlichen Familien und Gruppen des Gewächsreiches nehmen in dieser Natur die bezeichnende Form der Lianen an. Hoch auf den Ästen wiegen sich luftige Gärten von Orchideen, Farren, Bromeliazeen usw., und die Tillandsia usneoides (Ananas) überhängt das Haupt alternder Bäume mit greisen Silberlocken. Breitblättrige Aroideen wuchern am Abfluß der Bäche. Riesenhafte säulenartige Kakteen bilden abgesonderte, seltsame, starre Gruppen. Farrenkräuter und Lichene bedecken dürre Sandstriche. Über feuchten Gründen erheben luftige Palmen ihre Kronen, und gesellig übergrünt die ganzblättrige Mangle (Rhizophora) die unzugänglichen Moräste, in welche die Buchten des Meeres sich verlieren. Die Gebirgsart, ein grobkörniger Granit, durchbricht nirgends die Dammerde und wird nur stellenweise am Gestade und an den Klippen wahrgenommen, die aus dem Kanal hervorragen.

Ich muß bemerken, daß ich nirgends die Palmen, weder in Brasilien noch auf Luçon noch auf Java, soweit ich vom Schiff aus die naheliegende Küste überschauen konnte, die Vorherrschaft über andere Pflanzenformen behaupten, den Wald überragen und den Charakter der Landschaft bedingen sah. Nur die von dem Menschen angepflanzte und ihm nur hörige, schönste der Palmen, die schlanke, windbewegte Kokospalme auf den Südseeinseln könnte als Ausnahme angeführt werden. Aber vorherrschend sollen zwischen den Tropen die Palmen sein in den weiten, niedern, oft überflossenen Ebnen, durch welche die großen Flüsse Amerikas sich ergießen.

Obgleich Amerika den riesenhaften Tierformen der alten Welt, von dem Elefanten bis zu der Boaschlange, keine ähnlichen entgegenzustellen hat, scheint doch in der brasilianischen Natur die Mannigfaltigkeit und Fülle diesen Mangel auszugleichen. Die Tierwelt ist in Einklang mit der Pflanzenwelt. Der Lianenform der Gewächse entspricht der Kletterfuß der Vögel und der Wickelschwanz der Säugetiere, mit dem selbst Raubtiere versehen sind. Überall ist Leben. Herden von Krebsen bewohnen in der Nähe des Meeres die feuchteren Stellen des Landes und ziehen sich vor dem Wanderer in ihre Höhlen zurück, ihre größere Schere über dem Kopf schwingend. Der größte Reichtum und die größte Pracht herrschen unter den Insekten, und der Schmetterling wetteifert mit dem Kolibri. Senkt sich die Nacht über diese grüne Welt, entzündet rings die Tierwelt ihre Leuchtfeuer. Luft, Gebüsch und Erde erfüllen sich mit Glanz und überleuchten das Meer. Der Elater trägt in gradlinigem Flug zwei Punkte beständigen Lichtes, zwei nervenversehene Leuchtorgane auf dem Brustschild; die Lampyris wiegt sich in unsicheren Linien durch die Luft mit ab- und zunehmendem Schimmer des Unterleibes; und bei dem märchenhaften Schein erschallt das Gebell und das Gepolter der froschähnlichen Amphibien und der helle Ton der Heuschrekken.

Den unerschöpflichen Reichtum der Flora Brasiliens beweisen die seit Jahren ihr gewidmeten Bemühungen von Auguste de Ste Hilaire, Martius, Nees von Esenbek, Pohl, Schlechtendal und mir, teils auch von de Candolle und Adrien de Jussieu. Alles war neu für die Wissenschaft. Die Arbeiten so vieler Männer haben sich noch nur über Bruchstücke erstrecken können; und hält einer Nachlese in einer Familie, die bereits ein anderer bearbeitet hat, gibt oft diese der ersten Ernte wenig nach.

Am 13. Dezember (1815), dem Morgen nach unserer Ankunft, ward der Rurick dem Lande näher gebracht, und ich begleitete sodann den Kapitän nach der Stadt Nostra Señora do Destero, auf der Insel an der engsten Stelle des Kanals, beiläufig neun Meilen von unserm Ankerplatz gelegen. Ich habe sie wiederholt besucht, und sie hat mir keine deutliche Erinnerung zurückgelassen; auch von den Menschen, mit denen ich in Berührung gekommen, vermisse ich in mir ein bestimmtes Bild. Die Natur, nur die riesenhafte Natur hat mir bleibende Eindrücke eingeprägt.

Am 14. ward das Observatorium ans Land gebracht und daselbst ein Zelt aufgeschlagen. Ein ärmliches Haus und das Zelt dienten dem Kapitän und der Schiffsgesellschaft, die er mit sich nahm, zur Wohnung, während Gleb Simonowitsch auf dem Schiffe blieb, dessen Kommando er übernahm.

Ich erfuhr, daß der Leutnant Sacharin, der auf der Herreise mehr und mehr erkrankt war, sich hier, und gleich am andern Morgen, einer furchtbaren chirurgischen Operation unterwerfen wolle, und Eschscholtz (russischer Naturforscher, hier Schiffsarzt), der sie verrichten sollte, eröffnete mir, daß er dabei auf meine Beihilfe rechne. Es war, ich gestehe es, einer der ernstesten Momente meines Lebens, als nach empfangenen Instruktionen und getroffenen Vorbereitungen ich mit Eschscholtz an das Bett des Kranken trat und zu mir selber sagte: »Fest und aufmerksam! Von deiner unerschütterlichen Kaltblütigkeit hängt hier ein Menschenleben ab.« Als aber zu dem blutigen Werk geschritten werden sollte, fand der Doktor die Umstände, und zwar zum Besseren, verändert. Die Operation unterblieb, und der Kranke erholte sich wirklich und konnte in der Folge seinen Dienst wieder versehen.

Obgleich es nicht die Regenzeit war, die für diesen Teil Brasiliens in den September fällt, so hatten wir doch fast beständigen Regen, und man brachte wohl im Volk die Ankunft der Russen mit dem ungewöhnlichen Wetter in Verbindung. Indes war von den gesammelten und schwer zu trocknenden Pflanzen mein ganzer Papiervorrat bereits eingenommen. Die vom Schiff, welche unter dem Zelte schliefen, Maler, Steuermann und Matrose, bedienten sich meiner Pflanzenpakete zur Einrichtung ihres Lagers und als Kopfkissen. Ich war darum nicht befragt worden und hätte mich der eingeführten Ordnung zu widersetzen vergeblich versucht. Das Zelt wurde aber in einer stürmisch regnichten Nacht umgeworfen, und das erste, woran jeder bei dem Unfall dachte, war eben nicht, meine Pflanzenpakete ins Trockene zu bringen. Ich verlor auf die Weise nicht nur einen Teil meiner Pflanzen, sondern auch noch einen Teil meines Papiers – ein unersetzlicher Verlust, und um so empfindlicher, als mein Vorrat nur gering war, indem ich auf einen anderen zu rechnen verleitet worden, und selber nun mit meinem Eingebrachten für einen Zweiten, für Eschscholtz, der ganz entblößt war, ausreichen sollte.

TAHITI, EIN TRAUM

»Käme doch bald der Tag, an dem ich mich flüchten kann in die Wälder einer einsamen Insel der Südsee, dort in Verzückung und Ruhe nur meiner Kunst zu leben. Umgeben von einer neuen Familie, fern von Europa und seiner Jagd nach dem Geld. Dort in Tahiti, im Schweigen der schönen tropischen Nächte, könnte ich lauschen auf die leise holde Musik meines Herzens ...«

Paul Gauguin
Brief aus Paris im Februar 1890

Louis Antoine de Bougainville
Ankunft auf der Insel der Liebe

Zu Ende des Monats hatten wir fünf Tage Sturm und unaufhörlichen Regen. Der Skorbut fing an, sich bei acht bis zehn Matrosen zu zeigen. Die Feuchtigkeit und das nasse Wetter beförderte ihn hauptsächlich. Man gab einem jeden täglich ein Maß Limonade, von Limonadenpulver gemacht, dem wir auf der ganzen Reise ungemein viel zu danken haben.

Seit dem dritten März (1768) hatte ich auch begonnen, mich der Blasen des Herrn Poissonnier zu bedienen und zur Suppe, zum Kochen des Fleisches und Gemüses süß gemachtes Seewasser zu nehmen. Das dadurch erhaltene Wasser war uns auf einer so langen Seereise eine große Hilfe. Wir unterhielten das Feuer unter der Blase zwölf Stunden und bekamen dadurch jedesmal ein Oxhoft (Drei-Eimer-Faß) gutes Wasser. Um das süße Wasser noch mehr zu schonen, wurde das Mehl zum Brotbacken mit Seewasser genetzt.

Den andern April sahen wir des Morgens um zehn Uhr in Nordnordosten einen hohen steilen Berg, der ganz allein zu liegen schien, und dem ich den Namen le Boudoir oder le Pic de la Boudeuse gab. Wir hielten Kurs Nord, um ihn näher zu sehen, und entdeckten im Nordwesten eine Küste, die zwar auch hoch schien, deren Umfang aber nicht absehbar war. Wir hatten Holz und andere Erfrischungen und folglich eine Landung höchst nötig, dazu hofften wir hier Gelegenheit zu finden. Den Tag über war der Wind still, gegen Abend erhob sich eine Kühlung, die uns in der Nacht dem Lande näher brachte; mit eingezogenen Segeln erwarteten wir den Tag. Nachdem die Sonne den Nebel um neun Uhr verjagt hatte, zeigte sich das Land sehr deutlich, den Boudoir konnten wir aber nur vom Mastkorb aus sehen. Wir suchten die Insel vor den Wind zu bekommen. Sowie wir uns näherten, erblickten wir eine andere Küste noch weiter gegen Norden, konnten aber nicht unterscheiden, ob es eine andere Insel war, oder ob sie mit der ersteren zusammenhing. Diese Inseln nannten wir den Archipel de Bourbon.

In der Nacht vom dritten bis zum vierten April lavierten wir, um weiter gegen Norden zu kommen. Wir sahen mit Freuden allenthalben Feuer auf der Küste, als ein Zeichen, daß sie bewohnt war. Den vierten entdeckten wir mit Sonnenaufgang, daß die beiden Küsten, welche uns gestern getrennt schienen, durch eine niedrige und einwärts gebogene Küste zusammenhingen und eine Bay bildeten, deren Einfahrt gegen Nordosten lag. Wir fuhren mit vollen Segeln auf diese Bay zu und wurden eine Pirogge gewahr, die mit Segeln und Rudern der Küste zueilte. Sie vereinigte sich mit einer Menge anderer von allen Ecken der Insel, die uns entgegenkamen. Eine führte die andere gleichsam an, darin zwölf nackende Männer saßen, die uns Zweige von Bananenstauden anboten und durch ihre Gebärden zu verstehen gaben, daß es Zeichen des Friedens wären. Wir versicherten sie durch allerlei Zeichen gleichfalls unserer Freundschaft, darauf kamen sie an unser Schiff, und einer unter ihnen, der sich durch seine dicken und struppigen Haare, die wie eine Strahlenkrone aufwärts standen, auszeichnete, überreichte uns nebst dem Friedenszweig ein kleines Schwein und einige Bananen. Wir nahmen das Geschenk an, welches er an einen Strick band, den wir ihnen zuwarfen, und schickten ihnen dafür Mützen und Halstücher. Diese Geschenke waren das erste Unterpfand unsers Bündnisses mit diesem Volk.

In kurzer Zeit versammelten sich über hundert Piroggen von verschiedener Größe um unsere beiden Schiffe. Sie waren mit Kokosnüssen, Bananen und andern Früchten des Landes beladen, welches für uns große Leckerbissen waren. Wir tauschten sie gegen allerlei Kleinigkeiten aus. Der Handel wurde mit beiderseitigem Zutrauen geschlossen, aber keiner von den Insulanern wagte sich an Bord. Wir mußten in ihre Piroggen steigen oder ihnen von weitem zeigen, was wir vertauschen wollten. Wenn wir einig waren, so ließen wir einen Korb hinunter; bald gaben wir ihnen unsere Waren zuerst, bald erhielten wir ihre Früchte zuerst. Sie waren darin so treuherzig, daß wir uns daraus gute Vorstellungen von ihrem Charakter machten. Sie hatten auch gar keine Waffen in ihren Piroggen. Bei dieser ersten Zusammenkunft waren keine Frauen dabei. Die Piroggen blieben bis zum Anbruch der Nacht bei uns, als wir uns zur See wandten und sie ans Land fuhren.

Wir suchten in der Nacht Norden zu gewinnen, doch so, daß

wir uns nicht über ein paar Meilen von der Küste entfernten. Die ganze Küste war bis nach Mitternacht so wie in der vorigen Nacht mit kleinen, nicht weit voneinander entfernten Feuern erleuchtet. Es schien, als wenn diese Beleuchtung beabsichtigt wäre. Wir ließen, um ihnen gleichsam darauf zu antworten, einige Raketen in der Nacht aufsteigen.

Den fünften April brachten wir den ganzen Tag mit Lavieren zu und ließen unterdessen durch unsre Boote einen Ankerplatz suchen. Der Anblick der Küste, die sich wie ein Amphitheater erhebt, gab uns einen reizenden Prospekt. Obgleich die Berge sehr hoch sind, so entdeckt man doch nirgends nakkende Felsen, sondern alles ist mit Bäumen bedeckt. Mitten im südlichen Teil der Insel erhob sich eine sehr hohe freistehende Spitze, die aber bis oben hinauf mit Bäumen besetzt war, den andern an Höhe gleich. Sie schien unten kaum dreißig Klafter im Durchmesser zu haben, und allmählich nahm sie ab. Von weitem sah sie aus wie eine Pyramide von erstaunlicher Höhe, welche kunstvoll mit Kränzen geziert war. Das flache Land ist in Wiesen und kleine Wäldchen abgeteilt, und längs der ganzen Küste erstreckt sich am Fuße des in mehrerer Entfernung liegenden höhern Landes ein platter Landstrich, der überall angebaut ist. Hier sahen wir die Wohnungen der Insulaner unter Bananensträuchern und Kokosbäumen, die voll Früchte hingen.

Wie wir längs der Küste hinfuhren, zog eine prächtige Kaskade, welche ihr schäumendes Wasser in die See hinabstürzte, unsere Augen auf sich. Wir wünschten einstimmig, an diesem angenehmen Ort ankern zu können. Die Boote fanden aber nichts als steinigen Grund, folglich mußten wir uns entschließen, eine bessere Stelle zu suchen.

Mit Anbruch des folgenden Tages kamen die Piroggen wieder an Bord, und der ganze Tag wurde mit Tauschen zugebracht. Diesesmal machten wir einen neuen Handel, sie brachten nicht nur Obst wie gestern, sondern auch Hühner, Tauben, allerlei Werkzeuge zum Fischen, sonderbare Gerätschaften, Muscheln und dergleichen. Sie verlangten zum Tausch Eisen und Ohrringe. Der Handel geschah wie gestern in gegenseitigem Zutrauen. Heute kamen auch einige Frauen in den Piroggen mit, sie waren anmutig und meist nackend.

Ein Wilder kam an Bord der Etoile und blieb die Nacht da, ohne einige Bekümmernis blicken zu lassen.

Den sechsten April früh waren wir durch Lavieren an die nördliche Spitze der Insel gekommen. Hier sahen wir eine andere liegen; zwischen beiden zeigten sich verschiedene Bänke, welche die Durchfahrt verhinderten. Ich entschloß mich deswegen, wieder umzukehren und in der Bay, die wir zuerst entdeckt hatten, einen Ankerplatz zu suchen. Unsere Boote fuhren voraus und fanden längs der ganzen nördlichen Seite der Bay, eine Viertelmeile vom Ufer, eine Untiefe, die sich bei Ebbe zeigte. Inzwischen entdeckten sie eine halbe Meile von der nördlichen Spitze einen Einschnitt von zwei Kabeltauen breit, wo sich dreißig bis fünfunddreißig Faden Tiefe und dahinter eine Reede von neun bis dreißig Faden Tiefe fand. Zugleich hatte man verschiedene kleine Flüsse entdeckt, die zum Wassereinladen sehr bequem waren. Diese Nachricht bewog mich, diesen Ankerplatz zu wählen. Wir steuerten gerade darauf zu und nahmen, nachdem jedes Schiff den ersten Anker auf vierunddreißig Faden und auch den zweiten geworfen hatte, unsere Stangen und Segelstangen ein.

Je näher wir dem Land kamen, desto zahlreicher umgaben die Einwohner unsere Schiffe. Ihre Anzahl war so groß, daß wir viele Mühe hatten, unsere Schiffe zu befestigen. – Alle schrien Tayo, welches so viel heißt wie Freund, und gaben uns auf alle Arten ihre Freundschaft zu erkennen. Alle verlangten Nägel und Ohrringe. In den Piroggen fanden sich viele Frauen, die den Europäerinnen, was den schönen Wuchs betraf, den Vorzug streitig machen konnten, und auch im übrigen nicht häßlich waren. Die meisten dieser Nymphen waren nackend, weil die Männer und alten Weiber, die sich bei ihnen befanden, ihnen ihre Bedeckung, die sie sonst tragen, weggenommen hatten; sie machten allerlei freundliche Mienen gegen uns, beobachteten aber doch bei aller Naivität eine gewisse Art von Schamhaftigkeit, welche die Natur dem andern Geschlecht allenthalben eingeprägt hat, und vermöge deren sie das, was sie oft am meisten wünschen, auch in einem Land, wo die Freiheit des ersten Weltalters herrschte, zu verhehlen wußten. Die Männer handelten freier und unverstellter; sie suchten uns zu bewegen, eine Frau zu wählen und mit ihr an Land zu gehen, und gaben uns zu verstehen, auf welche Art wir uns mit ihnen beschäftigen sollten. Man kann sich vorstellen, wie schwer es hielt, vierhundert junge französische Seeleute, die in sechs Monaten keine Frauensperson gesehen hatten, zu bändigen. Aller Vorsicht ungeachtet kam ein Mädchen auf das Vordeck und stellte sich bei der Spille zum Ankertau, wo sie ihre Bedeckung fallen ließ und wie Venus dastand, als sie sich dem Phrygischen Hirten zeigte. Matrosen und Soldaten, alles lief zur Spille, und vielleicht ist niemals so fleißig an einem Ankertau gearbeitet worden.

Durch unsere Umsicht hielten wir dennoch das bezauberte Schiffsvolk im Zaum, obgleich wir nicht wenig mit uns selbst zu kämpfen hatten. Mein Koch war entwischt, kam aber bald mehr tot als lebendig wieder. Kaum war er mit seiner Schönen ans Land getreten, umgab ihn eine Menge Insulaner, zog ihn ganz nackend aus, betrachtete ihn von oben bis unten und erhob ein großes Geschrei. Er wußte nicht, was daraus werden sollte, und war vor Furcht ganz außer sich. Nachdem sie ihn genug betrachtet hatten, gaben sie ihm seine Kleider wieder, ließen seine Schöne zu ihm und drangen sehr eifrig in ihn, seinen Begierden mit ihr nachzuhängen. Er war aber dermaßen außer sich, daß sie ihn wieder an Bord schleppen mußten, und er versicherte mir, wenn ich auch noch so sehr auf ihn schmälte (ihn schimpflich behandle), so würde ich ihm doch nie eine solche Furcht einjagen, als er jetzt ausgestanden hätte.

Denis Diderot
Überwältigende Gastfreundschaft

Als die Tahitianer die Mannschaft Bougainvilles unter sich aufteilten, erhielt Oru den Schiffsgeistlichen.* Der Kaplan und Oru waren ungefähr gleichaltrig: fünfunddreißig oder sechsunddreißig Jahre. Oru hatte damals nur seine Frau und drei Töchter: Asto, Palli und Thia. Sie entkleideten den Geistlichen, wuschen ihm Gesicht, Hände und Füße und bereiteten ihm ein einfaches und bekömmliches Mahl.

Als er sich schlafen legen wollte, kam Oru, der sich mit seiner Familie zurückgezogen hatte, wieder zu ihm und bot ihm seine Frau und die drei Mädchen, völlig unbekleidet, mit den Worten dar: »Du hast zu Abend gegessen, du bist jung und fühlst dich wohl. Allein wirst du schlecht schlafen, der Mann braucht für die Nacht eine Gefährtin an seiner Seite. Hier ist meine Frau, da sind meine Töchter; suche aus, welche dir gefällt! Ich wäre dir allerdings sehr dankbar, wenn du meiner jüngsten Tochter, die noch keine Kinder gehabt hat, den Vorzug gäbest.« Die Mutter setzte hinzu: »Ach, ich habe keinen Grund, mich zu beklagen! Die arme Thia! An ihr liegt es nicht.«

Der Kaplan erwiderte, seine Religion, sein Stand, die guten Sitten und die Ehrbarkeit gestatteten ihm nicht, sein Angebot anzunehmen.

Oru aber entgegnete: »Ich weiß zwar nicht, was das für ein Ding ist, das du Religion nennst. Ich kann jedoch nur Schlechtes davon denken, da sie dich hindert, ein unschuldiges Vergnügen zu genießen, zu dem uns die Natur, die alleinige Herrin, alle einlädt: dem Vater, der Mutter und den Kindern eine Gefälligkeit zu erweisen, um die sie dich bitten, dich dem Gastgeber für einen guten Empfang erkenntlich zu zeigen und ein Volk zu bereichern, indem du es um einen Erdenbürger ver-

* Obwohl alles folgende keinen Anspruch erhebt, authentisch zu sein, ist es vielleicht trotzdem ganz interessant zu wissen, daß der Geistliche des Bougainvilleschen Schiffes »Boudeuse« sich Pater Lavaisse nannte und Franziskaner war.

mehrst! Zwar weiß ich nicht, was das für ein Ding ist, das du Stand nennst; deine vornehmste Pflicht aber ist doch, als Mann zu handeln und dankbar zu sein. Ich würde niemals von dir erwarten, daß du die Sitten Orus in deinem Lande einführst, wohl aber bittet dich Oru, dein Gastgeber und Freund, inständig, du mögest dich in die Sitten und Gebräuche Tahitis schikken. Sind diese Sitten denn besser oder schlechter als die euren? Die Frage ist leicht zu lösen: Gibt es in deinem Heimatland mehr Menschen als Nahrung für sie? In diesem Falle wären deine Sitten weder schlechter noch besser als die unseren. Könnte die Erde bei dir zu Hause noch mehr Menschen ernähren? Wenn ja, dann wären unsere Bräuche besser als die deinen. Was die Ehrbarkeit betrifft, die du mir entgegenhältst, so verstehe ich dich. Ich gebe zu, daß ich unrecht habe, und bitte dich dafür um Verzeihung. Ich verlange nicht, daß du deiner Gesundheit schadest: Wenn du müde bist, mußt du dich ausruhen. Ich hoffe jedoch, du wirst uns nicht auch weiterhin betrüben. Sieh dir an, welchen Kummer du über alle Gesichter hier verbreitet hast. Die Frauen befürchten, du könntest irgendwelche Makel an ihnen bemerkt haben und sie deshalb verschmähen. Aber selbst wenn dem so wäre, würde dir denn die Freude nicht genügen, einer meiner Töchter vor ihren Gefährtinnen und Schwestern die Ehre gegeben und ein gutes Werk getan zu haben? Sei edelmütig!«

Der Kaplan: »Das ist es ja gar nicht! Sie sind alle vier gleich schön. Aber meine Religion, mein Stand!«

Oru: »Sie gehören mir, und ich biete sie dir an. Sie können über sich selbst bestimmen und wollen sich dir hingeben. Was für eine Reinheit des Gewissens dir von den Dingen Religion und Stand auch vorgeschrieben ist, du darfst sie ohne Skrupel annehmen. Es ist kein Mißbrauch meiner Autorität, und du kannst sicher sein, ich kenne und achte eines jeden persönliche Rechte.«

An dieser Stelle gibt der aufrichtige Kaplan zu, daß ihn die Vorsehung noch nie einer so großen Versuchung ausgesetzt habe. Er war jung, erregt und voller Gewissensqualen. Er wandte seine Blicke von den reizenden Bittstellerinnen ab, schaute erneut hin und erhob Augen und Hände gen Himmel. Thia, die Jüngste, umfing seine Knie und sagte:

»Fremder, bereite meinem Vater, meiner Mutter und mir keinen Kummer! Gib mir die Ehre, in dieser Hütte und vor den Meinen! Verhilf mir zu dem Ansehen meiner Schwestern, damit sie sich nicht länger über mich lustig machen! Asto, die Älteste, hat schon drei Kinder, Palli, meine zweite Schwester, hat deren zwei, und Thia hat noch keine! Fremder, ehrenwerter Fremder, weise mich nicht ab! Mach mich zur Mutter, verhilf mir zu einem Kinde, damit ich es eines Tages in Tahiti neben mir an der Hand führen kann, damit man in neun Monaten sieht, wie ich ihm die Brust gebe! Ich werde stolz darauf sein, und es wird einen Teil meiner Mitgift bilden, wenn ich aus der Hütte meines Vaters in eine andere übersiedele. Vielleicht habe ich mit dir mehr Glück als mit den Jünglingen Tahitis. Wenn du mir diese Gunst gewährst, werde ich dich nie vergessen. Mein ganzes Leben lang will ich dich segnen. Ich will deinen Namen in meinen Arm ritzen und in den deines Sohnes. Immer wieder werden wir ihn mit Freuden aussprechen. Und wenn du dieses Gestade verlassen solltest, so werden dich meine segnenden Wünsche über die Meere begleiten, bis du wieder in deinem Lande angekommen bist.«

Der gute Kaplan erzählt weiter, sie habe ihm die Hände gedrückt, habe ihn mit ihren ausdrucksvollen und rührenden Augen angesehen, habe geweint. Vater, Mutter und Schwestern hätten sich entfernt, er sei mit ihr allein geblieben, und mit dem Ausruf »Aber meine Religion! Aber mein Stand . . .!« habe er sich am nächsten Morgen in den Armen dieses jungen Mädchens wiedergefunden, das ihn nun mit Zärtlichkeiten überhäufte und Vater, Mutter und Schwestern, als diese morgens an ihr Lager traten, aufforderte, ihm ebenfalls ihre Dankbarkeit zu bezeigen.

ALLEIN AUF DER INSEL

»Der Verfasser schien die Absicht gehabt zu haben, zu zeigen, wie mancherlei und wunderbare Zufälle einem Menschen begegnen könnten und wie ihm sein Fleiß und Geschicklichkeit zu helfen vermöchten, wenn er das Unglück hätte, daß er allein auf einer Insel leben müßte.
Und da ein zu unserer Zeit lebender englischer Bel Esprit namens Daniel Foe sonst gar artige Dinge geschrieben hat, sind einige bald auf ihn gefallen und wollen ihn für den wahren Autor dieses Buches halten.«

Vorrede des deutschen Verlegers von ›Robinson Crusoe‹, 6. Auflage 1721

Will und Robin, die Moskito-Indianer
Nach dem Tagebuch des Kapitäns William Dampier

Am 22. März 1684 bekamen wir die Insel Juan Fernandez zu Gesicht, und am Tage darauf fuhren wir hinan und warfen in einer Bucht im Süden Anker. Alsbald ließen wir unser Kanu zu Wasser und fuhren an Land, um unseren Moskito (Angehöriger eines karibischen Indianerstammes) zu suchen, den wir anno 1681 dort gelassen hatten, als wir durch die Spanier verjagt worden waren. Dieser Indianer war mehr als drei Jahre ganz allein auf der Insel gewesen, und obwohl die Spanier, welche wußten, daß wir ihn dort gelassen hatten, etliche Male nach ihm suchten, hatten sie ihn dennoch nicht finden können. Er war im Wald auf der Ziegenjagd gewesen, als damals Kapitän Watlin mit seinen Leuten wieder zu Schiffe gegangen war, und als er ans Ufer kam, waren die Schiffe schon unter Segel. Er hatte sein Rohr (Flinte) bei sich, ein Messer, ein kleines Pulverhorn mit Pulver und ein wenig Blei. Als er dieses verschossen hatte, erdachte er ein Mittel, mit seinem Messer den Büchsenlauf in kleine Stücke zu zersägen und Harpunen, Angeln, Spießeisen sowie ein langes Messer daraus zu machen. Mit seinem Flintenstein und einem Stückchen Eisen, das er von den Engländern hatte härten lassen, schlug er Feuer und machte damit die Eisenstücke glühend. Dann schlug er sie mit einem Stein und gab ihnen die Form, die er wollte. Danach zerschnitt er sie mit dem Messer, das er wie eine Säge zugerichtet hatte, schliff sie spitz und gab ihnen den nötigen Härtegrad. Dies wird jemandem, der nicht die Geschicklichkeit der Indianer kennt, wunderlich vorkommen, aber sie tun dies in ihrem Lande insgemein, wo sie ihre Gerätschaften zum Fischfang ohne Esse und Amboß verfertigen, was sie freilich viel Zeit kostet. Andere Indianer, die den Gebrauch des Eisens nicht kennen wie die Moskiten, die es von den Engländern gelernt haben, machen sich Äxte aus einem sehr harten Stein, womit sie auch Bäume abhauen können, aus denen sie hernach Häuser bauen oder Kanus machen. Die Indianer von Patagonien machen ihre Pfeilspitzen aus scharfgemachten oder gar aus ungeschliffenen Steinen; die habe ich gesehen und sehr bewundert.

Kommen wir jedoch wieder auf unseren Moskito von der Insel Juan Fernandez zu sprechen. Mit den auf die beschriebene Art gemachten Werkzeugen hatte er sich allerhand Lebensmittel, die auf der Insel zu finden sind, auch Ziegen und Fische, verschaffen können. Ehe er sich Angeln gemacht, sagte er, hätte er vom Seekalb essen müssen, welches eine gar schlechte Speise sei; später aber hätte er es nur gefangen, um aus dessen Haut Riemen zu schneiden und Angelschnüre zu machen. Eine halbe Meile von der See hatte er eine kleine Hütte, mit Ziegenfellen überzogen, und seine Bettstatt stand auf Pfosten zwei Fuß über dem Boden und war von ebensolchen Häuten bedeckt. Ein Kleid hatte er nicht, weil dasjenige, das er einmal von Kapitän Watlin bekommen, gänzlich abgenutzt war; so trug er um die Lenden bloß ein Stück einfaches Fell.

Unser Schiff hatte er bereits am Tage zuvor gesehen, noch ehe wir landeten, und weil er es mit Sicherheit für ein englisches hielt, hatte er am Morgen, bevor wir ankerten, drei Ziegen getötet und mit Kraut gekocht, um uns bei der Landung zu bewirten. Also kam er jetzt ans Ufer und bewillkommnete uns wegen unserer glücklichen Ankunft. Beim Aussteigen sprang unser indianischer Moskito, Robin genannt, als erster an Land, lief zu seinem Landsmann und warf sich der Länge nach zu seinen Füßen mit dem Angesicht auf die Erde nieder. Dieser hob Robin auf, umfing ihn und fiel seinerseits zu dessen Füßen auf sein Gesicht nieder und wurde von diesem wieder aufgehoben. Wir blieben stehen und sahen mit Lust, wie einer den anderen bei diesem Wiedersehen so hochvergnügte, liebreiche und freudenvolle Bezeigungen spüren ließ. Nachdem sie dies vollbracht hatten, gingen auch wir hinzu, um den Wiedergefundenen zu umfangen, der sehr erfreut war, seine alten Freunde wiederzusehen, die seiner Meinung nach gekommen waren, weil sie nach ihm suchten. Er hieß Will wie der andere Robin, welche Namen ihnen beiden die Engländer gegeben hatten, denn unter sich haben sie keine Namen und sehen es für eine große Gewogenheit an, wenn ihnen jemand von uns, solange sie bei uns sind, einen solchen gibt. Wenn man es nicht tut, beklagen sie sich und sagen, sie seien elende Leute, die keinen Namen hätten.

Der Ziegenmann
Bericht von Kapitän Woodes Rogers

2. Februar 1709. Wir verhielten am hinteren südlichen Teil der Insel (Juan Fernandez) und wollten einlaufen mit der ersten südlichen Brise – die dort, wie wir von Kapitän Dampier wußten, für gewöhnlich den ganzen Tag anhält. Gegen Mittag schickten wir unsere Jolle los, mit Kapitän Dover, Mr. Frye und sechs Leuten, alle bewaffnet. Als das Boot nicht zurückkehrte, schickten wir unsere Pinasse (Boot aus Fichtenholz) mit bewaffneter Besatzung hinterher; sie sollte den Verbleib der Jolle erkunden. Unsere Befürchtung war, die Spanier könnten dort ein Fort haben und hätten unsere Leute gefangengenommen. Für unser Boot setzten wir ein Signal.

Wenig später kehrte unsere Pinasse vom Land zurück. Sie führte eine Unmenge Krebse mit sich und dazu einen Mann, der in Ziegenfelle gekleidet war und wilder aussah als die, welche die Felle zuerst auf dem Leib hatten.

Vier Jahre und vier Monate hatte er auf dieser Insel zugebracht. Stradling, der Kapitän der »Cinq Ports«, hatte ihn dort ausgesetzt. Er war Schotte und hieß Alexander Selkirk, ehemals Schiffsmeister (Obermaat) auf der »Cinq Ports«, die zuletzt unter Kapitän Dampier in diesen Breiten gesegelt war. Der nun hatte mir erzählt, Selkirk sei sein bester Mann gewesen, und so war ich augenblicklich bereit, ihn als Maat an Bord zu nehmen.

Er war es gewesen, der letzte Nacht beim Anblick unserer Schiffe das Feuer entzündet hatte, weil er sie für englische hielt. Während seines Inselaufenthalts hatte er mehrfach Schiffe vorbeisegeln sehen, doch nur zwei waren vor Anker gegangen. Als er sie sich näher besah, stellte er fest, daß es Spanier waren. Er zog sich zurück, und sie jagten ihm einige Kugeln hinterher. Wären es Franzosen gewesen, er hätte sich ihnen ergeben. Lieber wollte er einem einsamen Tod auf der Insel entgegensehen, als in diesem Teil der Welt den Spaniern in die Hände fallen; weil er fürchtete, sie würden ihn totschlagen oder als Sklaven ins Bergwerk verschleppen; weil er fürchten mußte, sie würden keinem Fremden das Leben lassen, der in der Lage war, das Südmeer (den Zugang zur Karibischen See) zu entdecken.

Die Spanier waren gelandet, ehe er sie als solche erkannte, und sie rückten ihm so nahe, daß er alle Kräfte aufbieten mußte, um zu entkommen. Nicht nur, daß sie auf ihn schossen, sie verfolgten ihn auch bis tief in den Wald. Dort rettete er sich auf einen hohen Baum, an dessen Fuß die Spanier ihr Wasser abschlugen und ein paar Ziegen erlegten, dann jedoch wieder abzogen, ohne ihn zu entdecken.

Er erzählte uns, er sei in Largo, in der schottischen Grafschaft Fife, geboren und von Kind auf zur Seefahrt bestimmt gewesen. Der Grund, warum er auf der Insel zurückblieb, war eine Meinungsverschiedenheit zwischen ihm und dem Kapitän. Dazu kam, daß sich die Schiffe in sehr schlechtem Zustand befanden, und so wollte er lieber hier bleiben als mit dem Kapitän weitersegeln; als er sich schließlich doch dazu bereit fand, nahm ihn der Kapitän nicht wieder an Bord.

Schon einmal war er auf der Insel gewesen, um Holz und Wasser zu holen; damals waren zwei Mann der Besatzung dort für sechs Monate zurückgelassen worden, ehe das Schiff, das gerade von zwei Schiffen der französischen Südmeerflotte gejagt wurde, zur Insel zurückkehren konnte.

Kleidung und Bettzeug hatte er bei sich, dazu eine Steinschloßflinte, ein wenig Pulver, Kugeln, Tabak, ein Beil, ein Messer, einen Kessel, eine Bibel, einige andere nützliche Dinge, seine nautischen Instrumente und Bücher. Für seinen Unterhalt und für seine Zerstreuung sorgte er so gut er konnte, doch hatte er während der ersten acht Monate sehr damit zu tun, sich der Melancholie zu erwehren – und des Schreckens, sich ganz allein an einem so gottverlassenen Ort wiederzufinden.

Aus Piemento-Bäumen baute er zwei Hütten, deckte sie mit langen Gräsern und bespannte die Wände mit den Fellen von Ziegen, die er, solange sein Pulvervorrat – gerade mal ein Pfund – reichte, mit seiner Flinte nach Belieben erlegen konnte. Als dieser Vorrat zur Neige ging, schlug er Funken, indem er zwei Piemento-Hölzer auf seinen Knien gegeneinanderrieb. Die kleinere Hütte, sie lag ein Stück von der anderen entfernt, nutzte er als Vorratskammer, die größere diente ihm zum Schlafen, Lesen, Psalmensingen und zum Gebet. Und so kam es, wie er sagte, daß er in dieser Einsamkeit ein besserer Christ wurde als er je gewesen und, so fürchtete er, je wieder sein würde. Zu Anfang aß er überhaupt nicht, es sei denn, der Hunger trieb ihn dazu; zum einen aus Kummer, zum anderen, weil ihm Brot und Salz fehlten. Schlafen legte er sich erst, wenn er sich nicht mehr aufrechthalten konnte. Das Piemento-Holz, das sehr hell brennt, diente ihm als Feuer und als Kerze, und es erfrischte ihn durch seinen Wohlgeruch.

Fische hätte es durchaus reichlich gegeben, doch konnte er sie ohne Salz nicht essen, weil sie seine Verdauung zu sehr anregten. Anders verhielt es sich mit den Krebsen, die dort so groß werden wie bei uns die Hummer und sehr wohlschmekkend sind. Diese kochte er zuweilen, oder er briet sie sich, wie er es auch mit dem Ziegenfleisch tat, aus dem sich überdies eine vorzügliche Brühe bereiten ließ, weil diese Ziegen nicht so streng riechen wie die unseren. Seinen Aufzeichnungen nach erlegte er während dieser Zeit fünfhundert Ziegen, noch einmal so viele fing er ein, kennzeichnete sie an einem Ohr und ließ sie wieder laufen. Als ihm das Pulver ausging, bezwang er sie durch bloße Schnelligkeit, denn seine Lebensweise und sein beständiges Gehen und Laufen hatte alle dickflüssigen Säfte aus seinem Körper vertrieben, so daß er mit einer wundersamen Behendigkeit durch die Wälder lief, die Felsen und die Hügel hinauf, wie wir es selbst beobachten konnten, als wir ihm den Auftrag gaben, einige Ziegen für uns zu fangen. Wir hatten eine Bulldogge, die wir ihm samt einigen unserer schnellsten Läufer auf die Ziegenjagd mitgaben. Doch er ließ Hund und Männer weit abgeschlagen hinter sich. Er fing die Ziegen, lud sie sich auf die Schultern und brachte sie zum Schiff.

Er erzählte uns, wie ihn seine Schnelligkeit einmal, als er einer Ziege nachjagte, fast das Leben gekostet hätte. Er verfolgte sie sehr zielstrebig, bekam sie dann genau über einem Abgrund zu fassen, den er aber zu spät erkannte, weil Büsche ihm die Sicht verdeckt hatten, und so stürzte er mitsamt der Ziege aus beträchtlicher Höhe in eine Schlucht. Ganz zerschunden und zerschlagen kam er gerade noch mit dem Leben davon, und als er wieder zur Besinnung kam, fand er die Ziege tot unter sich. An die vierundzwanzig Stunden lag er so, und mit Müh und Not gelang es ihm, den Weg zu seiner

Hütte – etwa eine Meile – auf allen Vieren zurückzulegen. Zehn Tage lang konnte er seine Behausung nicht verlassen.

Schließlich war er soweit, daß er sein Essen auch ohne Salz und Brot genoß, auch konnte er eine Menge guter Steckrüben ernten, die Kapitän Dampiers Leute dort ausgesät hatten und die mittlerweile einige Morgen Land bedecken. Palmkohl hatte er zur Genüge, und seine Mahlzeiten würzte er mit den Früchten des Piemento-Baumes, die wie Jamaika-Pfeffer schmecken und sehr wohlriechend sind. Auch entdeckte er dort noch eine Art schwarzen Pfeffer, den Malagita-Pfeffer, der die Winde austrieb und gut gegen Bauchschmerzen half. Seine Kleidung und sein Schuhwerk waren bald verschlissen, und als er schließlich ohne das auskommen mußte, wurden seine Fußsohlen so hart und unempfindlich, daß er ohne alle Beschwerden laufen konnte, wo und wie er wollte. Selbst nachdem wir ihn gefunden hatten, dauerte es noch eine ganze Weile, ehe er wieder Schuhe tragen konnte; so lange war er davon entwöhnt, daß ihm die Füße anschwollen, wenn er sie wieder in Schuhe stecken wollte.

Die Ratten nagten, während er schlief, an seinen Beinen und Kleidern, so daß er sich genötigt sah, die Katzen mit Ziegenfleisch zu traktieren. Das ließ viele von ihnen derart zahm werden, daß sie ihn zu Hunderten umlagerten und ihn bald von allen Ratten befreiten. Desgleichen zähmte er einige Zicklein, und hin und wieder vergnügte er sich mit ihnen und seinen Katzen, tanzte mit ihnen und sang Lieder dazu. Und so kam es schließlich, daß er durch eine gütige Vorsehung und die Kraft seiner Jugend – er war nicht älter als 30 Jahre – die ganze Mühsal seiner Einsamkeit überwand und guten Mutes war.

Als seine Kleider abgetragen waren, nähte er sich einen Rock und eine Kappe aus Ziegenhäuten; als Faden dienten ihm schmale Riemen, die er mit seinem Messer aus den Häuten schnitt. Als Nadel hatte er nichts als einen Nagel. Als auch sein Messer bis auf den Rücken abgenutzt war, machte er sich, so gut er konnte, neue: am Ufer waren einige eiserne Ringe zurückgelassen worden, die klopfte er so dünn es ging und wetzte sie an den Steinen. Er hatte noch ein Stück Leinen bei sich, und so schneiderte er sich mit Hilfe eines Nagels Hemden und nähte sie mit wollenen Fäden zusammen, die er sich zu diesem

Zweck aus seinen alten Strümpfen zog. Als wir ihn fanden, trug er sein letztes Hemd auf dem Leib.

Als er zu uns an Bord kam, hatte er von seiner Sprache, die er so lange nicht gebraucht hatte, so vieles vergessen, daß wir ihn kaum verstehen konnten; die Worte schien er nur zur Hälfte auszusprechen. Wir boten ihm einen Schluck aus der Flasche an, doch rührte er den Branntwein nicht an, da er Zeit seines Aufenthalts nichts als Wasser getrunken hatte. Und es dauerte auch eine ganze Weile, bis er unser Essen zu sich nehmen konnte.

Von anderen als den schon erwähnten Erzeugnissen der Insel wußte er nichts zu berichten, mit Ausnahme von kleinen schwarzen Pflaumen, die sehr gut schmecken, an die man aber schwer herankommt, weil die Bäume, auf denen sie wachsen, nur auf hohen Bergen und Felskuppen gedeihen. Piemento-Bäume gibt es dagegen in großer Zahl, und wir sahen einige, die 60 Fuß hoch und zwei Yards dick waren; auch sahen wir Baumwollbäume, die noch höher wuchsen und an die vier Faden Umfang hatten. Das Klima ist so mild, daß Bäume und Gräser das ganze Jahr über grünen. Der Winter dauert nicht länger als den Juni/Juli über, und auch dann ist er nicht sonderlich streng; es gibt nur leichten Frost, kleinere Hagelschauer, manchmal allerdings heftige Regengüsse. Die Sommerhitze ist ebenfalls mäßig, Gewitter oder sonstige stürmische Wetter treten selten auf. Er sah auch keinerlei giftiges oder gefährliches Getier auf der Insel, und bis auf die erwähnten Ziegen sonst kein Wild. Die ersten hatte Juan Fernando dort ausgesetzt, damit sie sich vermehren sollten. Der Spanier hatte sich eine Zeitlang mit ein paar Familien hier niedergelassen. Als aber das Land Chili (Chile) sich den Spaniern unterwarf, erschien ihm dies aussichtsreicher, und so verließen sie die Insel, die durchaus geeignet ist, eine große Zahl von Menschen aufzunehmen, und die so gut befestigt werden kann, daß ihre Bewohner nicht so leicht zu vertreiben sind.

Ringrose erwähnt in seinem Bericht über die Reise Kapitän Sharps und andere Seeräubereien, daß sich einer der Leute von einem Schiff, das später mitsamt der Besatzung unterging, auf diese Insel gerettet hatte, und daß er fünf Jahre lang in dieser Einsamkeit lebte, bis ein anderes Schiff ihn aufnahm und von hier fortbrachte. Kapitän Dampier berichtet von einem Moskito-Indianer aus dem Gefolge von Kapitän Watlin, der sich noch auf der Jagd im Walde befand, als der Kapitän die Insel verließ. Fünf Jahre lebte er alleine dort und behalf sich ganz ähnlich wie Mr. Selkirk, bis Kapitän Dampier im Jahre 1684 die Insel anlief und ihn mit sich nahm. Als erster ging damals einer seiner Stammesbrüder an Land und ihre Begrüßung bestand darin, daß sie sich zunächst beiderseits auf den Boden warfen und sich dann umarmten. Was immer auch an diesen Geschichten Wahres sein mag, für die Geschichte von Mr. Selkirk kann ich mich verbürgen. Auch gibt mir sein Betragen nach der Rettung Anlaß, seinen Ausführungen darüber, auf welche Weise er diese Zeit zugebracht, Glauben zu schenken, und wie er ein Elend gemeistert hatte, in dem nichts als die göttliche Vorsehung ihm hätte zu Hilfe kommen können.

Daraus läßt sich ersehen, daß die Einsamkeit und der Rückzug aus der Welt keineswegs ein derart unerträglicher Zustand ist, wie man sich dies gemeinhin vorstellt; vor allem dann nicht, wenn einer unausweichlich dazu bestimmt ist und dem ausgesetzt ist wie dieser Mann – der aller Wahrscheinlichkeit nach sonst der See zum Opfer gefallen wäre, da das Schiff, das ihn ausgesetzt hatte, bald darauf sank und kaum einer der Besatzung überlebte. Diese Geschichte läßt uns die Wahrheit der Maxime erkennen, daß Not erfinderisch macht. Er (Mr. Selkirk) fand einen Weg, seine Bedürfnisse auf ganz natürliche Weise zu stillen und sich so das Leben zu erhalten, wenn auch nicht so bequem, doch ebenso wirksam wie wir es mit Hilfe all der Errungenschaften unserer Gesellschaft vermögen. Auch können wir daraus lernen, wie sehr eine einfache und gemäßigte Lebensweise der körperlichen Gesundheit wie der geistigen Beweglichkeit zuträglich ist; beides gefährden wir durch Exzeß und Überfluß, besonders beim Branntwein, und ebenso durch die Art und Mannigfaltigkeit unserer Speisen und Getränke. Als dieser Mann nämlich unsere übliche Essens- und Lebensweise wieder aufnahm, büßte er, obwohl alles andere als ein Trinker, ein gut Teil seiner Kraft und Beweglichkeit ein.

Doch sollte ich solcher Art Erwägungen besser unterlassen, weil sie sich eher für einen Philosophen oder Geistlichen schikken, und zu meinem eigenen Metier zurückkehren.

Wie ich Freitag, meinen Wilden, als Knecht gewann.

Ich merkte, daß die zwei Verfolger gut zweimal so lange mit dem Schwimmen zubrachten wie der vor ihnen Flüchtende. Jetzt fiel mir recht eifrig und ernstlich ein, nun sei die Zeit da, einen Knecht und vielleicht sogar einen Kameraden und Gehilfen zu erwerben; und ich sei vom Himmel selbst berufen, das Leben dieses armen Menschen zu retten. Sogleich stieg ich in größter Eile die Leiter herunter, nahm meine beiden Rohre (Flinten), die unten angelehnt waren, stieg sodann mit der gleichen Geschwindigkeit wieder auf den Hügel hinauf, lief direkt aufs Meer zu und kam, weil der Weg nur kurz und es immerzu bergab ging, zwischen die Verfolger und den Verfolgten. Letzteren rief ich laut an. Der sah auch zurück, erschrak aber anfangs ebenso heftig vor mir wie vor den anderen. Doch winkte ich ihm mit der Hand, er möge nur zurückkommen, rückte nun gegen seine beiden Verfolger an, fuhr auf den vordersten zu und schlug ihn mit dem Flintenschaft zu Boden; schießen wollte ich nicht gern, damit die übrigen es nicht hörten – wiewohl auf eine solche Entfernung nicht leicht etwas zu hören war und sie, da sie auch den Rauch nicht sehen konnten, nicht so leicht gewußt hätten, was sie dem entnehmen sollten.

Als dieser erste zu Boden geschlagen war, blieb der andere Verfolger wie erschreckt stehen, und ich ging rasch auf ihn zu. Doch wie ich näher kam, merkte ich, er hatte Bogen und Pfeil und wollte auf mich abdrücken. So mußte ich ihm zuvorkommen und traf ihn auch: Er war auf der Stelle tot.

Der arme Flüchtling war, obgleich er seine beiden Feinde fallen sah und für tot halten mußte, dermaßen erschrocken über das Feuer und den Knall meines Rohres, daß er stockstill stand. Er tat weder vor noch hinter sich einen Schritt, und doch konnte man ihm anmerken, er habe mehr Lust zu fliehen als herzukommen. Ich rief noch einmal überlaut und winkte ihm, er möge doch näherkommen. Dies verstand er nun leicht, er lief auf mich zu, hielt dann aber wieder inne; dann wieder weiter, und blieb wieder stehen. Da konnte ich merken, daß er vor Angst bebte, als sei er gefangen und werde wie seine zwei Feinde jetzt den Rest bekommen. Ich winkte ihm abermals mit Kopf und Händen, er möge doch näher hertreten und gab ihm alle erdenklichen freundlichen Zeichen. Er kam auch wirklich näher und näher, kniete aber alle zehn oder zwölf Schritte nieder zum Zeichen der Dankbarkeit, daß ich ihm sein Leben gerettet hatte. Ich blickte freundlich zu ihm hin und winkte ihm, noch näher zu kommen. Endlich trat er ganz dicht an mich heran, kniete wieder, küßte den Boden, legte sich bäuchlings hin und setzte meinen Fuß auf seinen Kopf – vermutlich statt eines Eides, lebenslang mein Sklave zu bleiben. Ich hob ihn auf, erzeigte mich gegen ihn freundlich und machte ihm Mut, so gut ich nur konnte.

Allein da war noch mehr zu tun. Denn ich merkte, daß der Wilde, den ich anfangs zu Boden geschlagen hatte, nicht tot war, sondern seine Wunden betrachtete und sich zu erholen schien. Also wies ich mit der Hand auf den Wilden, daß der meinige sehen sollte, er sei noch nicht tot. Hierauf sprach er einige Worte zu mir, und obgleich ich's nicht verstehen konnte, klangen sie für mich doch angenehm, weil dies der erste Laut einer Menschenstimme war, die ich, die meinige ausgenommen, in mehr als fünfundzwanzig Jahren gehört hatte.

Allein, hier und jetzt war keine Zeit zu solchen Reflexionen. Denn der zu Boden geschlagene Wilde erholte sich soweit, daß er aufgerichtet saß, und ich merkte an dem meinigen, daß ihm bange wurde. Doch als ich das sah, richtete ich das Rohr auf ihn, als ob ich ihn wie den anderen erschießen wollte. Hier gab mir *mein* Wilder, denn so nenne ich ihn fürderhin, durch Gebärden zu verstehen, ich möchte ihm doch mein Schwert leihen, das blank an meiner Seite hing. Kaum hatte er's in Händen, rannte er hin zu seinem Feind und hieb ihm mit einem Streich den Kopf so glatt ab, daß kein Scharfrichter von Nürnberg es geschwinder und besser hätte tun können. Dies kam mir sehr seltsam vor bei einem Menschen, von dem ich zu glauben Ursache hatte, sein Lebtag habe er noch nicht ein Schwert gesehen außer ihren eigenen aus Holz. Doch wurde mir später erzählt, sie machten ihre hölzernen Schwerter scharf und schwer, und aus dermaßen hartem Holz, daß sie einen

Schädel oder eine Schulter damit abzuhauen imstande wären – noch dazu auf einen Streich.

Als er dies nun getan, kam er zum Zeichen des Sieges lachend zu mir zurück und legte mit vielen mir unverständlichen Gebärden das Schwert samt dem Kopf des hingerichteten Wilden genau vor meine Füße.

Aber was ihn vor allem erstaunte und was er gar nicht begreifen konnte, wie ich den anderen Indianer, der doch so weit von mir entfernt war, hatte umbringen können; er zeigte mit der Hand auf ihn und bat mit seinem Mienenspiel um Erlaubnis, zu ihm zu gehen, was ich ihn, so gut ich konnte, zu tun hieß. Als er zu ihm hinkam, blieb er erschrocken stehen, sah ihn an, drehte ihn zunächst auf die eine Seite, dann auf die andere und besichtigte die Wunde, die die Kugel gemacht: ein Loch, anscheinend mitten in der Brust, aus dem nach außen nur wenig Blut floß, inwendig aber wohl um so mehr, denn er war gleich mausetot gewesen. Darauf nahm mein Wilder seinen Bogen und die Pfeile auf und kam zu mir zurück; ich wandte mich zum Gehen und bedeutete ihm, mir zu folgen, ihm mit Zeichen zu verstehen gebend, es könnten ihrer mehrere nachkommen.

Darauf gab er zu erkennen, er wolle die beiden im Sand vergraben, damit sie von den anderen, falls sie nachkommen sollten, nicht gesehen würden. Als ich ihm dies durch Gebärden erlaubte, stürzte er sich in die Arbeit, hatte im Nu mit bloßen Händen eine Grube ausgehoben, passend für den ersten; er schleppte ihn hinein, deckte sie zu und tat mit dem anderen das gleiche. Mit beiden war er schätzungsweise in einer Viertelstunde fertig. Jetzt rief ich ihn ab und nahm ihn mit mir, aber nicht in mein Kastell, sondern weit weg zu meinem Keller am jenseitigen Ende der Insel. Hier gab ich ihm Brot und ein Büschel gedörrter Trauben nebst einem Trunk Wasser, den er nach seinem schnellen Lauf gewiß dringend benötigte. Als er sich soweit erholt hatte, winkte ich ihm, er möge sich hinlegen und schlafen. Da war ein Platz, wo ich einen Haufen Reisstroh aufgeschüttet und eine Bettdecke, die ich sonst selber benutzte, dazugelegt hatte. Hier legte sich der arme Schelm hin und fiel in Schlaf.

Er war ein artiger Bursche, hübsch und gut gewachsen, mit

langen, ebenmäßigen Gliedern, nicht zu groß, eher schlank und wohlproportioniert; meines Erachtens war er etwa 26 Jahre alt. In seinem Wesen lag nichts Grausames oder Trotziges, wohl etwas sehr Männliches; in Anmut und Lieblichkeit der Gebärden stand er einem Europäer, besonders wenn er lächelte, in nichts nach. Sein Haar war schwarz und lang, nicht kraus und wollig, seine Stirn hoch und breit, und die Augen verrieten große Lebhaftigkeit und funkelnde Schärfe. Die Farbe seiner Haut war nicht kohlschwarz, sondern eher schwarzbraun und nicht von jenem ekelhaften Gelbschwarz der Brasilianer, Virginier und anderer geborener Amerikaner – vielmehr von einer Art glänzendem dunklen Oliv, das etwas sehr Anmutiges an sich hatte, sich aber nicht so leicht beschreiben läßt. Das Gesicht war rund und fleischig, die Nase zwar klein, aber nicht flach wie bei den Negros. Er hatte einen hübschen Mund, schmale Lippen und Zähne, die ebenmäßig und so weiß wie Elfenbein waren.

Nachdem er etwa eine halbe Stunde mehr geschlummert als geschlafen haben mochte, wachte er auf und kam aus dem Keller zu mir heraus. Ich hatte derweil in dem Pferch nebenan meine Ziegen gemolken und war eben damit fertig. Als er mich erblickte, sprang er zu mir her und warf sich erneut zu Boden, mit allen erdenklichen Zeichen der Demut und Dankbarkeit, wie er durch allerhand seltsame Gebärden zu erkennen gab. Dann legte er den Kopf platt auf die Erde, direkt neben meinen einen Fuß, und setzte den anderen auf seinen Kopf, so wie er es das erste Mal gemacht hatte; darauf bezeigte er mir auf jede erdenkliche Art seine völlige Unterwerfung, Dienstbarkeit und Ehrerbietung, woraus ich entnehmen sollte, daß er mir zeit seines Lebens zu dienen bereit sei.

Ich verstand ihn in vielen Dingen und ließ ihn auch merken, daß ich mit ihm ganz zufrieden sei. Binnen kurzer Zeit fing ich an, mit ihm zu sprechen und ihn mit mir sprechen zu lehren. Zunächst gab ich ihm zu verstehen, er solle *Freitag* heißen, weil ich ihm an einem solchen Tag das Leben gerettet und mich allzeit gern an diese Zeit erinnern wollte; zu mir aber sollte er *Herr* sagen. Ich lehrte ihn auch die Beiwörter *Ja* und *Nein,* und den Verstand davon. Ich gab ihm ein wenig Milch in einen irdenen Topf, trank vor seinen Augen davon, tunkte mein

Brot ein und reichte ihm ein Stück, um ein Gleiches zu tun. Dies begriff er geschwind und machte mir Zeichen, es schmekke ihm recht gut.

Ich blieb die ganze Nacht mit ihm hier. Sobald es aber tagte, hieß ich ihn mit mir gehen und gab ihm zu verstehen, daß ich ihm Kleider geben wollte, worüber er sehr erfreut schien, denn er war splitternackt. Als wir zu der Stelle kamen, wo er die zwei Körper eingescharrt hatte, zeigte er mir die Zeichen, die er gemacht, um sie wiederfinden zu können. Er ließ sich auch anmerken, daß er Lust hätte, sie wieder auszugraben und aufzuessen. Hierüber zeigte ich mich sehr unwillig und drückte ihm gegenüber meinen Abscheu aus, tat so, als ob ich schon bei dem bloßen Gedanken mich erbrechen müßte, und winkte ihm mit der Hand, sich wegzuscheren – was er auch demutsvoll tat.

Als nächstes führte ich ihn hinauf auf den Hügel, um zu sehen, ob seine Feinde fort wären; ich zog mein Fernglas heraus und sah ganz deutlich den Platz, wo sie gewesen, aber keine Spur von ihnen oder ihren Kanus. Allem Anschein nach waren sie weggefahren und hatten ihre beiden Kameraden im Stich gelassen, ohne weiter nach ihnen zu suchen.

Damit gab ich mich noch nicht zufrieden, denn jetzt hatte ich mehr Mut, folglich auch mehr Neugier. Ich nahm also meinen Freitag mit mir, gab ihm das Schwert in die Hand – zu seinem Bogen und Pfeil, mit denen er, wie ich merkte, gut umzugehen wußte – und überdies ein Rohr (eine Flinte) auf die Achseln. Die anderen zwei trug ich, und so marschierten wir auf den Ort zu, wo diese Unmenschen so barbarisch gehaust hatten: denn jetzt wollte ich gründlich Bescheid wissen.

Als wir uns dem Platz näherten, erstarrte mir gleichsam das Blut in den Adern, und vor dem entsetzlichen Greuel wollte mir das Herz im Leibe brechen. Zumindest für mich war es ein abscheulicher Anblick, aber Freitag machte sich nichts daraus. Überall lagen Menschenknochen herum, die Erde war von ihrem Blut gefärbt; große Fleischfetzen lagen hier und da, halb schon verzehrt, zerrissen und geschunden. Mit einem Wort, alles deutete auf eine Siegesmahlzeit, die sie nach Überwindung ihrer Feinde hier veranstaltet hatten. Ich sah drei Hirnschädel, fünf Hände und etliche Hüft- und Schienbeine und dazu viele andere Gliedmaßen. Freitag gab mir durch Zeichen zu verstehen, sie hätten vier Gefangene zur Mahlzeit mit hergebracht. Drei davon wären verspeist, und der vierte – auf sich zeigend – habe er sein sollen. Zwischen ihnen und dem Nachbarkönig, zu dessen Untertanen auch er gehört habe, wäre eine große Schlacht geschlagen worden. Man hätte eine große Anzahl Gefangene gemacht, die von ihren jeweiligen Überwindern an verschiedene Plätze gebracht worden seien, um eine Mahlzeit davon zu halten – eben so, wie die Hiergewesenen mit den hierher Gebrachten umgesprungen seien.

Ich hieß Freitag, alle Hirnschalen, Knochen, Fleisch und sonstige Reste zu sammeln und auf einen Haufen zu legen, ein großes Feuer darunter zu machen und alles zu Asche zu verbrennen. Ich merkte, daß sich sein Magen noch immerzu nach Menschenfleisch sehnte und daß er seiner Natur nach wie zuvor Kannibale war. Allein, ich bezeugte bei dem bloßen Gedanken daran und dem geringsten Anschein davon ein solches Grauen, daß er sich unterstand, seinen Wunsch zu äußern. Ich hatte ihn schon merken lassen, ich würde ihn über den Haufen schießen, wenn er's täte.

Nach verrichteter Arbeit kehrten wir heim in unser Kastell, und nun begann ich, meinen Wilden zu versorgen. Erst gab ich ihm eine leinene Hose aus der Kiste des armen Stückmeisters, die ihm nach einer kleinen Änderung ganz gut stand. Dann nähte ich ihm, so gut ich konnte, ein Wams von Bocksleder und verehrte ihm eine Hasenfellmütze, welche sehr bequem und beinah schick war. Auf diese Weise war er für den Anfang passabel gekleidet und konnte sich was darauf einbilden, daß er es meist so gut hatte wie sein Herr selbst. Wahr ist's, daß er sich anfangs etwas possierlich darin bewegte, weil ihm das Hosentragen etwas sehr Ungewohntes war und die Wamsärmel an den Achseln und unterm Arm spannten. Doch als ich ihm an der Stelle, über die er am meisten klagte, ein wenig nachgeholfen und er sich auch allmählich daran gewöhnt hatte, zog er sie endlich ganz gerne an.

AMAZONIEN UND ELDORADO

»Nach den Besonderheiten seines Landes befragt, sagte der Indio: Ein Herrscher jenes Landes fahre mit einem Floß auf eine von Bergen umgebene Lagune hinaus. Sein Körper sei ganz nackt (denn er entkleide sich zu diesem Anlaß), mit harzigem Öl gesalbt und darüber mit Goldstaub bestreut, wodurch er sehr glänzte.
Belalcázar und seine Soldaten wußten für diese Provinz keinen besseren Namen als El Dorado. Er rührt vom goldbedeckten Mann her, der auf die Lagune hinausfährt, um Opfer darzubringen.«

Fray Pedro Simón
Noticias de las Conquistas de Tierra Firme en las Indios Occidentales (1536)

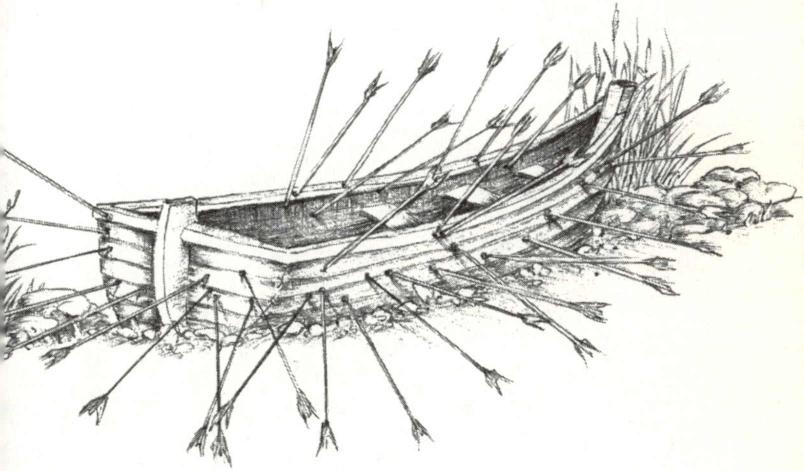

Walter Raleigh
Bei den Wasserfällen des Rio Caroni

Am nächsten Morgen brachen wir vom Hafen auf und fuhren stromaufwärts nach Westen, um uns den berühmten Fluß namens Caroni anzuschauen, nicht nur, weil er selbst erstaunlich ist, sondern weil ich wußte, daß er zu den stärksten Feinden der Epuremei führt, den Untertanen des Inka, des Herrschers von Guyana und Manoa. Nachts lagen wir an einer anderen Insel namens Caiama vor Anker, die etwa fünf bis sechs Meilen lang war, und am nächsten Tag erreichten wir die Einmündung des Caroni.

Als wir noch weit davon entfernt waren, hörten wir schon das Tosen und Brausen des Flusses. Aber als wir nun mit unserer Barkasse und den Jollen in ihn einfuhren und 40 Meilen stromaufwärts zu den Stämmen der Cassipagotos gekommen zu sein glaubten, waren wir mit unserer Barkasse mit acht Ruderern nicht imstande, in einer Stunde auch nur einen Steinwurf weiter zu kommen. Dabei ist der Fluß so breit wie die Themse bei Woolwich, und wir versuchten es auf beiden Seiten in Ufernähe, in der Mitte und an allen anderen erdenklichen Stellen des Stroms.

So schlugen wir unser Lager am nächsten Ufer auf und schickten unseren Orenoquepone aus, der von Morequito gekommen war, um den Stämmen Kunde von unserer Anwesenheit zu bringen und auszurichten, daß wir die Leute von Canuri sprechen wollten, die in der Provinz an diesem Fluß wohnten. Er sollte ihnen sagen, daß wir die Feinde der Spanier seien, denn dies war der Fluß, an dem Morequito den Mönch und jene neun Spanier, die aus der Inkastadt Manoa kamen, erschlagen und ihnen 40000 Goldpesos abgenommen hatte.

Am nächsten Tag kam also ein Häuptling oder Kazike namens Wanuretona mit vielen Leuten den Fluß herunter und brachte alle möglichen Vorräte für uns mit, wie es die anderen getan hatten. Und wie ich vorher mein Kommen dem Topiawari erklärt hatte, so hielt ich es auch mit diesem Kaziken und sagte ihm, daß Eure Majestät mich ausgeschickt hätten. Ich brachte auch von ihm soviel wie möglich über Guyana in Erfahrung und fand heraus, daß die Anwohner des Caroni die Feinde nicht nur der Spanier, sondern noch mehr die der Epuremei waren, die von Gold nur so strotzten. Von diesem Wanuretona erfuhr ich auch, daß an den Quellen dieses Flusses drei mächtige Stämme an einem großen See wohnten, aus dem dieser Fluß entsprang; sie hießen Cassipagotos, Eparagotos und Arawagotos, und sie würden sich alle beteiligen, wenn wir gegen die Spanier oder die Epuremei zu Felde zögen. Bei unserem Einmarsch in das Land jenseits der Berge von Curaa könnten wir unser Begehr nach Gold und allen anderen guten Dingen befriedigen. Er erzählte uns auch von dem Stamm der Iwarawaqueri, die täglich mit den Epuremei kämpften; diese wohnten in Macureguarai, der ersten Siedlung von Untertanen des Inka von Guyana.

An diesem Fluß, so berichtete mir ein gewisser Kapitän George, den ich mit Berreo gefangen hatte, lag ein großes Silberbergwerk, und zwar unweit des Ufers. Um diese Zeit waren der Orinoco, der Caroni und auch alle anderen Flüsse um vier oder fünf Fuß gestiegen, und es war unmöglich, mit Menschenkräften oder überhaupt einem Boot stromaufwärts zu rudern. Deshalb befahl ich den Kapitänen Thyn und Grenville und anderen sowie etwa 30 Schützen, den Fluß am Ufer entlang zu ziehen, um eine Stadt jenseits des Tales namens Amnatapoi, etwa 20 Meilen weiter, zu erreichen. Wenn sie dort Führer fänden, sollten sie weiter zu Fuß des Berges und in eine andere große Siedlung namens Capurepana marschieren, die einem Kaziken namens Haharacoa gehörte, der ein Neffe unseres besten Freundes, des alten Königs Topiawari von Aromaia, war: Denn dieser Ort und die Provinz von Capurepana waren der Grenzstadt des Reiches, Macureguarai, benachbart.

Inzwischen marschierte ich mit den Kapitänen Gifford, Calfield und Hancock sowie einem Halbdutzend Schützen über Land, um die eigenartigen Wasserfälle des Caroni zu besichtigen, die in der Entfernung rauschten. Auch die angrenzenden Ebenen und die übrige Provinz Canuri wollten wir sehen. Ich sandte auch die Kapitäne Whiddon und Connocke mit acht Schützen aus, um zu versuchen, Erzproben am Flußufer zu finden.

Als wir die ersten Hügel vor den Ebenen am Fluß erklommen hatten, sahen wir den großartigen Wasserfall, der den Caroni hinunterstürzte. Von dieser Höhe aus konnten wir sehen, wie der Fluß in über 20 Meilen Entfernung in drei Armen dahinfloß, und wir sichteten zehn oder zwölf Wasserfälle, jeder so hoch über dem anderen wie ein Kirchturm; sie ergossen sich mit solcher Wucht, daß der Rückprall des Wassers wie der Dunst eines heftigen Regenschauers wirkte, und an einigen Stellen hielten wir ihn zuerst für Rauch, der von einer großen Stadt aufstieg.

Was mich selbst betrifft, so hatte ich allen Grund, jetzt umzukehren, denn ich gehe sehr schlecht zu Fuß; aber die übrigen waren so begierig, näher an diese tosenden Gewässer heranzukommen, daß sie mich nach und nach mitzogen, bis wir den nächsten Hügel erreichten, von wo aus wir sie klarer erkennen konnten. Nie habe ich ein schöneres Land gesehen oder eindrucksvollere Aussichten – Hügel, die hie und da über den Tälern aufstiegen, den Fluß, der sich in verschiedenen Armen entlangwand, die angrenzenden Felder, ganz ohne Gebüsch oder Stoppeln, sondern alles schönes, grünes Gras und harter Sandboden, auf dem man leicht marschieren oder reiten konnte. Überall kreuzte Wild unseren Pfad; gegen Abend sangen Vögel auf jedem Baum – tausend verschiedene Melodien; am Fluß saßen weiße, blutrote und rosafarbene Kraniche und Reiher. Ein sanfter Ostwind erfrischte die Luft, und jeder Stein, den wir aufhoben, versprach seinem Aussehen nach entweder Gold oder Silber; Eure Lordschaften werden viele davon sehen, und ich glaube, manche können nirgends übertroffen werden. Und doch konnten wir sie hier und dort nur mit unseren Dolchen und Fingern herauskratzen, denn die Felsen sind aus dem besagten Mineralspat, so hart oder noch härter als Feuerstein, und außerdem liegen die Adern ein bis zwei Klafter tief in den Felsen. Aber uns fehlten alle notwendigen Dinge außer unserem Verlangen und dem guten Willen, mehr zu leisten, wenn es Gott gefallen hätte.

Kurz: als unsere beiden Gruppen zurückkehrten, brachten sie verschiedene Gesteinsproben mit, die sehr gut aussahen, die sie aber großenteils lose auf dem Boden gefunden hatten; sie waren zumeist nur äußerlich farbig, aber enthielten kein Gold. Die Leute, die weder Sachkenntnis noch Erfahrung hatten, behielten alles, was glitzerte, und ließen sich wegen dieses Glanzes nicht ausreden, daß es kostbar sei. Diese Proben sowie Markasitstücke aus Trinidad brachten sie heim und ließen sie an vielen Stellen prüfen, wobei sie zu der Überzeugung gelangten, daß alle von derselben Art seien. Ich habe manche später einem Spanier gezeigt, der mir sagte, es handle sich um »La Madre del Oro« (Goldgestein), diese Minen lägen aber tiefer im Boden.

Man wird mich wenig bereit dazu finden, mich selbst oder mein Land mit Phantastereien zu täuschen; auch hätte ich wenig Lust auf die Art von Unterkunft, die ständige Wachsamkeit, die Sorgen, Gefahren, Krankheiten, üblen Gerüche, schlechte Kost und die vielen anderen Widrigkeiten, die mit solchen Expeditionen verbunden sind, um mich nochmals danach zu drängen – wäre ich nicht überzeugt davon, daß die Sonne an keinem Ort der Erde auf derartige Reichtümer scheint. Kapitän Whiddon und unser Schiffsarzt Nicholas Millechap brachten mir eine Art von Steinen wie Saphire; was sie wirklich sein könnten, weiß ich nicht. Ich habe sie einigen Orenoqueponi gezeigt, und sie versprachen, mich zu einem Berg zu führen, auf dem sehr große Stücke davon diamantartig zu finden seien; ob sie nun Bergkristalle, Bristol-Diamanten oder wirklich Saphire sind, weiß ich noch nicht, hoffe aber auf das Beste.

Gaspar de Carvajal
Mit Francisco de Orellana den Amazonas hinab

Am folgenden Donnerstag fuhren wir an Dörfern von mittlerer Größe vorüber, unternahmen aber keinen Versuch, dort anzuhalten. Alle diese Dörfer sind Unterkünfte für Fischer aus dem Inneren des Landes. Wir aber fuhren weiter auf der Suche nach einem friedlichen Ort, an dem wir das Fest des gesegneten hl. Johannes des Täufers, des Herolds Christi, feiern und uns daran freuen konnten. Da war es Gottes Wille, daß wir, als wir um eine Biegung des Flusses fuhren, am Ufer vor uns viele

Dörfer sehen sollten, und zwar sehr große, die weiß leuchteten. Hier stießen wir plötzlich auf das Land und den Herrschaftsbereich der Amazonen. Die genannten Dörfer waren gewarnt worden und wußten von unserem Kommen. Deshalb eilten auch die Bewohner heraus zum Wasser, aber keineswegs, um uns in freundlicher Absicht zu treffen. Als sie nahe an den Kapitän herangekommen waren, hätte sie dieser gerne so weit gebracht, daß sie Frieden hielten. Deshalb begann er auf sie einzureden, sie aber lachten und machten sich über uns lustig. Sie kamen nahe zu uns heran und sagten uns, wir sollten weiterfahren. Auch fügten sie hinzu, daß sie dann weiter unten auf uns warten, uns alle ergreifen und zu den Amazonen bringen wollten. Der Kapitän, der über das dreiste Auftreten der Indianer verärgert war, gab den Befehl, mit Armbrüsten und Arkebusen (Hakenbüchsen) auf sie zu schießen, damit sie darüber nachdenken und der Tatsache gewärtig werden könnten, daß auch wir etwas in Händen hätten, womit wir sie angreifen könnten. Auf diese Weise wurde ihnen Schaden zugefügt, und sie wandten sich dem Dorf zu, um zu melden, was sie gesehen hatten. Wir hingegen säumten nicht, weiterzufahren und nahe an die Dörfer heranzusteuern. Bevor wir jedoch noch auf eine halbe Meile an das Ufer herangekommen waren, standen am Ufer entlang in Abständen ganze Scharen von Indianern, und je weiter wir vordrangen, desto näher rückten sie allmählich zusammen und zogen sich auf ihre Wohnstätten zurück. In der Mitte eines Dorfes stand eine große Schar von Kriegern in guter Ordnung aufgestellt. Der Kapitän gab den Befehl, die Brigantinen direkt dorthin zu steuern, wo diese Männer standen, da er nach Lebensmitteln suchen wollte.

Als wir dem Ufer immer näher kamen, begannen die Indianer zur Verteidigung ihres Dorfes mit Pfeilen nach uns zu schießen, und da es zahlreiche Krieger waren, schien es, als regne es Pfeile. Aber unsere Arkebusiere und Armbrustschützen waren auch nicht träge. Obwohl sie viele töteten, schienen es die Indianer gar nicht zu merken, denn trotz des Schadens, der ihnen zugefügt wurde, machten sie unermüdlich weiter, indem die einen kämpften, die anderen Kriegstänze vollführten. Hier waren wir alle dem Untergang nahe, denn weil so viele Pfeile flogen, hatten unsere Gefährten alle Hände voll zu tun, sich davor zu schützen, und konnten nicht rudern. Deshalb fügten die Indianer uns so viel Schaden zu, verwundeten fünf von uns, darunter auch mich, noch ehe wir an Land springen konnten. Sie trafen mich mit einem Pfeil direkt in die Seite; wenn meine Kleider nicht so dick gewesen wären, hätte das mein Ende bedeutet. Angesichts der Gefahr, in der wir schwebten, begann der Kapitän die Leute an den Rudern zu ermuntern und anzufeuern, eiligst die Schiffe auf den Strand laufen zu lassen. So gelang es uns, wenn auch unter großen Mühen, die Boote an Land zu bringen, und unsere Gefährten sprangen ins Wasser, das ihnen bis zur Brust reichte. Hier kam es nun zu einem harten Gefecht, da die Indianer sich unter unsere Spanier mischten, die sich wiederum so tapfer verteidigten, daß es ein wundervoller Anblick war. Über eine Stunde dauerte dieser Kampf, und die Indianer verloren nicht den Mut, ja es schien, als verdopple er sich, wo sie viele ihrer eigenen Leute fallen sahen. Sie schritten über deren Leichen hinweg, zogen sich etwas zurück und stießen dann wieder vor. Ich will, daß man erfährt, warum diese Indianer sich auf solche Weise verteidigten. Es muß erklärt werden, daß sie die tributpflichtigen Untertanen der Amazonen sind.

Als sie von unserem Kommen erfahren hatten, wandten sie sich mit der Bitte um Hilfe an diese, und es kamen so etwa zehn oder zwölf von ihnen, denn wir selbst sahen diese Weiber, die als weibliche Hauptleute in vorderster Front vor allen Indianermännern kämpften. Diese Frauen waren so tapfer, daß die indianischen Männer es nicht wagten, sich zur Flucht zu wenden, und jeden vor unseren Augen mit Keulen töteten, der uns den Rücken kehrte. Das ist auch der Grund dafür, daß die Indianer die Verteidigung so lange aufrechterhielten. Die Frauen sind sehr hellhäutig und groß und tragen sehr langes Haar, das sie geflochten und um den Kopf gewickelt haben. Sie sind sehr kräftig und gehen ganz nackt, wobei allerdings ihre Schamteile bedeckt sind. In den Händen tragen sie ihre Pfeile und Bogen, und sie leisten im Kampf soviel wie zehn Indianermänner. Es war unter ihnen ungelogen eine Frau, die einen Pfeil eine Spanne tief in eines unserer Boote schoß; andere trafen weniger tief, aber unsere Brigantinen sahen bald aus wie Stachelschweine.

Um auf unsere eigene Lage und unseren Kampf zurückzukommen: Dem Herrn gefiel es, unseren Gefährten Kraft und Mut zu geben, so daß sie sieben oder acht von den Amazonen töteten, worauf dann die Indianer den Mut verloren. Sie wurden besiegt, in die Flucht geschlagen und erlitten beträchtliche Verluste. Weil aber viele Krieger da waren, die aus anderen Dörfern stammten und Hilfe gebracht hatten und die jetzt ihre Kriegsrufe ausstießen, gab der Kapitän unseren Leuten den Befehl, eilends in die Boote zu gehen, denn er wollte nicht das Leben aller aufs Spiel setzen. Deshalb gingen sie nicht ohne Schwierigkeiten in die Boote, da die Indianer bereits wieder zu kämpfen begannen. Außerdem näherte sich auf dem Wasser eine große Kanuflotte. So stießen wir rasch ab, hinaus auf die Mitte des Flusses.

Wir waren nun von der Stelle unseres Aufbruchs, an der wir Gonzalo Pizarro verlassen hatten, vierzehnhundert Meilen gefahren, eher mehr als weniger, und wir wußten nicht, wie weit es von hier noch bis zum Meer war. In dem eben erwähnten Dorf wurde ein indianischer Trompeter gefangen, der zu den kämpfenden Truppen gehört hatte. Er war ungefähr dreißig Jahre alt. Nach seiner Gefangennahme begann er dem Kapitän vielerlei über das Gebiet weiter landeinwärts zu erzählen, und der Kapitän nahm ihn mit.

Als wir nun – wie ich berichtet habe – draußen auf dem Fluß waren, ließen wir uns, ohne zu rudern, weitertreiben, denn unsere Gefährten waren so müde, daß sie nicht die Kraft hatten, die Ruder zu halten. Kaum waren wir auf der Fahrt flußabwärts ungefähr einen Armbrustschuß weit gekommen, da entdeckten wir ein nicht besonders kleines Dorf, in dem keine Leute zu sehen waren. Deshalb baten alle Gefährten den Kapitän, doch dorthin zu steuern. Sie hofften, wir könnten uns vielleicht Nahrungsmittel beschaffen, die man uns in dem letzten Dorf verweigert hatte. Der Kapitän lehnte ab und meinte, wir müßten hier noch mehr auf der Hut sein als an einer Stelle, an der wir die Indianer deutlich sehen könnten. So berieten wir wieder miteinander, und ich schloß mich den Bitten aller Gefährten an, uns in dieser Sache entgegenzukommen. Der Kapitän gewährte endlich unseren Wunsch, und obwohl wir an dem Dorf schon vorüber waren, gab er den Befehl, die Brigantinen an das Ufer zu steuern. Die Indianer hielten sich aber in einem mit Bäumen bedeckten Gelände verborgen, aufgeteilt in kleine Gruppen, und warteten nur darauf, aus dem Hinterhalt über uns herzufallen. Als wir nahe genug ans Ufer herangekommen waren, ergriffen sie deshalb die Gelegenheit, uns anzugreifen, und begannen so wütend mit Pfeilen auf uns zu schießen, daß wir einander nicht sehen konnten. Da aber unsere Spanier von Machiparo an mit guten Schilden ausgerüstet waren, fügten sie uns nicht so viel Schaden zu als sie wohl getan hätten, wenn wir nicht mit den genannten Schutzwaffen ausgerüstet gewesen wären. Und von uns allen trafen sie in diesem Dorf niemanden außer mich, denn sie setzten mir einen Pfeil direkt in eines meiner Augen, und zwar so, daß der Pfeil durchging bis auf die andere Seite. Durch diese Verwundung habe ich das Auge verloren, und selbst jetzt leide ich noch daran und bin nicht ohne Schmerzen, obwohl unser Herr so gütig war, mir das Leben zu erhalten, so daß ich meinen Lebenswandel bessern und ihm besser dienen konnte, als ich es bis dahin getan hatte.

Mittlerweile waren die Spanier aus dem kleineren Boot an Land gesprungen. Die Indianer umzingelten sie aber, und wäre nicht der Kapitän mit der großen Brigantine zu Hilfe gekommen, es wäre um sie geschehen gewesen, und die Indianer hätten sie getötet. Bei der Verteidigung aber hatten unsere Gefährten eine so glänzende Geschicklichkeit und Tapferkeit bewiesen, daß sie nun erschöpft waren und dadurch in eine sehr ernste Lage gerieten. Der Kapitän rief sie zurück, und als er sah, daß ich verwundet war, befahl er den Leuten, auf die Boote zurückzukehren. Und so gingen sie denn an Bord, weil die Indianer zahlreich und hartnäckig waren, so daß unsere Gefährten ihnen nicht standhalten konnten. Der Kapitän fürchtete, einige von ihnen zu verlieren, er wollte sie nicht einem solchen Risiko aussetzen, zumal er ganz offensichtlich annehmen mußte, daß die Indianer angesichts des dichtbesiedelten Landes hier auf jeden Fall Hilfe erhalten würden. Hier lag nämlich ein Dorf neben dem anderen, keine halbe Meile entfernt, und an der ganzen rechten Flußseite, dem südlichen Ufer, lagen sie sogar noch dichter. Und ich kann hinzufügen, daß abseits vom Fluß, in einer Entfernung von rund zwei Meilen landeinwärts, einige sehr große Städte zu sehen waren, deren weiße Farbe von weitem glänzte. Im übrigen ist dieses Land so fruchtbar und so normal in seinem äußeren Bild wie unser Spanien. Wir betraten es am St.-Johannistag, und die Indianer begannen schon, ihre Felder abzubrennen. Es ist ein Land mit gemäßigtem Klima, in dem man Weizen ernten und alle Sorten von fruchttragenden Bäumen anbauen kann. Außerdem ist es geeignet für die Aufzucht verschiedener Vieharten, weil es dort, gerade wie in unserem Spanien, vielerlei Grassorten gibt, wie wilden Majoran und Disteln von einer farbigen Art. In den Wäldern dieses Landes gibt es immergrüne Eichen und Korkbäume. Das Land liegt hoch und bildet gewellte Savannen, deren Gras nicht weiter als bis zu den Knien reicht, und es gibt dort Wild von allen Arten.

(Nach der Schlacht mit den Amazonen flüchten sich Orellana und seine Leute in eine unbewohnte Gegend und lagern in einem Eichenhain nahe am Fluß. Als sich alle etwas beruhigt haben, beginnt er mit einem gefangenen Indio eine Fragestunde über die Amazonen:)

Der Hauptmann Orellana nahm sich hier den Indio vor, den man bei dem Kampf gefangen hatte. Er verstand ihn ein wenig mit Hilfe eines Vokabulars, das er sich angelegt hatte, und befragte ihn, wo er herstamme. Der Indio antwortete: aus dem Ort, wo er gefangen worden war. Der Hauptmann fragte ihn, wie der Herrscher des Landes heiße; der Indio antwortete, er sei ein großer Herr, und seine Herrschaft reiche bis hierher, wo wir uns befänden; das waren demnach 150 Meilen.

Der Hauptmann fragte, was das für Frauen seien, die ihnen Hilfe gebracht und uns bekriegt hätten; der Indio gab Bescheid, diese Frauen wohnten sieben Tagereisen landeinwärts; jener Häuptling Couynco sei ihr Untertan; deshalb seien sie gekommen, um die Küste zu verteidigen.

Der Hauptmann fragte, ob jene Frauen verheiratet seien; der Indio sagte: nein. Der Hauptmann fragte ihn nach ihrer Lebensweise. Antwort des Indio: wie schon gesagt, wohnten jene im Hinterland; er selber sei schon viele Male dort gewesen und habe ihre Wohnungen gesehen und ihre Gebräuche beobachten können, denn als ihr Vasall sei er immer von seinem Herrn geschickt worden, die Tribute zu überbringen.

Der Hauptmann fragte, ob die Zahl dieser Frauen groß sei; der Indio sagte: ja; er wüßte 70 Ortschaften mit Namen, und er zählte diese auch in Gegenwart von uns allen auf; in einigen sei er selbst gewesen.

Der Hauptmann fragte, ob jene Dörfer aus Stroh seien; der Indio sagte: nein, sondern aus Stein und mit Türen, und von einem Dorf zum anderen führten Wege mit Zäunen rechts und links und Wachtposten in gewissen Abständen, damit sie niemand betrete ohne Zahlung einer Gebühr.

Der Hauptmann fragte, ob jene Frauen Kinder gebären; der Indio sagte: ja. Der Hauptmann fragte, wie sie denn schwanger werden könnten, wo sie doch nicht verheiratet seien und kein Mann unter ihnen wohne, und erhielt den Bescheid: jene Indianerinnen hätten von Zeit zu Zeit Gemeinschaft mit Indios. Wenn sie jene Lust ankomme, sammelten sie eine Menge Kriegsvolk und überfielen einen großen Herrn, dessen Residenz und Land an das jener Frauen angrenzt, entführten mit Gewalt die Männer in ihr Land, behielten sie bei sich, solange es ihnen dienlich erscheine, und schickten sie, wenn sie sich schwanger fühlten, wieder heim, ohne ihnen ein anderes Übel zuzufügen. Wenn sie dann niederkämen und es sei ein Sohn, dann töteten sie ihn und schickten ihn zu seinem Vater; wenn es eine Tochter sei, dann feierten sie Feste und zögen sie auf und lehrten sie alle Künste des Krieges.

Der Indio erzählte noch mehr: unter all diesen Frauen gebe es eine Herrin, die alle übrigen unter ihre Hand und Gerichtsbarkeit zwinge; diese Herrin heiße Coñori. Er berichtete von unermeßlichen Gold- und Silberschätzen; alle Frauen von Rang ließen sich alles auf Gold und Silber servieren; die übrigen Frauen vom Volk bedienten sich hölzerner Gefäße mit Ausnahme jenes Geschirrs, welches aufs Feuer kommt; dieses sei aus Ton. Er sagte, in der Hauptstadt, in der die Königin residiere, stünden fünf ganz große Häuser: Das seien die der Sonne geweihten Heiligtümer und Häuser, und sie nennten sie Caranain. Das Innere jener Häuser sei vom Boden weg bis auf halbe Mannshöhe verkleidet mit starken, in den lebhaftesten Farben bemalten Tafeln und beherberge zahlreiche goldene und silberne Götterbilder in Frauengestalt, desgleichen viele tönerne Gefäße, ebenfalls in Frauengestalt, sowie anderes Gold- und Silbergeschirr für den Dienst der Sonne.

Jenes Frauenvolk kleidet sich in Gewänder aus feinster Wolle, denn dortzulande gibt es viele Schafe von der Art (der Lamas) in Peru.

(Abschließend erzählt der indianische Gewährsmann:)

Viele jenem Frauenstaat benachbarte indianische Provinzen seien ihnen untertänig und müßten Tribute und Dienste leisten; mit anderen stünden die Frauen im Krieg, insbesondere mit dem schon erwähnten Stamm, dessen Männer sie sich holen, um mit ihnen Umgang zu pflegen. Dieser Stamm sei sehr stark an Zahl und seine Mitglieder besonders hoch gewachsen und hellhäutig. Der Gewährsmann betonte, er habe alles, von dem er hier erzähle, viele Male gesehen; er sei ja täglich dort aus- und eingegangen.

(Pater Carvajal bemüht sich seinerseits, die Aussagen jenes von Orellana so eifrig befragten Indios durch Vergleiche mit schon früher empfangenen Mitteilungen zu stützen:)

Alles, was jener Indio gesagt hat, ja mehr noch, hatten wir bereits sechs Meilen von Quito weg erfahren. Dort waren nämlich über jene Frauen viel Nachrichten im Umlauf: Um sie zu sehen, fahren die Indios in großer Zahl 1400 Meilen weit den Fluß hinab.

Zu uns hatten die Indios dort oben gesagt: wer es auf sich nehme, zu diesen Frauen im Tiefland zu wandern, der müsse als Knabe aufbrechen und käme als Greis wieder.

Ulrich Schmidel
Den Amazonen entgegen

Alsdann kamen wir zu den Scherues. Man rechnet mit 38 Meilen von den Acares her, die bewältigten wir in neun Tagen. Die Scherues, zu denen wir jetzt kamen, tragen Knebelbärte und haben einen runden Ring aus Holz am Ohrzipfel, und das Ohr ist um den Holzring gewickelt, daß es seltsam anzuschauen ist.

Die Männer tragen auch einen breiten Stein aus Kristall an der Lippe, etwa so geformt wie ein Brettstein, und sie sind am ganzen Leib blau bemalt, von oben bis auf die Knie, und es sieht aus, als seien ihnen Hosen gemalt. Die Frauen sind aber auf andere Weise bemalt, auch blau und recht kunstvoll, von den Brüsten bis zur Scham; sie gehen mutternackt und sind auf ihre Weise schön; im Finstern vergingen sie sich wohl.

Bei diesen Scherues blieben wir einen Tag und zogen danach in drei Tagen zu einem König, 14 Meilen weit entfernt; sein Stamm heißt auch Scherues, doch ist sein Land nur vier Meilen breit; gleichwohl hat er auch einen Fleck am Wasser Paraboe (Paraguay-Fluß). Da ließen wir unser Schiff mit zwölf Spaniern zur Bewachung, damit wir beschützt wären, wenn wir wieder zurück kämen. Den Scherues an diesem Fleck befahlen wir, den Christen gute Gesellschaft zu leisten, was sie dann auch taten.

So blieben wir zwei Tage lang am Fleck, machten uns fertig zur Reise und nahmen den nötigen Proviant auf; dann zogen wir über das Wasser Paraboe und kamen dorthin, wo der König in Person wohnt. Und als wir bis auf eine Meile herankamen, da zog der König der Scherues uns auf einer Heide entgegen, friedlich gestimmt, mit 12000 Mann oder mehr. Der Weg, auf dem sie gingen, war acht Schritt breit und mit lauter Blumen und Gras übersät bis zu dem Ort hin, so daß man nicht einen einzigen Stein oder Holz oder Stroh hätte finden können; auch hatte der König seine Musik bei sich wie unsereins die Schalmeien. Und weil der König angeordnet hatte, daß man beiderseits des Weges Hirsche und anderes Wildbret jage, fingen sie an die 30 Hirsche und 20 Strauße oder Nandu, was sehr hübsch anzuschauen war. Als wir nun in ihrem Ort ankamen, ließ der König alleweil zwei Christen in ein Haus einquartieren und unsern Hauptmann (Hernando de Rivero) samt seinen Dienern in das königliche Haus, und ich war nicht weit davon entfernt untergebracht. Danach schärfte der König seinen Untertanen ein, sie sollten uns Christen gut bewirten und es an nichts fehlen lassen. So hielt dieser König auf seine Weise hof, als der größte Herr im Land. Man mußte ihm zu Tisch blasen, und wenn dann dazu Gelegenheit ist, müssen die Männer und die schönsten Weibsbilder vor ihm tanzen, und ihrem Tanz zuzuschauen war für uns Christen ganz merkwürdig, daß manchem sein Maul offenstand.

Dieser Stamm gleicht den anderen Scherues. Ihre Frauen machen große Mäntel aus Baumwolle, recht subtil wie die aus Arles; dahinein wirken sie dann allerlei Figuren, wie Hirsche, Strauße, indianische Schafe, je nachdem, was eine kann. In solchen Mänteln schlafen sie, wenns kalt ist, oder sitzen darauf, oder wozu sie es sonst brauchen können und wollen. Diese Frauen sind sehr schön und große Buhlerinnen, auch recht liebenswürdig und sehr hitzig am Leib, wie mich dünkt.

Dort blieben wir vier Tage lang. Indes fragte der König unsern Hauptmann, was unser Begehr und Absicht, und worauf wir aus wären. Da antwortete unser Hauptmann, er suche Gold und Silber. So gab ihm der König eine silberne Krone, die hat ungefähr anderthalb Mark (d. i. 24 Lot Silber) gewogen; außerdem eine Plantsche (dünne Platte) aus Gold, die ist anderthalb Spann lang und eine halbe Spanne breit gewesen, dazu eine Brazalete (Armschiene), das ist ein halber Harnisch, und andere Sachen aus Silber. Er sagte darauf zu unserem Hauptmann, er hätte weder Gold noch Silber mehr, und diese Stücke habe er vor Zeiten im Krieg von den Amossenes (Amazonen) erobert.

Als er von den Amazonen hören ließ und uns zu verstehen gab, wie groß ihr Reichtum sei, waren wir sehr froh. Alsbald fragte unser Hauptmann den König, ob wir zu Wasser mit unseren Schiffen dorthin kommen könnten und wie weit es bis zu ihnen sei. Darauf antwortete der König, zu Wasser könnten wir nicht dorthin gelangen, sondern müßten über Land ziehen und hätten zwei Monate lang ununterbrochen zu reisen. Wir aber wollten zu den gedachten Amazonen ziehen, wie Ihr hören werdet.

Diese Amazonenfrauen haben nur eine Brust und kommen zu ihren Männern nur drei oder vier Mal im Jahr, und so sie mit einem Knäblein vom Manne schwanger sind, so schicken sie es ihrem Mann heim; ist es aber ein Maidlein, so behalten sie es bei sich und brennen ihm die rechte Brust aus, damit sie nicht weiter wachsen kann. Die Ursache dafür ist, daß sie Gewehr und Bogen gebrauchen und dies auch gern tun, denn es sind streitbare Weiber, und sie führen Krieg gegen ihre Feinde.

Diese Frauen wohnen auf einer Insel, ringsum von Wasser umfangen, und dazu recht groß; wenn man zu ihnen will, muß man mit Kanus dahin fahren. Doch auf dieser Insel haben die Amazonen kein Gold oder Silber, sondern auf der Tierra firma (Festland), das ist das Land, in dem auch die Männer wohnen: Dort haben sie großen Reichtum. Es ist ein großes Volk und ein mächtiger König; er soll nach dem Hauptort Jegiuß (jegnes) heißen. Nun forderte unser Hauptmann Ernando Rieffiro (Hernando de Rivero) den besagten König der Scherues auf, er solle uns von seinem Stamm etliche Leute beigeben, damit sie unseren Plunder trügen und uns den Weg wiesen; er wolle landeinwärts ziehen und jene Amazonen aufsuchen. Der König war dazu bereit, wies uns jedoch gleichzeitig darauf hin, das Land stünde zu dieser Zeit voller Wasser und es sei nicht gut, für diesmal dahin zu reisen. Wir aber wollten's nicht glauben, sondern begehrten die Indianer von ihm. Da gab er unserem Hauptmann für seine Person 20 Mann mit, die ihm das Plunderwerk und seine Speis tragen mußten; einem jeden von uns aber gab er fünf Indianer mit, die unser warten und uns das nötige Gepäck tragen sollten, denn wir hätten acht Tage zu reisen, ohne auf einen Indianer zu stoßen.

Es sollten ganze dreißig Tage daraus werden, und unser Trupp war wegen des Wassers, in dem wir herumwateten und nicht herausfanden, wohl halb bis auf den Tod krank ... bis wir wieder zu den Scherues kamen.

PILGERN INS HEILIGE LAND

»Will dir nach sehen
        will dir nach senden
Mit meinen fünf Fingern
        fünfundfünfzig Engel.
Gott mit Gesunden
        heim dich gesegne.
Offen sei dir dies Siegestor
        so auch dir dies Segeltor:
Verschlossen sei dir dies Wogentor
        so auch dir dies Waffentor.«

Reisesegen, 12. Jahrhundert
(Weingartner Handschrift)

John Mandeville
Wundersame Kunde aus Ägypten und Jerusalem

Ägypten ist gut fünfzehn Tagereisen lang und nicht mehr als ihrer drei breit, und über dreißig Tagereisen ist es ein wüstes, unbebautes Land. Der eine Zugang ist der Hafen Neu-Danuten, der andere das wohlbefestigte Alexandria. Doch Süßwasser gibt es dort nicht, es sei denn, sie führen es aus dem Nil, der Gyon heißt, in unterirdischen Dolen (Röhren) heran. Nähme man ihnen die Dolen, könnten sie nicht lange in der Stadt bleiben.

In Ägypten gibt es nur wenige Schlösser und befestigte Orte, aber das Land ist sonst durchaus umfriedet. In der ägyptischen Wüste leben viele heilig-andächtige Brüder und Einsiedler, die darin unbeschreiblich viele Wunder erblicken, von mancherlei fremder, seltsamer Gestalt und Form.

Unter anderen war dort ein Mönchsbruder, zu dem ein fremdartiges Geschöpf gelaufen kam; es glich einem Menschen bis an den Nabel, außer das es zwei spitzige Hörner auf dem Haupt hatte, und unterhalb des Nabels war es gestaltet wie eine Geiß. Der Einsiedler beschwor es bei den Namen Gottes, es möge ihm sagen, was es sei. Da sprach es: »Ich bin eine todgeweihte Kreatur und bitte dich, daß du Fürsprache für mich einlegst bei eben dem Gott, der sich vom Himmel in der reinen Jungfrau Maria Leib gesenkt, um das Menschengeschlecht durch seinen bitteren Tod am Stamm des Kreuzes zu erlösen.«

Und selbigen Tieres Haupt und Hörner sieht man noch heute. Ich habe sie selbst gesehen, und es sagten mir viele Fürsten und Herren, daß es sich so zugetragen habe.

Ich will nun die Stätte beschreiben, die sich bei Jerusalem befindet, und berichten vom heiligen Grab unseres Herrn. Die Kirche, in der das heilige Grab ist, liegt außerhalb der Stadt, doch führt ein Mauergang von ihr bis in die Stadt hinein. Oben ist sie zugewölbt, mit Blei gedeckt und mit einem Tagloch versehen. Vor der Kirche steht ein dazugehöriger Glockenturm. Und mitten in der Kirche befindet sich ein Tabernakel, halbrund und köstlich geschmückt mit Gold und Edelsteinen. Im

Tabernakel rechterhand ist das heilige Grab unseres Herrn Jesu Christi. Es mißt acht Schritt in der Länge und fünf in der Breite; das Tabernakel selbst ist neun Schuh hoch. Es ist noch nicht lange her, da war das heilige Grab ungesichert, so daß man es ohne weiteres berühren und küssen konnte. Aber die Christenpilger brachen viele Stücke davon ab und führten es als Heiligtum mit sich fort. Da sicherte es der Sultan und verschloß es, so daß man es nun nicht mehr betreten kann.

Doch ein Stein, so groß wie ein Kopf, ist ihm entnommen und außerhalb des Tabernakels aufgehängt: um der Pilger willen, damit sie es küssen und berühren. Das Tabernakel selbst ist finster, und es geht kein Licht hinein, doch beleuchten es die Ampeln, die ständig davor brennen. Alle Jahre am Karfreitag erlöschen sie von selbst und zünden sich am Ostertag wieder an, was den Tod und die Auferstehung Christi bedeutet, der an dieser Stätte vom Tode auferstand.

In der Kirche rechterhand befindet sich der Kalvarienberg, auf dem Christus gekreuzigt wurde. Das ist ein Fels von roter und weißer Farbe – wie von heiligem Blut; er ist nicht von Natur so. Dieser Fels ist gespalten, und die Spalten heißen Goldach. Sie sind es, in die das Blut unseres Herrn rann, als er den Tod am Kreuz um der Sünder willen erlitt. In diese Spalten sind nun Staffeln gehauen, auf denen steigt man hinauf bis zu der Stelle, wo das Kreuz stand, um sie zu besehen und zu ehren. Die Pilger beten dort sehr andächtig und küssen die Stätte.

Und an eben diesem Platz, wo das Fronkreuz gestanden hat, wurde zu Noahs Zeiten, als Gott die Welt mit Wasser vertilgte um ihrer Sünden willen, das Haupt Adams, unseres ersten Vaters, gefunden: als ein wahres Zeugnis, daß mit Gottes Verdienst seine Sünde gebessert worden ist. An selbigem Fleck auch, auf eben diesem Berge, opferte Abraham seinen Sohn Isaak auf dem Altar. Droben auf dem Felsen steht ein Altar, da liegen König Gottfried (Gottfried von Bouillon, gest. am 18. 7. 1100 zu Jerusalem) und König Bulhen (Balduin I., König von Jerusalem, gest. 1118) und viele andere christliche Könige und Fürsten begraben, die dieses Land gewonnen hatten und dort als gewaltige Könige und Herrscher regierten. Nicht weit von dem Fleck, wo das Kreuz stand, ist eine Inschrift in griechischer Sprache angebracht, die besagt auf deutsch: Gott unser König in Ewigkeit hat mitten in der Welt unser Heil bewirkt.

Auch ist inmitten des Felsens ein Kreuz eingesenkt und eine Schrift eingehauen, ebenfalls in griechischer Sprache. Auf deutsch bedeutet sie: Was du hier siehst, ist ein Fundament des ganzen, das Erdreich umspannenden Glaubens.

An diesem Felsen zur Rechten ist ein Altar mit der Säule, an der unser Herr Jesus Christus gegeißelt wurde; und von selbiger Säule oder selbigem Altar schwitzen die Steine bis an den vierten Pfeiler und geben allzeit Wasser. Man meint, daß sie die Marter beweinen und den Schweiß der Geißelung und das Sterben unseres Herrn Jesu Christi, und daß die Feuchtigkeit von Gottes Blut herrührt.

Bei eben diesem Altar, 42 Staffeln tief in der Erde, wurde das heilige Kreuz unseres Herrn Jesu Christi gefunden; die Juden hatten es vor vielen Jahren dorthin versteckt, und mit Gottes Fügung geschah es, daß die Kaiserin Helena es fand. Nun lagen auch die Kreuze der beiden Schächer dabei, und da man nicht wußte, welches das rechtmäßige Kreuz war, legte man eins nach dem andern auf einen toten Menschen. Die zwei Kreuze gaben kein Zeichen, doch sobald das rechte Kreuz Christi den Toten berührte, wurde er wieder lebendig. Und daran erkannte die heilige Helena, dies war das rechte, wahre Kreuz, an dem Gottes Sohn Jesus gelitten hatte und gestorben war.

Nah dabei befindet sich eine Mauerlücke, in der die vier Nägel verborgen waren. Ich spreche von vier Nägeln, denn zwei wurden durch die Hände und zwei durch die Füße geschlagen. Aus einem der vier Nägel ließ sich Kaiser Konstantin einen Roßzaum machen. Und zu Zeiten, als er mit den Heiden kämpfte, da siegte er durch eben dieses Zaumes Kraft. Er gewann die Türkei, Armenien, die großen und die kleinen Syrien, Jerusalem und Arabien, Mesopotamien, das Königreich von Halape, Ägyptenland und alles Land zu Äthiopien, bis hin zu den minderen Indien (Vorderindien); und alle diese Länder wurden christlich.

Bernhard von Breydenbach
Reise über den Berg Sinai in die Stadt Kairo

Am 14. Tag des Monats September (1483) kamen wir noch tiefer in die Wüste, wo man weder Mensch noch Vieh noch Vogel findet, denn allein den Vogel Strauß. Endlich kamen wir in ein Gebirge. Von dem höchsten Felsen sahen wir zur linken Hand den Berg Gottes Horeb und Sinai und zur rechten das Rote Meer, wohin es noch vier Tagereisen war. Auch sahen wir ein großes Tier, das viel größer als ein Kameltier ist. Unser Geleitsmann sagte uns, daß es ein Einhorn wäre. Daselbst sahen wir auch einen Hirten mit seinem Vieh an einem Berg weiden, was uns gar seltsam war, da wir lange kein heimisch Vieh und Menschen in der Wüste gesehen hatten. Am 17. Tag mußten wir durch ein Tal reiten, das mit wunderlichen Felsen geschlossen war, und wir kamen in eine sandige Ebene. Man glaubt, daß hier die Kinder Israels gewohnt und gezeltet haben, während Moses mit dem Herrn auf dem Berg redete. So kamen wir aus dem weiten in ein sehr enges, tiefes und steiniges Tal, und es war ein über alle Maßen böser Weg. Doch hatten wir vor unseren Augen das Kloster Sankt Katharina und den Berg Sinai, und unsere Freude war darüber groß. Wir sahen auch den hohen Felsen, darauf Moses wie auf einem Predigtstuhl das Gesetz und die Gebote den Kindern Israel vorhielt und ihnen predigte.

Am vierten Tag des Monats Oktober kamen wir in eine Herberge, wo das Rote Meer endet und dort sahen wir kostbare Werke, die vor Zeiten von einem König der Ägypter angefangen waren, der das Rote Meer in den Fluß Nil führen wollte, so daß Orient und Okzident zusammenwuchsen und die Schiffe von Indien auf dem Roten Meer bis zum Nil kommen mochten, und von dort in das große Meer, in das der Nil fließt. So hatte der König die hohen Felsen und Berge durchgraben lassen, um einen Fluß dadurch zu machen. Aber das Werk wurde nicht vollbracht, denn die weisen Ägypter rieten dagegen, da durch den Einfluß des Roten Meeres, dessen Wasser bitter und unfruchtbar ist, das fruchtbare und süße Wasser des Nils verdorben würde. Und so blieb das Werk aus solchen und anderen Ursachen unvollbracht. Am Mittag kam der Geleitsmann von Kairo, um uns in die Stadt zu geleiten. Aber wir erlangten von ihm durch großes Bitten und nicht wenig Geld, daß wir zuerst in den Garten Balsam geführt wurden. Zu Anfang sahen wir einen großen Feigenbaum, von dort kamen wir zu einem anderen wunderbaren Baum, dessen Blätter fünfzehn oder sechzehn Schuh lang waren und zwei Schuh oder mehr breit, die Frucht desselben Baumes waren lange Äpfel, deren achtzehn oder neunzehn oder zwanzig an einem Stiel wuchsen wie viele Weinbeeren an einer Traube. Man sagt, daß der Baum der Erkenntnis des Bösen und Guten, von dem Adam und Eva gegessen hatten, von der Gestalt gewesen sei wie dieser Baum. Man sagt auch, daß die Alten vor Zeiten, als das Papier erfunden wurde, auf die Blätter dieses Baumes, die vorher gedörrt waren, schrieben, obwohl die Blätter schlechtere Linien haben, als wenn man sie auf Pergament oder Papier machte.

Dann kamen wir an ein Türlein, das gar wohl verschlossen war, und etliche Hüter standen mit Kolben davor, den Balsam Garten zu hüten, damit niemand hineinginge. Wir gaben ihnen Geld, worauf sie uns einließen. Wir mußten ihnen auch geloben, daß niemand ein Ästlein oder Zweiglein oder Blatt davon wollte nehmen, schneiden oder brechen. Also ging unser Geleitsmann vor und zeigte uns, was wir zuvor von dem Balsam gehört und gelesen hatten. Er nahm ein Zweiglein und bog dasselbe gegen die Sonne wie ein Räutlein, wovon das Zweiglein brach und ein klar und fettes Tröpflein wie Öl herausfloß und die Luft ringsum über alle Maßen mit gutem Geruch füllte. Und als derselbe Geleitsmann uns einen Tropfen inwendig auf die Hand gab, durchdrang es von Stund an die Hand, so daß man es an der anderen Seite noch riechen konnte. Die Reben Balsam haben gewöhnlich eines Menschen Länge und sind sehr ähnlich den Reben, an denen Sankt Johannes Beerlein oder Trauben wachsen. In dem Monat Dezember schneidet man dreimal die Zweige des Balsam an den Rinden und hängt Gläser an den Schnitt, aus dem das Öl Balsam aus den Wunden fließt. Das Öl, das von dem ersten Schnitt gesammelt wird, gehört allein dem Sultan und wer davon nimmt, muß sterben. Als wir den Garten Balsam verlassen hatten, ritten wir an vielen schönen fruchtbaren und lustigen Gärten vorbei, in denen große Paläste erbaut waren, nach Kairo.

Am 14. Tag kamen in der Früh zwei Mamelucken und brachten Esel und Eseltreiber, damit wir die Stadt beschauen sollten. Wir stiegen auch auf einen großen Berg und überschauten die Stadt Kairo, die fürwahr sehr groß ist, und es wurde uns gesagt, daß zu dieser Zeit keine größere Stadt in der Welt sei. Der Palast des Sultans ist so groß, daß die ganze Stadt Ulm oder die halbe Stadt Nürnberg hineingeht. Viele kostbare Moscheen gibt es hier mit hohen Türmen, so daß ich glaube, daß nie zu Rom so viele Kirchen waren als hier Moscheen. Auch hat diese Stadt mehr Volk als eine andere unter der Sonne. Viel mehr Menschen, die kein Haus und Hof haben, schlafen unter dem bloßen Himmel als in Venedig wohnhafte Bürger sind.

Als wir wieder in unsere Herberge ritten, durch ein großes Gedränge von Menschen, Kameltieren und Eseln, wurden wir nicht wenig geschlagen, verspottet und gezogen. Wir sahen aber auch viele Sarazenen auf den Gassen und Straßen kochen; da sie selten in ihren Häusern kochen, sind gekochte Speisen zu kaufen. Und es wurde uns gesagt, daß bei zwölftausend Köche in Kairo wären. Viele tragen ihre Küchen auf dem Kopf durch die Stadt, das ist brennendes Feuer, siedende Töpfe und Bratspieße, was wir auch mit unseren eigenen Augen sahen und sehr verwunderlich ist.

Wir kamen auch an einen Markt, wo man die Menschen verkauft wie die unvernünftigen Tiere. Es war ein großer Zulauf dort und viele der armen Menschen, die dort feil waren, und wir hatten großes Mitleid. Der Mameluck, unser Führer, wurde gefragt, wie teuer wir Sklaven wären. Darauf antwortete unser Mameluck schimpfend, daß diese Menschen nicht feil seien, aber daß sie bald auf einen Markt kommen würden, auf dem sie sehr teuer würden. Doch wollte der Kaufmann ihm für einen von uns zehn Dukaten geben, bis er merkte, daß wir nicht käuflich waren.

An dem Fluß Nil ist auch ein Revier, in dem man die seltsamsten Vögel, Sittiche oder Papageien findet, dazu Affen mit Schwänzen und Meerkatzen in großer Zahl.

Unter dem Hofgesinde des Sultans waren viele edle Knaben

und die Zahl der Mamelucken, die dazumal am Hofe waren, erstreckte sich auf zweiundzwanzigtausend. Diese Zahl wird gewöhnlich eingehalten, auch wenn die Kinder ihren Eltern nachfolgen. Die Mamelucken stammen gar viel aus Slavonien, Albanien, Ungarn und den welschen Landen, gar wenig sind aus deutschen Landen.

Viele von uns gingen auch in das Schweißbad, da die Sarazenen schöne Badstuben aus Marmelstein oder besetzt damit in ihren Städten und Landen haben. Auch beweisen sie gute Dienstbarkeit in den Bädern. Sie haben eine seltsame Weise, die Glieder derer, die da baden, zu richten oder zu reiben. Etliche von uns gingen durch die Stadt, um Abenteuer zu suchen. Sie wurden in ein Haus geführt, in dem ein großer Backofen mit vielen Höhlen und Löchern war, in die zu etlichen Zeiten drei oder viertausend Hühner, Gänse, Enten und Taubeneier mit Mist bedeckt eingelegt wurden. In einem gewissen Abstand wurden brennende Kohlen im Kreis darumgelegt, von deren Hitze die Eier warm wurden und ausbrüteten: Und es laufen die Jungen daraus, die man auf dem Markt verkauft. Wenn dieses auch eine lügnerische Gestalt hat, so ist es doch die volle Wahrheit.

AUF NACH MEKKA

»Nach dem Gebot des Koran ist jeder Muslim verpflichtet, wenigstens einmal in seinem Leben die Wallfahrt nach Mekka – den Haddsch – zu verrichten. Die Wallfahrt ist nur gültig, wenn die Pilger sich den Bedingungen eines besonderen Weihezustandes – dem Ihrām – unterwerfen. Ihrām bedeutet, daß man sich nicht rasieren oder kämmen, Haare und Nägel nicht schneiden darf, sich der Jagd, des Gebrauchs von Parfum und des Geschlechtsverkehrs enthalten muß sowie die Ihrām-Tracht trägt.«

Lexikon der Islamischen Welt (1974)

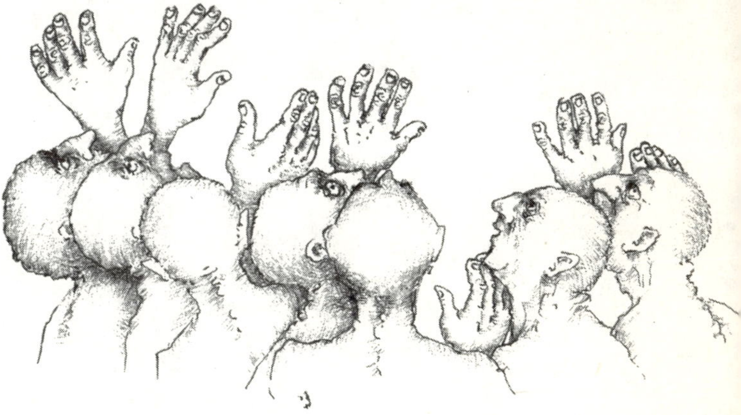

Ibn Dschubair
Der Haddsch

An jenem Freitagmorgen war eine Menschenmenge auf (der Ebene) 'Arafāt, die ihresgleichen am Tage der Auferstehung finden kann. Einige wahrheitsuchende Scheichs unter den ansässigen Pilgern bestätigten, daß sie niemals eine zahlreichere Menschenansammlung auf 'Arafāt gesehen hatten. Ich glaube nicht, daß seit der Zeit von Harūn ar-Raschīd, der als letzter Kalif die Pilgerfahrt unternahm, wieder eine solche Menschenmenge zusammenkam.

Als am Freitag die Mittags- und Nachmittagsgebete zusammen gesprochen wurden, standen die Menschen reuevoll und tränenüberströmt, demütig die Gnade Allahs erflehend. Die Rufe »Allah ist groß« erhoben sich; laut waren die Stimmen der Menschen im Gebet. Niemals zuvor hatte es einen Tag solchen Weinens, solcher Reue der Herzen, eines solchen Beugens der Nacken in ehrerbietiger Unterwerfung und Demut vor Gott gegeben. In dieser Art fuhren die Pilger fort; die Sonne verbrannte ihre Gesichter, bis der Ball gesunken war und die Zeit der Sonnenuntergangsgebete bevorstand. Der Emir der Pilgerfahrt war mit einer Anzahl gepanzerter Soldaten angekommen; sie standen nahe dem Felsen neben der kleinen Moschee. Die jemenitischen Sarwa bezogen ihre Positionen an den festgesetzten Plätzen, Stellungen, die sie durchgehend in der Erbfolge von ihren Ahnen seit den Tagen des Propheten innegehabt haben. Kein Stamm von ihnen greift auf den Platz eines anderen über. Ihre Zahl in diesem Jahr war so groß wie nie vorher. Ebenso war der Emir aus dem Irak mit einer großen Gruppe wie nie zuvor angekommen. Mit ihnen kamen fremde Emire aus Chorasān, hochgeborene Damen, chawātīn, und viele Damen, Töchter von Emiren, zusammen mit jenen aus anderen Ländern in unüberschaubarer Zahl; alle bezogen ihre Plätze.

Für die Rückkehr von 'Arafāt hatte man den mālikitischen Imam als Führer und Vorbeter ernannt, denn die Praxis der Mālikiten verlangt, daß man nicht von 'Arafāt aufbrechen solle, bis die Sonnenscheibe unter den Horizont gesunken und die

Zeit zum Sonnenuntergangsgebet gekommen sei. Dennoch waren einige jemenitische Sarwa früher aufgebrochen. Als der Zeitpunkt gekommen war, gab der mālikitische Imam mit seinen Händen das Zeichen, und sie stiegen von ihren Plätzen herab. Die Menschen drängten sich auf ihrem Rückweg mit solch einer Wucht voran, daß der Boden zitterte und die Berge bebten. Was für ein Erlebnis war das gewesen, wie überwältigend anzusehen, und welche Hoffnungen auf glückliche Belohnung hatte es in die Seele gebracht! Gott gebe, daß wir zu denen gehören mögen, denen Er dort Seine Anerkennung gab und die Er mit Seiner Güte bedachte.

Das Zeltlager des Emirs aus dem Irak war wundervoll anzusehen und hervorragend ausgestattet, mit großen schönen Zelten und Erhebungen, wundervollen Pavillons und Sonnensegeln; ein Anblick, den ich nie überraschender gesehen hatte. Das Lager des Emirs war das größte, denn es war von Leinenschirmen umgeben wie eine Mauer, die eine Art eingeschlossener Garten oder ein verziertes Gebäude bildeten. Darin standen aufgeschlagene Zelte, alle schwarz auf weißem Hintergrund und getupft und bunt gefleckt, als seien es Blumen in einem Garten. Die Ansichten der vierseitigen Schirme waren alle bedeckt mit Formen von schwarzen Schilden, die auf das weiße Leinen gemalt waren, um den Betrachter zu erschrecken. Er soll sie als Schilde auf Rössern mit gestickten Pferdegewändern einschätzen. In diesen mauerähnlichen Schirmen waren große Türen wie bei stattlichen Burgen, durch die man in Vorhallen und Labyrinthe eintrat. Man passierte durch den offenen Grund, wo die Pavillons standen. Es ist, als lebe der Emir in einer mit Mauern umgebenen Stadt, die sich bewegt, wenn er sich bewegt, und die stehenbleibt, wenn er sich niederläßt. Sie ist ein Stück königlichen Glanzes; ähnliches ist von westlichen Königen noch nicht gesehen worden. Die Wächter, Diener und Gefolgsleute des Emirs stehen in den Türen. Die Türen sind so hoch, daß ein Reiter mit seinem Banner hindurchgelangen könnte, ohne seinen Kopf zu neigen oder zu beugen.

Der Aufbau wird von dicken Leinenseilen, die mit Haken im Boden verankert sind, gehalten; das Ganze wird mit enormer bautechnischer Fertigkeit aufgerichtet. Die anderen Emire, die in Begleitung des irakischen Emirs gekommen waren, hatten weniger großartige Zeltlager. Doch sie waren alle in ähnlichem Stil, mit glänzenden Pavillons von ungewöhnlicher Form, aufgebaut wie schwebende Kronen; sie zu beschreiben würde zu lange dauern und zu vieler Worte bedürfen, so groß war der Glanz dieses Lagers an Ausrüstung, Möblierung usw. All dies weist auf große Fülle und Überfluß an Wohlstand und Reichtum hin.

Bei ihren Reisen auf dem Kamel werden die Reisenden von Baldachinen beschattet, hübsch anzusehen und von ungewöhnlicher Form, die über hölzernen Sänften errichtet werden. Diese nennen sie qaschâwa. Sie sehen aus wie ausgehöhlte Bahren und sind für die Männer und Frauen, die darin reisen, wie Kinderwiegen mit weichen Matratzen ausgelegt, auf denen der Reisende so komfortabel sitzt, als befände er sich in einem weichen, bequemen Bett. Ihm gegenüber, auf der anderen Hälfte der Bahre sitzt im Gleichgewicht sein männlicher oder weiblicher Gefährte; über beiden ist der Baldachin ausgebreitet. So reisen sie, ohne die Bewegungen zu spüren, schlummernd oder mit dem beschäftigt, was ihnen beliebt. Wenn sie zum Ziel ihrer Reise kommen, werden sofort Schutzwände aufgerichtet, sofern sie Menschen von reichen oder luxuriösen Möglichkeiten sind; sie treten noch reitend ein. Dann werden Stufen zu ihnen getragen, sie steigen hinab, indem sie vom Schatten ihres Baldachins in den ihres Halteplatzes hinüberschreiten, ohne daß ein Windchen sie belästigt oder ein Strahl der Sonne sie berührt. Das sei genug für den Leser von diesem Luxusleben!

Wie lang ihre Reisen auch sein mögen, sie werden keinen Strapazen und Mühsalen ausgesetzt. Bei dem ständigen Aufschlagen und Abbauen der Zelte haben sie keine Belästigung zu ertragen. Weniger bequem als diese haben es diejenigen, die in mahāra's reiten, die dem schuqdhuf ähneln. Doch der schuqdhuf ist größer und breiter, jener kompakt und weniger bequem. Er spendet auch Schatten als Schutz gegen die sengende Sonne. Wessen Mittel für die Reisebequemlichkeiten nicht reichen, der muß die Strapazen des Weges ertragen, die aber ein Teil der Züchtigungen von Gott sind.

Wir kehren nun zu der Erzählung über die Rückkehr von 'Arafāt am Abend des Stehens zurück. Die Menschen brachen auf, nachdem die Sonne untergegangen war, wie wir sagten. Am späten Abend kamen sie nach Muzdalifa, wo sie gemäß den vom Propheten niedergelegten Regeln die kombinierten Sonnenuntergangs- und Nachtanbruchsgebete rezitierten. Die ganze Nacht hindurch war der Ort von Wachskerzen hell erleuchtet. Die erwähnte Moschee war so hell, daß es dem Betrachter vorkam, als ob alle Sterne des Himmels darauf niederschienen. Nach derselben Art war der Berg der Barmherzigkeit und seine Moschee in der Freitagnacht anzusehen gewesen; denn diese Fremden aus Chorasān und andere Irakis sind höchst emsige Männer, die Kerzen in großen Zahlen mitbringen, damit die ehrwürdigen Schreine erleuchtet seien. Eben ihretwegen hatte der Haram für die Dauer ihres Aufenthalts diesen Anblick. Jeder von ihnen traf mit einer Kerze in der Hand ein. Die meisten trugen sie zum Pavillon des hanafitischen Imams, denn er gehörte ihrem Ritus an. Eine riesige Kerze wie eine Zypresse sahen wir, die »eine Last für eine Truppe von kräftigen Männern wäre«. Sie wurde vor dem hanafitischen Imam aufgestellt. In der Nacht zum Sonnabend blieben die Menschen in Muzdalifa; nachdem sie das Morgengebet gesprochen hatten, brachen sie früh nach Minā auf. Sie standen und beteten auf dem Weg, denn ganz Muzdalifa ist ein »Stehgrund« außer dem Tal von Muhassir, wo man sich schnell in Richtung Minā bewegen muß, bis man dorthin gelangt. Bei Muzdalifa versorgten sich die meisten Pilger mit Steinen für die Bewerfung der Haufen. Dies ist die beliebteste Stätte dafür; es gibt aber auch andere Orte. Sie lesen sie in der Umgebung der Moschee in Minā auf, nach ihrem Wunsch.

Als die Pilger in Minā eintrafen, beeilten sie sich, die sieben Steine auf den hinteren Haufen zu werfen. Dann schlachteten sie das Opfertier. Daraufhin ist ihnen erlaubt, alles zu tun, außer Kontakt mit Frauen aufzunehmen und Parfum zu verwenden.

Dieser Hügel wurde bei Sonnenaufgang am Opfertag gesteinigt. Die meisten Pilger brachen dann auf, um die Umschreitung der Rückkehr zu vollziehen.

Einige von ihnen blieben bis zum zweiten Tag und manche bis zum dritten, dem Tag des Abstiegs nach Mekka. Am zweiten Tag, der auf den Tag des Opfers folgt, bei Sonnenuntergang, warfen die Pilger sieben Steine auf den ersten Haufen, dann ebenso auf den mittleren und verharrten an beiden zum Gebet. Sie taten dasselbe am hinteren Haufen, doch hielten sie hier nicht an; damit ahmten sie in allem die Handlungsweise des Propheten nach.

An dem Tag nach dem Opferfest, nach dem Werfen der Steine, hielt der Prediger eine Ansprache in der Moschee und leitete dann das kombinierte Mittags- und Nachmittagsgebet. Dieser Prediger kam mit dem irakischen Emir, beauftragt vom Kalifen, um die Predigt zu halten und die Pflichten des Kadi in Mekka wahrzunehmen, wie behauptet wird. Seine Ausführungen zeigten, daß er einfältig und dumm war. Seine Rede beachtete nicht die Regeln der Grammatik.

Am dritten Tag eilten die Pilger zum Abstieg nach Mekka. Sie hatten nun das Werfen der neunundvierzig Steine vollendet. Einige sprachen das Nachmittagsgebet im Flußbett, andere in der Moschee, wieder andere hatten sich beeilt und das Mittagsgebet im Flußbett gesprochen. Früher war es üblich gewesen, in Minā drei Tage lang nach dem Tag des Opferfestes zu bleiben, um siebzig Steine zu werfen. Doch heutzutage wird das in zwei Tagen erledigt gemäß dem von Gott Gesagten: »Wer nach zwei Tagen eilt, so ist es keine Sünde für ihn; wer sich verspätet, für den ist es auch keine Sünde.« Dies geschieht aus Angst vor den Banū Schu'ba und vor Überfällen durch mekkanische Räuber.

Am Tag des Abstiegs kam es zu Meinungsverschiedenheiten und Unruhen zwischen den (arabischen) Einwohnern von Mekka und den Türken aus dem Irak, dabei wurden einige verletzt. Schwerter wurden gezogen, Pfeile auf die Bogensaiten gelegt, Speere geworfen und einige Güter der Kaufleute geplündert. Minā ist in jenen drei Tagen ein großer Markt. Hier werden Waren von edelsten Juwelen bis zur billigsten Perlenschnur zusammen mit anderen Artikeln und verschiedenen Dingen aus aller Welt verkauft; es ist der Treffpunkt von Menschen aus aller Herren Länder. Gott bewahrte uns vor den Übeln dieser Unruhe und brachte schnell Ruhe zurück. So endete das erfolgreiche Stehen in der 'Arafāt-Ebene; und die Gläubigen hatten ihre Pilgerfahrt beendet. Lob und Dank sei Gott, dem Herrn des Universums!

Am Sonnabend, dem 24. März 1184, dem Tag des Opferfestes, wurde der Vorhang der Kaaba auf vier Kamelen vom Zeltlager des irakischen Emirs nach Mekka transportiert. Davor schritt der neue Kadi, in die schwarze vom Kalifen gesandte Kleidung gehüllt, vor ihm Banner und hinter ihm Trommeln. Ein Vetter des ehemaligen Banū Schaiba-Oberhaupts ging mit; es wurde berichtet, daß das Dekret des Kalifen bezüglich der Amtsenthebung des Oberhaupts aufgrund einiger berüchtigter Handlungen ausgeführt worden sei. Möge Gott das erhabene Haus reinigen!

Dieser Vetter verhielt sich wohlwollender und vorbildlicher, das haben wir bereits bei der ersten Verhaftung erwähnt.

Die kiswa wurde auf dem Dach der Kaaba abgelegt, und am Dienstag, dem 27. März, waren die Banū Schaiba sehr damit beschäftigt, sie zu befestigen. Sie hatte eine satte grüne Farbe und verzückte die Augen durch ihre Schönheit. In ihrem oberen Teil hatte sie ein breites rotes Band, und auf der dem Maqām gegenüber befindlichen Seite waren auf diesem Band nach dem »bismillāh« die Worte geschrieben: »Dies ist das erste für die Menschen geschaffene Haus als ein Zeichen.«

Auf den anderen Seiten war der Name des Kalifen mit Anrufungen zu seinen Gunsten genannt. Um das Band herum verliefen zwei rötliche Zonen mit kleinen weißen Medaillons, die Koranverse sowie den Namen des Kalifen in feinen Buchstaben enthielten. Die Verhüllung der Kaaba war fertiggestellt, und die Säume der kiswa wurden umgelegt, um sie vor den Händen der Fremden, die heftig daran reißen und sich stürmisch darauf werfen, zu schützen. Dem Betrachter bot die Kaaba dann den lieblichsten Anblick, wie eine Braut in dem feinsten grünen Seidenbrokat. Möge Gott geben, daß sie von allen, die sich danach sehnen, gesehen wird.

In diesen Tagen war die Kaaba täglich für die Fremden aus dem Irak und Chorasān und die anderen, die mit dem Emir eintrafen, geöffnet. Das Gedränge dieser Menschen, die Weise, wie sie sich auf die edle Tür warfen, ihre Zusammenstöße, das Schwimmen einiger auf den Köpfen der anderen, als seien sie im Wasser, war etwas, was niemals schrecklicher anzusehen gewesen war. Leben wurde vernichtet und Glieder gebrochen. Während alledem waren sie unachtsam und ruhten niemals.

Wie Motten auf eine Lampe warfen sie sich auf die Kaaba in einem Überschuß von Bewegtheit und Kraft. Das Verhalten der jemenitischen Sarwa beim Eintreten war gesetzt und ruhig im Vergleich zu dem dieser barbarisch-züngigen Fremden. Möge Gott ihnen für ihre guten Absichten Vorteile gewähren! Gelegentlich mischte sich eine Gruppe von Frauen in das Gedränge und kam mit »brennender Haut« heraus, gerötet durch die Quetschungen eines Kampfes, der durch Emotion und Ekstase entfacht wird.

Richard Francis Burton
Als Muslim verkleidet in Mekka

Als wir eben eine Talschlucht hinter uns hatten, kam eine Reiterschar an uns vorüber. An der Spitze ritt kein geringerer Mann als der Scherif von Mekka, Abd el Motalleb ben Galeb, ein Greis ohne Bart, mit afrikanischen Gesichtszügen. Alle seine Kleider waren weiß, und von dem großen weißen Turban stach sein stark ins Schwarze spielendes Gesicht scharf ab. Er ritt auf einem Maultier, das zum Paßgang abgerichtet war; als Zeichen seiner Würde wurde ihm von einem zu Fuße gehenden Diener ein großer, grünseidener Regenschirm vorangetragen; sein Gefolge bildeten etwa vierzig Musketenträger. Nach einem nicht unbeträchtlichen Zwischenraum folgten die vier Söhne des Scherif; die drei älteren trugen prächtige seidene Kleider und ritten schöne Dromedare, ihr Rang war durch vergoldete Säbel und Dolche bezeichnet. Der vierte Sohn war noch ein Knabe.

Gegen Abend hielten wir an, sahen aber von Mekka nichts, weil die Stadt in einem mehrfach gewundenen Tal liegt. Ich verrichtete meine gewöhnliche Andacht und sprach dann, nach meines Motawwef, des Führers, Anweisung, folgendes Gebet: »O Allah, wahrlich dort ist Deine schützende Burg, dort Dein Heiligtum. Wer dieses betritt, ist gerettet. Halte das Feuer der Hölle fern von meinem Fleisch und Blut, von meinen Knochen und meiner Haut. Ich beschwöre Dich darum, denn Du bist

Allah, der Barmherzige und Gütige, dem nichts verglichen werden kann. Habe Erbarmen mit unserm Herrn Mohammed, seinen Nachkommen und Getreuen, mit Einem und mit Allen!« Darauf folgte dann das Talbiyet und noch ein besonderes Gebet für mich selbst.

Nun ritten wir weiter, aber es war dunkel und wir sahen nichts. Ich schlief ein. Um ein Uhr in der Früh weckte mich der Ruf: »Da ist Mekka, Mekka! Das Heiligtum, das Heiligtum!« Alle riefen »Lebbeyk, lebbeyk!« Viele weinten und schluchzten. Ich bog mich aus der Sänfte und gewahrte beim Sternenschimmer die verschwommenen Umrisse einer großen Stadt, die sich schwarz auf dem Horizont der Ebene abhoben. Bald überstiegen wir noch eine Hügelreihe, durch die ein Weg ausgehauen war. Zu beiden Seiten erheben sich Türme, um den Darb el Maula zu beschützen, das heißt den Pfad, auf dem man von Norden her zur heiligen Stadt gelangt. Und nun kamen wir in die Maabideh, die nördliche Vorstadt, in welcher der Palast des Scherifs liegt, und bogen zur Rechten ab, um in das afghanische Stadtviertel zu gelangen. Mohammed, dessen Wohnung im syrischen Viertel lag, war nicht ohne Besorgnis, weil diese beiden Stadtviertel miteinander in schlechtem Einverständnis leben. Die Kinder bewerfen sich mit Steinen, die Männer prügeln sich, wenn sie einander begegnen; manchmal greift man auch, allen Verboten der Religion Trotz bietend, zum Säbel oder Dolch. Bei diesen Feindseligkeiten gilt eine feste Regel. Sobald zum Beispiel ein Bürger getötet wird, eröffnet man eine Sammlung, um den Blutpreis zu bezahlen. Der Bewohner des einen Stadtviertels, der in ein anderes geht, wird dort als Gastfreund behandelt; sobald er aber die Grenze überschreitet, läuft er Gefahr, von denselben Leuten niedergeschlagen zu werden, die ihm eben noch gastfreundlich begegneten.

Nachdem ich noch durch mehrere enge, zum Teil sehr abschüssige Gassen gekommen war, in denen ich absteigen mußte, gelangte ich vor das Haus meines jungen Geleitsmannes Mohammed. . . .

Mohammed mußte lange an die Tür seines väterlichen Hauses klopfen, bevor ein alter indischer Diener öffnete; dann eilte er die Treppe hinauf zu seiner Mutter, während ich auf der

Straße blieb und das Zaghrite vernahm, jenen hellen Schrei, mit welchem die Frauen ein heimkehrendes Mitglied der Familie begrüßen. Der junge Mensch war aber bald wieder unten und benahm sich nun sehr gemessen, höflich und aufmerksam, denn jetzt war ich sein Gast, den er in einen großen unbeleuchteten Saal führte. Dort setzte ich mich auf eine breite Mastaba, eine Erhöhung, die mit einem Teppich bedeckt war. Ein Diener brachte Licht, auch hörte ich in dem Gemach über mir rasche Tritte und vernahm, daß die Kabira, die Hausfrau, allerlei Vorkehrungen traf. Mich hungerte sehr, aber mein Verlangen wurde bald befriedigt, weil gleich, nachdem die Kamele entlastet waren, eine große Schüssel voll zuckerbestreuter Nudeln aufgetragen wurde. Diese Kunafa schmeckten prächtig und wurden rasch verzehrt. Wir ließen dann aus einem Kaffeehaus Decken holen und streckten uns der Länge nach hin, um ein wenig zu schlummern, denn schon nach zwei Stunden, bei Tagesanbruch, mußten wir wieder auf den Beinen sein, um den Tawaf el Kudum, den »Umgang nach der Ankunft« zu halten.

Als die Gipfel des östlich von Mekka sich erhebenden Gebirges Abu Kobeïs von den ersten Strahlen der Morgensonne vergoldet wurden, gingen wir zur Moschee und traten durch das Tor Ziyedeh, also auf der Nordseite hinein, stiegen auf zwei langen Treppen hinab, eilten durch die Säulengänge und befanden uns dann im Angesicht des Gotteshauses. Es machte nicht etwa den gewaltigen Eindruck, dessen wir uns beim Anblick ägyptischer Denkmäler nicht erwehren können; es war auch nicht etwa anmutig wie die griechischen Monumente, aber das Schauspiel, welches ich sah, war wundersam befremdend, ich kann wohl sagen, einzig in der Welt. Wie wenigen Europäern ist es vergönnt gewesen, dies vor mir zu genießen! Da lag das weltberühmte Heiligtum des Islam direkt vor meinen Augen! Unter allen Menschen, welche den Tempelvorhang mit ihren Tränen benetzten oder ihre hochwallende Brust an den Schwarzen Stein in der Mauer drückten, war sicherlich kein einziger so tief bewegt, so gewaltig im Innern ergriffen wie ich, der einsame Pilger, welcher fernher aus dem Norden bis hierher wanderte. Aber freilich, jene fromme Menge war von religiöser Begeisterung erfüllt, ich dagegen hatte nur den

Enthusiasmus der Neugier und Wißbegierde und war von dem selbstsüchtigen Gefühl durchdrungen, daß meinem Stolze Genüge geschehen sei. Ich stand am Grabe des Propheten!

Mohammed ließ mich eine Weile ungestört; dann erinnerte er mich daran, daß nun die Pflichten der Pilgerschaft erfüllt werden müßten. Wir gingen in das Innere der Kaaba durch die Pforte der Begrüßung, erhoben unsere Hände, sprachen das Lebbeyk, das Tekbïr und das Tahlil und einige andere Gebete und bedeckten dann das Gesicht mit unseren Händen. Dann begaben wir uns zu der Stätte, an welcher die Schafeïs beten; sie liegt zwischen dem Makam Ibrahim und dem Brunnen Zemzem. Dort hat der Pilger das zweimalige Verbeugen zu Ehren der Moschee zu erfüllen. Die Sakkas oder Brunnenwärter brachten uns eine Schale Wasser; in Anbetracht des Geschenkes, welches ich ihnen dafür verabreichte, gaben sie in meinem Namen auch armen Pilgern zu trinken, für welche sie ein großes irdenes Gefäß füllten. Darauf schritten wir dem östlichen Winkel der Kaaba zu, wo der Schwarze Stein sich befindet, stellten uns in einer Entfernung von etwa zehn Schritten ihm gegenüber, erhoben unsere Hände und sprachen: »Es gibt keinen Gott außer Gott; seine Verheißungen sind Wahrheit und die, so ihm dienen, sind siegreich. Es gibt keinen andern Gott als Allah, den einzigen, ungeteilten. Er besitzt die höchste Gewalt. Ihm sei Ruhm, er verfügt über alle Dinge!« Wir gaben uns Mühe, bis dicht an die Mauer vorzudringen, in welcher der Stein angebracht worden ist, konnten aber nicht dorthin gelangen, weil die Menge der Pilger zu groß war. Er blieb also diesmal von uns unberührt, aber wir erhoben die Hände bis an die Ohren, ließen sie dann wieder sinken und riefen: »O Allah, ich erfülle diese Handlung in dem Glauben an Dich, gemäß Deinem Buche (dem Koran) und nach dem Beispiel Deines Propheten. Möge Allah ihn segnen und bewahren! O Gott, ich strecke meine Hand nach Dir aus und groß ist mein Verlangen, Dir zu nahen. O, erhöre mein Flehen, mindere meine Sorgen, erbarme Dich meiner Erniedrigung und bewillige mir gnädig Verzeihung.«

Der Andrang war immer noch so stark, daß wir auch jetzt noch nicht zum Stein gelangen konnten. Wir erhoben also wiederum die Hände bis zu den Ohren, wandten die flache Seite zu dem Stein hin, gleichsam als ob wir ihn berührten, sprachen das Takbir, Tahlil und Hamdilah, segneten den Propheten und küßten die Fingerspitzen unserer rechten Hand. Darauf begann die Feierlichkeit des Tawaf, des Umgangs. Dabei mußten wir dem Mataf folgen, das heißt dem länglich runden Weg, der mit Granit gepflastert ist und dicht an der Kaaba um diese herumführt. Unter Anleitung meines Führers sprach ich folgende Worte, die er mir vorsagte: »Im Namen Allahs. Allah ist allmächtig. Ich habe den Vorsatz, sieben Umgänge zu machen zu Gottes Ehre, des Ruhmreichen, des Erhabenen, des Allmächtigen. Gott, ich vollziehe diese Handlung in dem Glauben an Dich, gemäß Deinem Buche«, und so fort, wie oben. Dieses Gebet sprachen wir während des Ganges zum El Moltasem, einer Stelle zwischen der Kaabatür und dem Schwarzen Stein, und als wir dort waren, riefen wir: »O Allah, Du hast die Wahrheit gelehrt; verzeihe mir, wenn ich Deine Gebote übertreten habe!« Der Tür gegenüber wurde Folgendes gesprochen: »Gott, dieses Haus ist Dein Haus, dieses Heiligtum Dein Heiligtum, diese Zuflucht Deine Zuflucht; hier ist die Stätte für alle, welche bei Dir Schutz suchen gegen das Feuer der Hölle.«

Entsprechende Gebete sprachen wir vor dem Makam Ibrahim, in dem Irakwinkel, bei der Dachrinne. Dann wandten wir uns nach dem westlichen Winkel, Ruhn el Schami, und riefen: »O Allah, möge diese Pilgerschaft Dir genehm sein und mir Vergebung meiner Sünden bringen; möge sie sein ein löbliches Unternehmen, eine vor Dir angenehme Handlung, ein wirksames Bewahrungsmittel. Du bist voll Ruhm und Barmherzigkeit!«

Diese Worte müssen dreimal gesprochen werden. Wir gelangten dann an den Yemeniwinkel, wo wir den Andrang nicht so stark fanden. Deshalb konnten wir, nach dem Beispiel des Propheten, mit unserer rechten Hand die Mauer berühren, küßten dann die Fingerspitzen und sprachen, ehe wir noch den Schwarzen Stein erreichten, an welchem unser Umgang endete, folgende Worte: »O Allah, wahrlich, ich suche Zuflucht bei Dir gegen Untreue, Dürftigkeit und Grabespein, gegen die Unruhen des Lebens und des Todes. Ich komme zu Dir, um Schutz zu finden gegen die Schmach in dieser und jener Welt; ich flehe um Deine Verzeihung für die Gegenwart und für die

Zukunft. Herr, gewähre mir Glück in diesem und in jenem Leben, und bewahre mich vor der Züchtigung durch das ewige Feuer.«

Damit war unser erster Umgang vollendet. Dieser und die beiden folgenden werden rasch, gleichsam im Turnerschritt vorgenommen, die vier übrigen müssen mit berechneter Langsamkeit zurückgelegt werden. Bei allen diesen Umgängen war es uns nicht möglich, bis dicht an den Schwarzen Stein vorzudringen und zum Kuß zu gelangen; wir mußten uns damit begnügen, vor ihm stehenzubleiben, hielten die Hände an die Ohren und sprachen: »Im Namen Allahs, und Gott ist der Allmächtige.« Dann küßten wir die Fingerspitzen, begannen wieder einen Gang und sprachen dieselben Gebete.

Der Tawaf war nun vollendet, und es kam darauf an, den Stein zu küssen. Lange verzweifelte ich daran, durch die Masse von Beduinen und andern Pilgern, welche ihn umlagerten, hindurchdringen zu können. Aber Mohammed zeigte sich den Umständen gewachsen. Während unserer Umgänge hatte er seinen religiösen Eifer auch dadurch betätigt, daß er alle Perser, die uns in den Weg kamen, ausschimpfte. Beleidigende Reden gegen diese verruchten Ketzer und fromme Gebete entströmten wechselweise seinem Mund. Es waren, wenn ich so sagen darf, malerische Unterbrechungen, zum Beispiel so: »O Allah, ich suche meine Zuflucht bei Dir gegen die Schmach dieser Welt!« Ein bärtiger Mann aus Chorasan begegnete uns, Mohammed bricht in seinem Gebet ab und ruft ihm unter den Bart: »Du verfluchter Sohn eines Verfluchten, Du Schwein, und Bruder einer Sau!« Dazu kamen andere Liebenswürdigkeiten ähnlicher Art. Keiner dieser Adschemis wagte ein Wort zu entgegnen. Höfliche Reden und Bitten halfen bei den frommen Pilgern vor dem Stein nichts; sie standen dichtgedrängt, ein Wald von nackten Schultern und geschorenen Köpfen und wollten weder weichen noch wanken. Da brachte mein Führer ein halbes Dutzend stämmiger Mekkawis, echte Stadtkinder, zusammen, und mit deren Unterstützung brachen wir uns Bahn. Die Beduinen waren grimmig wie wilde Katzen, aber sie hatten keine Dolche und waren ohnehin sehr abgemagert, weil ihnen im Sommer ihre Hauptnahrung, die Milch, spärlich zugemessen war. Ich hätte mit leichter Mühe ein halbes Dutzend dieser Leute umwerfen können. Also trotz ihres Grimmes und Geschreis erreichten wir unsern Zweck und blieben wohl zehn Minuten lang in ausschließlichem Besitze des Schwarzen Steines. Wir küßten ihn, rieben an ihm Hände und Stirn, aber dabei betrachtete ich das Heiligtum mit der größten Aufmerksamkeit und bin nun überzeugt, daß der Stein ein Aërolith ist.

Wir gelangten dann mit Mühe bis zur Stätte Multazem, drückten dort Magen, Brust und rechte Wange gegen die Kaaba, hoben die Arme über den Kopf empor und riefen: »O Allah, Herr des alten Hauses. Befreie meinen Leib vom Höllenfeuer, beschütze mich vor jeder Missetat, laß mich zufrieden sein mit dem täglichen Brot, das Du uns gibst, und segne mich bei allem, das Du mir gewährst!« Darauf folgte der Istighfar oder die Bitte um Vergebung: »Ich erflehe die Verzeihung Allahs, des Höchsten, Einzigen, Lebendigen, Ewigen, und biete ihm meine Reue dar.« Dann sprachen wir die Segnung für den Propheten, erbaten für uns, was unser Herz am meisten begehrte, küßten den Multazem, gingen zu der Stätte beim Makam Ibrahim, wo die Schafeïs beten, und sprachen die beiden Sunnat el Tawaf, das heißt die Gebete des Umgangs des Propheten. An der Tür zum Zemzem war ich genötigt, noch einmal zu trinken; das Wasser ist sehr bitter. Auch einem Sturzbad entging ich nicht, denn man goß mir ein paar Eimer Wasser über den Kopf; indem es vom Körper des Pilgers zur Erde fiel, nahm es alle Sünden fort, mit denen meine Seele beschmutzt war. Während dieses Sturzbades sagte ich: »O Allah, ich flehe Dich an, daß Du mir Überfluß an täglichem Brot gewährest und Wissenschaft, welche dem Menschen nütze ist, auch Heilung von allem Übel.«

Noch einmal mußte ich zum Schwarzen Stein zurückgehen und, da ich jetzt nicht bis zu ihm vordringen konnte, das Takbir, Tahlil und Hamdilah hersagen. Das war aber die letzte Station. Meine nackten Füße waren wie geschunden, mein geschorener Kopf war von der Sonne verbrannt. Um zehn Uhr verließ ich die Moschee und begab mich nach Hause.

Mohammeds Mutter war Witwe und hatte die verfügbaren Gemächer an ihren Bruder vermietet, einen alten ausgetrockneten Mekkawi mit einem Geiergesicht, Habichtskrallen und Hyänenlachen. Dieser liebenswürdige Mann war sehr ungehalten, als ich in meiner Eigenschaft als Gast den Anspruch erhob, ein besonderes Zimmer zu haben. Am Ende versprach er aber doch, daß mir eine kleine Kammer, die als Magazin benutzt wurde, eingeräumt werden solle, wenn ich vom Berge Arafat zurückkäme. Damit mußte ich vorerst mich begnügen und den übrigen Teil des Tages im gemeinschaftlichen Männerzimmer zubringen. Dieser große Saal nahm etwa drei Viertel des Erdgeschosses ein. In einem Winkel links vom Eingang war eine breite viereckige Mastaba, die eine Erhöhung, welche als Diwan benutzt wird, mit einem Teppich belegt. An der Hinterwand befand sich ein kleinerer, abscheulich schmutziger Diwan und hinter ihm ein dunkler Winkel, in welchem das Gepäck der Pilger aufgehäuft lag. Der Mastaba gegenüber stand in einer Ecke ein großes Kohlenbecken, auf dem die indischen Diener den Kaffee kochten oder die Pfeifen anzündeten.

Ich nahm auf der Mastaba Platz. Bald danach trat eine Schar türkischer Pilger ein, die im Hause Unterkommen gefunden hatte. Anfangs begegneten wir einander keineswegs mit herzlicher Zuvorkommenheit, ich sah aber bald, daß ich in ihnen wackere, umgängliche Leute vor mir hatte, mit denen ich recht gut auskam.

Am Abend ging ich mit Mohammed und Scheich Nur, der eine Decke und eine Laterne trug, wieder in die Moschee. Der Mond fiel mit seinem Silberlicht auf den Gipfel des Abu Kobeys und in den Tempelhof; die große schwarze Masse der Kaaba überschattete alle kleineren Gebäude, mit denen sie umgeben ist. Ich hatte nur Sinn und Augen für dieses in der Welt einzig dastehende wundersame Denkmal. Da war der Tempel Allahs, des einigen Gottes, des Gottes Abrahams, Ismaels und seiner Nachkommen. Der Anblick war erhaben; die Kaaba drückte mit einer Gewalt, die ich nicht beschreiben kann, die Größe des Gedankens aus, dem der Islam entsprossen ist und der dessen Bekennern eine so unerschütterliche Zuversicht einflößt.

Vor den Zugängen drängten sich Männer, Frauen und Kinder hinter den Metowwefs (Führern); einige gingen bedächtig, andere bewegten sich rasch hin und her, die meisten standen still und beteten. Es waren immer die gleichen Gegensätze. Da schritt die Frau aus der Wüste mit stolzem Gang einher, in langem schwarzen Gewand; aus den beiden Öffnungen des roten Schleiers blitzten ein paar schwarze Augen hervor. Ich sehe eine alte Inderin mit halbtatarischem Gesicht, häßlicher Gestalt und mageren Beinen. Man bringt eine Leiche auf der Bahre daher; vier Träger, welche von eifrigen Gläubigen für ihre Mühewaltung belohnt werden, führen den Toten um das Heiligtum. Die Türken erkenne ich an ihrer hellen Haut; sie gehen schweigsam einher und zeigen jene abstoßende hochmütige Kälte, welche ihnen eigen ist. Dort sehe ich einen ausgehungerten Inder aus Kalkutta mit häßlichem Turban, ungestalten Armen und schwankendem Gang. An die Mauer des Heiligtums drückt sich ein armer, von Mühsal beladener Mann, der krampfhaft zuckt und Seufzer hervorpreßt, so tief und schmerzhaft, daß man meint, das Herz müsse ihm brechen.

Wir waren in der Moschee, bevor es dunkelte. Mohammed hatte Gerste mitgebracht, um die Tauben zu füttern, die sich in Menge am liebsten zwischen der kleinen Pforte der Begrüßung und dem östlichen Säulengang aufhalten. Dort sitzen auch den ganzen Tag über Frauen und Kinder, die gegen eine Kupfermünze den Gläubigen Futter ablassen.

Ich verweilte bis zwei Uhr morgens in der Moschee, um abzuwarten, ob sie wohl leer würde; aber das geschah nicht. Viele Pilger blieben, ohne in ihre Wohnungen zu gehen, im Hofraum des Heiligtums, um gleich von dort in der Frühe den Pilgerzug nach dem Berge Arafat anzutreten. Sie hatten sich in Gruppen geteilt, vor deren jeder eine Laterne stand, saßen auf ihren Decken, unterhielten sich und betrachteten die Kaaba. Die Menschenmenge war so groß, daß ein paar Stunden verliefen, ehe ich zum Gebet auf Ismaels Grabe kam. Zwischen den Säulen fand ich Kaufleute, die geweihte Sachen feilboten, zum Beispiel Kämme, Rosenkränze, Zahnreiniger und was dergleichen mehr ist.

Meine beiden Gefährten waren um Mitternacht eingeschlafen. Ich faßte nun den Vorsatz, ein Stück von dem Gewande abzureißen, welches die Kaaba deckt; es waren aber zu viele Blicke auf das Heiligtum gerichtet, und ich mußte mich begnügen, mit abgezählten Schritten, mit meinem Arm und einem

Streifen Band die Verhältnisse des Gebäudes abzumessen. Späterhin konnte auch ich der Ermüdung nicht länger widerstehen, weckte Mohammed und Scheich Nur und ging mit ihnen durch die mondbeleuchteten Gassen heim. Alles war still und die Sicherheit allgemein, denn fast überall schliefen die Leute vor den Häusern, deren Türen offen standen.

Heinrich Freiherr von Maltzan
Rund um den Schwarzen Stein

Da lag sie, eine finstere, schwermütige Masse, von schlecht zubehauenen Steinen erbaut. Ein viereckiges, schwerfälliges Monstrum der Kunst, plump und roh in seiner Anlage und Ausführung, wie es das Kindheitsalter barbarischer Tempelarchitektur erzeugt hatte. Da lag die Kaaba, das Ziel meiner Wallfahrt, das Zentrum des Islam. Sie ragte über alles, was sie umgab, empor, höher als der die Moschee umgrenzende Portikus, höher als alle das Gebäude umringenden Heiligtümer. Obgleich an und für sich nicht sehr hoch, denn die Höhe der Kaaba beträgt nur vierzig Fuß, so nahm sie sich doch, wegen der absichtlich niedrig gehaltenen Bauten neben ihr und um sie herum, imposant aus; dem Pilger, der keine Mühe und Qual gescheut hatte, um zu ihr zu gelangen, schien sie einen stolzen Willkomm zuzurufen und ihn aufzufordern, niederzufallen und ihrer schwerfälligen Masse in tiefster Verehrung seine abgöttische Huldigung darzubringen.

Die Kaaba, die zwar Kubus oder Würfel genannt wird, aber kein Würfel ist, denn ihre Höhe beträgt beinahe das Doppelte ihrer Länge und Breite, erregt durch diese ihre einfache, dennoch seltsame Form beim ersten Anblick unsre Überraschung. Der Umstand, daß sie bei einer verhältnismäßig kurzen und schmalen Basis eine Höhe besitzt, die man mit der eines abgeschnittenen Turmes vergleichen möchte, unterscheidet sie auffallend von andern barbarischen Heiligtümern alter Zeiten, welche fast immer von einer erdrückenden Niedrigkeit sind. Die Seltsamkeit dieser Form des Gebäudes, dazu sein finsteres

Aussehen, seine bevorzugte Lage mitten im Tempelhof, die Heiligtümer, die es umringen, die Scharen und Scharen halbnackter Fanatiker, welche in wahnsinnigem Enthusiasmus bald vor ihr niedersinken, bald aufspringen, um sie und ihre Heiligtümer an Herz und Mund zu drücken, bald im verrücktesten Rennen um sie herumlaufen: dies alles verfehlt nicht, einen in seiner Seltsamkeit mächtigen, ich möchte sagen grauenerregenden Eindruck hervorzubringen.

Auch bei mir war dieser Eindruck nicht von Grauen frei. Ich war von dem Schauspiel, das ich vor mir hatte, tief ergriffen. In diesem Augenblick vergaß ich mein eignes Ich gänzlich, ich dachte nicht im geringsten daran, mir Glück zu wünschen, daß ich nun am Ziel meiner Wünsche stand, daß ich einer der wenigen Europäer geworden war, welche dies Heiligtum sehen durften. Nein! Meine Sinne und mein Geist waren ganz von dem vor mir liegenden, in seiner Art einzigen Schauspiel in Anspruch genommen, ich möchte sagen, überwältigt. Eine finstre Dämonenburg erschien mir diese Kaaba, die wie ein koboldartiger Alp auf der Religion des Islam lastet und jeden freieren Aufschwung in ihr verhindert.

Auf einmal wurde mir, wie durch Intuition, die düstere Bedeutung dieses einstigen Götzentempels klar. Alles, was die Kaaba und ihren Pilgerdienst betrifft, ist so ganz dem reineren Monotheismus fremd, alles dies ist so durchaus und so unzweifelhaft heidnisch, daß man deutlich erkennt, daß Mohammed, der dieses götzendienerische Element, um seiner Lehre unter den fanatisch-heidnischen Arabern mehr Anhänger zu verschaffen, in seine Religion mit aufnahm, dadurch sie für ewig zu einem Kultus von barbarischer Rohheit gestempelt hat.

Aber, was auch meine Betrachtungen beim Anblick des größten Heiligtums des Islam sein mochten, äußerlich war ich genötigt, davor die größte Ehrfurcht an den Tag zu legen. Mein Metuaf rüttelte mich bald aus dem Nachdenken auf, in welchem er mich einen Augenblick unbehelligt gelassen, und mahnte mich an die Pflichten der Pilgerschaft, die ich jetzt zu erfüllen hatte. Die erste dieser Pflichten war, daß ich bei dem zweiten »Tor des Grußes« (denn es gibt eines am Eingang, und ein anderes mitten im Hof der Moschee) die zweimalige Verbeugung zu Ehren der Kaaba machen mußte. Dann schritt ich durch dieses zweite Tor des Grußes, welches ein gänzlich freistehender, runder, etwa zwanzig Fuß hoher Bogen ist, zu den sogenannten »Fußstapfen Abrahams«, die direkt auf dem Weg vom Tor des Grußes zur Kaaba liegen. Dort mußte ich das »Allahu Akbar« (Gott ist groß), welches man kurzweg das Takbir nennt, und das »La Illaha il Allah« (Es gibt keinen Gott außer Gott), das sogenannte Tahalil, sprechen.

Kaum hatte ich diese Formeln gesprochen, als zwei Diener der Moschee mit Krügen voll Wasser, aus dem links von Abrahams Fußstapfen gelegenen Semsembrunnen, auf mich zukamen und mir von der heiligen Flüssigkeit zu trinken gaben, wofür sie natürlich eine Vergütung erhielten, denn nichts ist in der Mesdschid el Haram umsonst, selbst für die Luft, die man einatmet, muß gewissermaßen gezahlt werden. Dieses Wasser, welches sehr viel wunderbare Eigenschaften haben mag, besitzt jedoch nicht die dem Trinker willkommnere Eigenschaft, genießbar oder verdaulich zu sein. Es ist bitter, liegt einem schwer im Magen und hat viel mineralische Bestandteile, die ein andres gutes Trinkwasser nicht zu haben pflegt. Aber es ist ein Wunderwasser; wer es trinkt, der ist des Paradieses gewiß und genießt auch auf Erden schon eine Menge von Vorzügen, die mir nun alle zuteil werden sollten, von denen ich jedoch leider nicht viel zu spüren bekam. Den Frauen verleiht es eine Verlängerung ihrer Jugend und größere Dauer ihrer Schönheit. Unfruchtbare werden durch seinen Genuß mit Sprößlingen gesegnet, wozu übrigens die vielen temporären Ehen, welche hier eingegangen werden, auch kein Hindernis bilden.

Indes, dem Semsembrunnen selbst durfte mein Besuch jetzt noch nicht gelten. Zuerst mußte ich den Schwarzen Stein küssen und den Tuaf, den Umlauf um die Kaaba, machen. Wir näherten uns also der Kaaba und zwar ihrer östlichen Ecke, wo der berühmte Hadschar el assuad, der Schwarze Stein, sich eingemauert befindet. Anfangs konnte ich ihn jedoch wegen des dichten Gedränges von Pilgern, das ihn umringte, nicht sehen, und mußte Ssadak aufs Wort glauben, daß er hier vorhanden sei. Da dieser Stein aber einige fünf Fuß über dem Boden eingemauert ist, und die ihn umringenden Haddschadsch meist klein waren, so bekam ich ihn nach kurzem Warten doch von Zeit zu Zeit zu Gesicht, wenn gerade ein besonders kleiner Pilger vor ihm stand. So viel ich jetzt unterscheiden konnte, war er nur etwa acht Zoll lang, etwa ebenso breit, seine Farbe ein schmutziges Schwarzbraun, außerdem schien er mit einem schwarzen Zement überzogen.

Zu ihm zu gelangen war jedoch wegen der ihn umlagernden, ihn umknienden und ihn küssenden Pilgerscharen vor der Hand nicht möglich. Wie eine Mauer unbeweglich, so standen die Leiber dieser Haddschadsch da. Da ihre Gesichter alle dem Schwarzen Stein zugekehrt waren, so sah man nichts als die knochigen Schultern, die kahlen Scheitel und die schmutzigen Lumpen des Ihram dieser Pilger. Man fühlte freilich desto mehr. Denn der Schwarze Stein ist nicht nur ein Sammelpunkt der Mohammedaner aus allen Weltteilen, sondern leider auch dessen, was sie mitbringen, nämlich des Ungeziefers aus allen Himmelsgegenden. Hier geben sich die Springer unter den Insekten mit den kriechenden und hüpfenden Ungetümen Rendezvous. Hier fehlt weder jenes grünliche Tierchen von großer Lebhaftigkeit, das kein anständiger Europäer ohne Not nennt, noch das verwandte weißliche Insekt, noch auch das runde, braune Stechungeheuer, welches man bei uns in den Betten unreinlicher Gasthöfe zuweilen kennenlernt. Hier feiert namentlich der Culex annulatus, das ägyptische Stechinsekt, seine glänzendsten Siege, und verschiedene Gattungen von Simulia versuchen sich am eisenarmen Blut der hinfälligen Haddschadsch, aus dem sie gewiß nur eine höchst dürftige Nahrung ziehen. Kurz, es war, als ob auch die Insekten ihre Pilgerreise nach Mekka und ihre Wallfahrt zum Schwarzen Stein zurückgelegt hätten, ein Manöver, das ihnen weniger Mühe gemacht hatte als den menschlichen Pilgern, da ja letztere das Beförderungsmittel und nebenbei durch ihr Blut auch die Nahrung für die liebenswürdigen Tierchen abgaben.

Alle diese springenden und hüpfenden Ungetüme waren sich offenbar bewußt, denn es liegt Instinkt in den Massen, daß sie hier sich ganz am rechten Ort befanden, daß nirgends in der Welt sie solche Immunität und solche Privilegien genossen wie hier, wo kein Mensch ihnen ein Haar krümmen durfte, denn bekanntlich ist es dem Pilger unter Androhung der schwersten Strafen und Sühneopfer verboten, ein Schmarotzerinsekt auch nur zu berühren, um es zu entfernen, weil er es dabei verletzen könnte. Deshalb genossen diese kleinen Tyrannen ihren Triumph vollkommen und labten sich am Blute der Haddschadsch nach Herzenslust, in vollen Wonnepokalen. Auch dem Schreiber dieser Blätter ging es nicht besser als allen übrigen. War er bisher auf der Pilgerfahrt dem Insektenkommunismus, dem einzigen durchführbaren Kommunismus auf Erden, einigermaßen entgangen, so war doch nun alle Vorsicht unmöglich geworden. Eine völlige Invasion aller hüpfenden und springenden Ungetüme fand statt, sie bestiegen meinen Rükken, meine Brust, sie tummelten in Bart und Haar, sie belebten meinen Ihram, sie feierten ihre Siege und riefen: »Io triumphe!«

IM LAND DER AUFGEHENDEN SONNE

»Wenn ich auf ihren Strohmatten lagerte, aus der winzigen dünnen Schale einen Schluck Reiswein trank, die seltsamen Gerichte aus Fisch und Gemüse, zierlich auf schwarzer Lackplatte angeordnet, mehr mit den Augen als mit dem Gaumen genoß, die köstliche Kahlheit ihrer Zimmerwände auf mich wirken ließ, der Vollkommenheit eines künstlich verdrehten Buchsbaumzweiges in der Vase nachsann, dem Brodeln des Teewassers wie einer delphischen Stimme lauschte, wenn ich, mit einem Wort, die durchdachte Vollkommenheit und Regelstrenge ihres traditionellen Lebens mitlebte, dann dachte ich oft: Sie können nichts Häßliches machen, diese Japaner!«

Friedrich Sieburg, Die stählerne Blume.
Eine Reise nach Japan (1939)

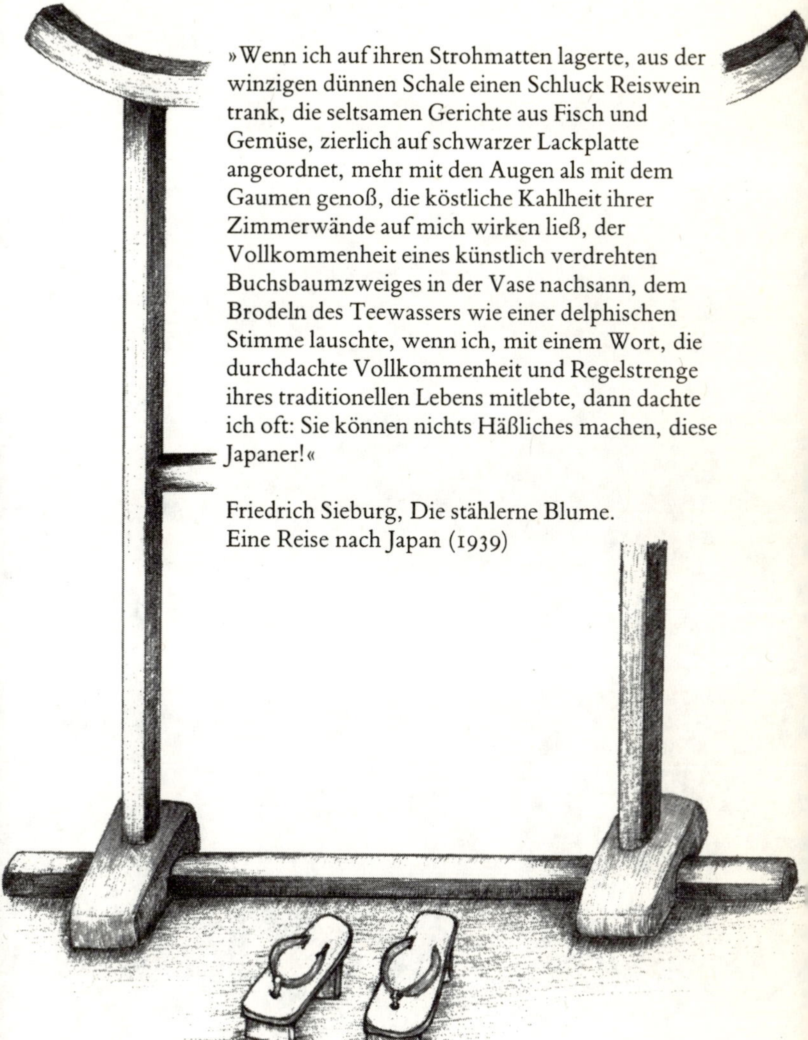

IM LAND DER AUFGEHENDEN SONNE

[illegible]

[illegible]

Fernão Mendes Pinto
Denkwürdige Begebenheiten mit japanischen Herren

Als wir siebzehn Tage, nicht ohne große Gefahr, auf der Insel Lampacau zugebracht hatten, kam zufälligerweise ein Seeräuber dorthin. Er hieß Samipocheca und war vor der Schiffsflotte des Aytao von Cincheo geflohen, der ihm eine Niederlage beigebracht und sechsundzwanzig Schiffe abgenommen hatte, so daß ihm nicht mehr als zwei verblieben waren. Der größte Teil seiner Besatzung lag verwundet danieder, und um ihrer Genesung willen verzog er sich für zwanzig Tage dorthin. Die Notlage, in der wir uns befanden, trieb uns dazu, uns ihm zu übergeben und seinem Belieben anheimzustellen, uns zu führen, wohin er wolle.

Als nun die zwanzig Tage verflossen und die Verwundeten genesen waren, begaben wir uns, wiewohl noch mit Haß und Bitterkeit gegeneinander, mit diesem Seeräuber zu Schiff: nämlich drei in die Dschunke, die er befehligte, und fünf in das andere Schiff, das des Seeräubers Neffe kommandierte. Wir fuhren also von der Insel ab und segelten mit gutem Wind neun Tage lang, mit dem festen Vorsatz, den Hafen Lailo, sieben Meilen von Cincheo und achtzig Meilen von unserer Insel entfernt, anzulaufen. Als wir aber zu dem Salzfluß, fünf Meilen vor Chabaquea, kamen, wurden wir von einem Seeräuber angegriffen. Aus sieben mächtigen Dschunken bestürmte er uns vier Stunden lang sowohl mit Pfeilen wie mit Feuertöpfen, dermaßen heftig, daß darüber zwei seiner eigenen Schiffe und die Dschunke, die fünf von uns Portugiesen aufgenommen hatte, in Brand vergingen; wir konnten ihnen nicht helfen, weil wir zumeist verwundet waren.

Unser Schiff kam noch mit Glück davon; obwohl es sehr beschädigt war, segelten wir drei Tage lang weiter, wurden dann jedoch von einem solch wütenden Sturm überfallen, daß uns bei der Nacht das Land außer Sicht geriet und wir es nicht wiederfinden konnten. Wir hielten deswegen auf die Insel Lequios zu, wo der Seeräuber, der uns befehligte, sehr bekannt war. Es wollte sich aber kein Land eräugen, ohne Zweifel auch aus Ermangelung eines Steuermanns, denn der unsere war im letzten Gefecht tot geblieben; überdies hatten wir den Wind und die Strömung gegen uns.

So trieben wir dreiundzwanzig Tage umher, bis wir endlich Land sahen. Wir hielten darauf zu und hielten nach einem Hafen oder einer Anlaufstelle Ausschau. Gegen Süden bemerkten wir ein großes Feuer und mutmaßten daher, daß eine Ortschaft nicht weit sei. Wir warfen Anker und sahen zur Stund zwei kleine Almadias oder Schiffchen mit sechs Männern auf uns zukommen. Sie fragten, woher wir kämen, worauf wir antworteten, aus China, und wir seien gewillt, mit Kaufmannsgütern hier Handel zu treiben, falls man uns dies vergönne. Einer der Männer antwortete, daß der Nautaquin, der Herr dieser Insel Tanixumaa (es handelt sich um Tane-ga-Shima, südlich von Kiuschu), dies gern bewilligen werde, sofern wir bereit wären, den Japanern, denen dieses Land gehöre, die übliche Gebühr zu entrichten. Darüber waren wir sehr erfreut, lichteten den Anker und segelten um eine Biegung zum Hafen von Miaygimaa, wo uns alsbald zahlreiche Paraoos oder kleine Nachen mit allerhand frischen Speisen entgegenkamen.

Zwei Stunden nach unserer Ankunft in Miaygimaa kam der Nautaquin, der Fürst dieser Insel, begleitet von vielen Kaufleuten und Edlen, auf unsere Dschunke. Sie brachten ganze Kisten voll Silberstücke mit, um mit uns zu handeln. Sobald er unser Schiff betreten, sah er uns Portugiesen an und fragte, was wir für Leute seien. An unseren Bärten und Gesichtszügen konnte er wohl abmerken, daß wir keine Chinesen waren. Der Seeräuber antwortete, wir kämen aus Malakka, wohin wir vor vielen Jahren aus einem Land Portugal angelangt wären. Der Nautaquin besah sich hierauf alles auf dem Schiff, ließ sich dann auf einen Stuhl nieder und fragte nach mancherlei Geschichten und Begebenheiten, worauf wir ihm das berichteten, was ihn wohl am meisten interessieren konnte. Auf diese Weise brachte er längere Zeit mit uns zu, und aus seinen Fragen sprachen große Neugier und der Hunger nach Kenntnis fremder, ausländischer Dinge. Endlich schied er von uns mit den Worten: Wenn es uns beliebe, möchten wir ihn doch anderntags in seinem Haus besuchen und ihm das Geschenk machen, von den neuen Dingen aus der großen Welt, die wir bereist hätten, ausführlich zu erzählen.

Am folgenden Morgen sandte er zu unserer Dschunke einen großen Paraoo, beladen mit allerlei Eßbarem, wie Trauben, Birnen, Melonen und allerhand Gemüsen. Der Seeräuber sandte ihm seinerseits ein Schifflein mit einigen kostbaren Geschenken und feinen chinesischen Waren und ließ ihm ausrichten, daß er ihn an Land besuchen wolle, und er brächte einige Proben und Muster von Waren, die er zu verkaufen hätte, mit. Das tat er gleich folgenden Tags und nahm uns drei mit, dazu noch zehn oder zwölf Chinesen, die ihm die ansehnlichsten zu sein schienen, damit er ein gutes Entrée hätte und an Ansehen gewönne, denn dies Volk neigt doch sehr zur Eitelkeit.

Der Nautaquin empfing uns in seinem Haus sehr freundlich und wurde von unserem Seeräuber stattlich beschenkt. Er zeigte ihm auch sogleich Muster von all seinen Waren, woran der Nautaquin großes Vergnügen hatte und die vornehmsten Kaufleute des Landes, welche Handel treiben, rufen ließ. Danach fragte er uns wieder nach den verschiedensten Dingen, worauf wir ihm zwar Auskunft gaben, doch mehr, um seine Begierde zu sättigen, als mit der Wahrheit herauszurücken. Das erste, was er vorbrachte, war dies: Er habe die Chinesen und Lequioten so verstanden, daß Portugal reicher und größer sei als ganz China – was wir bekräftigten. Zum anderen habe er vernommen, unser König habe den größten Teil der Welt zur See erobert – was wir auch bejahten. Zum dritten begehrte er von uns zu wissen, ob dem so wäre, daß unser König so reich an Gold und Silber sei, daß er mehr als zweitausend Häuser bis unter das Dach damit angefüllt hätte. Darauf antworteten wir, wir könnten hierüber keine genaue Zahl nennen, weil Portugal so überaus reich, groß und einwohnerstark sei.

Als er nun mit solchen und ähnlichen Fragen länger als zwei Stunden mit uns zugebracht, drehte er sich zu den Seinen um und sagte: »Gewiß kann keiner der uns auf Erden bekannten Könige sich glücklich schätzen, sofern er nicht dieses großen Fürsten Untertan ist.« Dann verabschiedete er sich vom Seeräuber und bat uns, die Nacht über bei ihm zu bleiben und sein Verlangen zu stillen, noch andere wundersame Sachen zu erfahren. Er versprach auch, uns am folgenden Tag im angenehmsten Viertel der Stadt nahe seinem Haus ein Quartier zuzuweisen, was wir auch mit Freuden annahmen. Er empfahl uns einem reichen Kaufmann, der uns zwölf Tage bei sich behielt und uns trefflich traktierte.

Anderntags entlud der chinesische Necoda oder Seeräuber alle seine Waren, wie ihm der Nautaquin geheißen, und schaffte sie in ein dafür vorgesehenes Speicherhaus. Innerhalb von drei Tagen verkaufte er alle seine Waren, teils weil er wenig davon hatte, teils weil sie im Lande rar waren. Der Gewinn schraubte sich so in die Höhe, daß der Verlust seiner sechsundzwanzig Schiffe damit ersetzt war. Denn er bekam, was er forderte, und bekannte selbst, der Wert seiner Waren beliefe sich auf 2500 Taels, sie hätten ihm aber einen Gewinn von mehr als 30000 Taels eingetragen. Wir drei Portugiesen dagegen, die wir keinerlei Ware zu verkaufen hatten, vertrieben uns die Zeit mit Fischfang, Jagd und Besichtigen heidnischer Kirchen, die sehr prächtig waren und in denen uns die Bonzen, ihre Priester, freundlich empfingen.

Dreiundzwanzig Tage waren wir nun schon auf dieser Insel und hatten uns die Zeit mit Fischen und Jagen, dem dieses Volk sehr zugetan ist, vertrieben, als im Hafen ein Schiff des Königs von Bungo (Provinz auf der Insel Kiuschu) einlief, dem Kaufleute entstiegen. Sie begaben sich, wie hierzulande üblich, mit einigen Geschenken zum Nautaquin. Unter ihnen befand sich ein sehr alter Mann mit großem Gefolge, dem die anderen mit besonderer Ehrerbietung begegneten. Dieser überreichte, auf den Knien liegend, dem Nautaquin einen kostbaren vergoldeten Säbel und ein Kästchen voller Fächer, was der Nautaquin mit Freuden in Empfang nahm. Der alte Mann bat dann im Namen seines Herrn, des Königs von Bungo und des Nautaquin Onkel, man möge belieben, ihm einen der Männer zu senden, die vom Ende der Welt gekommen seien und von vielen Wunderdingen zu berichten wüßten; er würde dies als ein Zeichen großer Freundschaft ansehen.

Bald nach Beendigung der Audienz schickte der Nautaquin nach uns und erklärte, daß sein Oheim, der König von Bungo, darum gebeten habe, einer von uns dreien solle zu ihm reisen und ihm, der nach neuen und fremden Dingen begierig sei, das Vergnügen bereiten. Wir waren darüber sehr erfreut und sagten, er könne ganz nach Belieben einen von uns auswählen. Der Nautaquin überlegte kurz und wählte dann mich aus, weil ihm mein Geist fröhlicher erschien als der der anderen; das dürfe den Japanern wohl am besten gefallen und auch den kranken König erquicken.

Der Gesandte erschien dann wieder, und der Nautaquin empfahl mich ihm und gab mir noch 200 Taels für die Reise, worauf ich mich nun reisefertig machte. Als alles soweit bestellt war, begaben sich der Gesandte und ich an Bord eines Ruderschiffs, das sie Funce nennen, fuhren des Nachts los und ankerten morgens im Hafen von Himangoo. Von dort ging es weiter bis zur großen Stadt Quanguizumaa. Anderntags segelten wir mit gutem Wind weiter und kamen erst nach Tanoraa, dann nach Minatoo, nach Fiungaa und erreichten schließlich die sechs Meilen von der Stadt entfernte königliche Festung Osquy. Hier hielt sich der Gesandte einige Tage auf, da der Schloßvogt, sein Schwager, erkrankt war. Von hier aus reisten wir dann auf dem Landweg nach Fucheo und kamen gegen Mittag glücklich dort an. Weil aber diese Zeit ungelegen war, um mit dem König zu sprechen, nahm mich der Gesandte mit in sein Haus, wo er von seiner Gemahlin und den Kindern freundlich empfangen wurde, und ich dazu gleich mit.

Nachdem er sich ein wenig ausgeruht hatte, legte er feine Kleider an und ritt mit mir zum königlichen Hof. Der König ließ ihn durch seinen Sohn, der neun oder zehn Jahre alt und von vielen Edlen begleitet war, empfangen. Nach den üblichen Zeremonien nahm der Sohn den Gesandten bei der Hand und führte ihn in die Kammer zum König, der krank zu Bett lag. Als der König den Brief des Nautaquin gelesen und das Befinden seiner Tocher vernommen hatte, befahl er dem Gesandten, mich zu rufen, da ich ein wenig abseits stand. Ich trat nun vor den König, der mich freundlich empfing und zu mir sprach: »Deine Ankunft in meinem Land soll mir ebenso angenehm sein wie der Regen, der vom Himmel auf unsere Reisfelder herniederfällt.« Diese Freundlichkeit traf mich so unverhofft, daß ich nichts zu antworten wußte. Der König aber fuhr fort und sagte zu seinen Herren: »Ich glaube, dieser Fremdling ist erschrocken über so viel Volk. Vielleicht ist er es nicht gewohnt. Ich will dies aufschieben, bis er eine Zeitlang hier gewesen ist.«

Darauf ließ ich durch meinen Dolmetscher antworten: »Ich

gestehe zwar gern meine große Bestürzung ein, doch liegt es nicht an dem vielen Volk, da ich schon eine größere Zahl gesehen habe, sondern daran, daß ich vor den Füßen eines so großen Königs stehe, was allein ausreichen würde, hunderttausend Jahre stumm zu bleiben, wenn ich so lange leben könnte.« Ich fügte auch noch hinzu, daß die, die ihm dienten, allesamt Menschen seien wie ich. Was jedoch Seine Hoheit angehe, so habe ihn Gott mit einem großen Vorteil vor allen anderen Menschen ausgestattet, indem Er ihn zum Herrn und die vielen anderen zu Dienern gemacht habe. Deshalb sei auch ich gegenüber Seiner Hoheit nichts anderes als eine kleine Ameise, welche ihrer Kleinheit wegen von Seiner Hoheit nicht gesehen werden könne und auf die gehaltene Rede nichts zu antworten wisse.

Die Umstehenden zollten meiner Antwort, die doch ungeschickt war, solch hohe Achtung, daß sie vor lauter Verwunderung in die Hände klatschten und zum König sagten: »Ganz gewiß scheint er kein Kaufmann zu sein, der sich mit geringen Dingen abgibt. Er scheint etwas Höheres, Größeres zu sein.«

Der gichtkranke König winkte mich ein wenig näher zu sich ans Bett heran und sprach: »Ich bitte dich, laß dich nicht verdrießen, bei mir zu bleiben, da ich dich gern sehe und mit dir sprechen möchte. Sag mir, gibt es in deinem Land kein Heilmittel gegen die Pein, die mich ganz lahm macht, oder gegen den Ekel vor Speisen, der mir nun schon seit zwei Monaten fast jegliches Essen verleidet?«

Ich erwiderte, daß ich in der Arzneikunst nicht erfahren sei, ich aber in der Dschunke, mit der ich von China gekommen, ein sonderbares Holz gesehen hätte, das, sobald man es ins Wasser lege, die Kraft hätte, viele schwere Krankheiten, so wie die seine, zu vertreiben.

Er ließ sogleich dieses Holz aus Tanixumaa herbeischaffen, und nach dreißig Tagen war er von seiner Krankheit geheilt. Ich hatte unterdessen genug zu tun, die vielen Fragen des Königs, der Königin und der vielen Fürsten zu beantworten, die da meinten, außer Japan gäbe es nichts auf der Welt.

Engelbert Kaempfer
Die Strassen Nippons

Die Heerstraßen des Landes sind täglich mit einer unglaublichen Menge Menschen angefüllt, zu einigen Jahreszeiten so stark wie die Gassen in einer volkreichen europäischen Stadt; von dem Tokaido, der unstreitig der bedeutendste der sieben Hauptwege ist, kann ich das aus Erfahrung bezeugen, weil ich ihn viermal passiert bin. Dies verursachen teils die große Anzahl der Einwohner des Reiches, teils die vielen Reisen, die sie unternehmen, ganz gegen die Gewohnheit anderer Nationen. Ich will hier die merkwürdigsten Parteien der Reisenden anführen.

Zuerst nehme ich die großen und kleinen Landesfürsten, der hohen und niederen Gouverneure der Kaiserlichen Städte und Landschaften, nebst ihrem Gefolge, welche den Weg in der Zeit von einem Jahr hin und her und also zweimal machen, indem sie am Hofe zu bestimmter Zeit erscheinen und wieder von da abreisen müssen. Sie verrichten das jedesmal in Begleitung ihres ganzen Hofstaats mit einem so zahlreichen und kostbaren Aufzug, wie es ihr Stand und Vermögen nur immer erlauben. Der Zug der größten Landesfürsten füllt daher den Weg auf etliche Tagereisen; wie es uns denn begegnet ist, daß ihr Vortrab, der aus den geringeren Bedienten, Bagageführern und Troßknechten besteht, allemal zwei Tage lang – jedoch in zerteilten Haufen – bei uns auf unserer schleunigeren Fortreise vorbeigezogen, ehe wir den Landesfürsten selbst mit seinem Hofschwarm in einer regelmäßigen Ordnung gesehen haben. Das aber pflegte erst am dritten Tage zu geschehen.

(...)

So sehr es übrigens bei einem fürstlichen Zug zu verwundern und zu rühmen ist, daß alle Personen, außer den Piken- und Norimons-(Sänften-)Trägern auch andere Livreebediente, in nichts als in schwarzer Seide gekleidet gehen, und in was für einer regelmäßigen schönen Ordnung eine so große Menge Volks ohne den geringsten Lärm, außer dem, der von dem Rauschen der Kleider und Bewegung der Menschen und Pferde entstehen muß, einherzieht – so belachenswert ist es hingegen, daß die Piken- und Norimons-Träger sich hinten so hoch aufgeschürzt haben, daß sie alles, außer daß das Schamtuch zu einiger, doch nicht hinlänglicher Bedeckung dient, preisgeben; noch mehr aber, daß die Heiducken, Prunkpiken-, Sonnenhut-, Schirm- und Kastenträger, wenn sie durch bewohnte Straßen oder andere Aufzüge vorbeipassieren, einen närrischen Gang annehmen. Die einen ziehen bei jedem Schritt den Fuß beinahe bis ans Kreuz hoch und werfen zugleich den einen Arm weit hervor, daß es scheint, als wenn sie durch die Luft schwömmen; die anderen lassen bei eben solchem Gang auch die Prunkpiken, den Hut und Sonnenschirm mit jedem Tritt einigemal sich hin- und herbewegen, auch den Fassanbak (lakkiertes Kästchen) auf der Schulter nicht stille liegen. Die Norimons-Träger haben ihre Ärmel mit einer durchgehenden Schnur aufgebunden und die Arme bloß; sie tragen bald auf der Schulter, bald auf der einen über den Kopf gehobenen Hand und recken den anderen freien Arm mit der flachen Hand horizontal aus, womit sie samt kurzen Tritten und steifen Knien eine lächerliche Furcht und Vorsichtigkeit affektieren.

Will etwa ein großer Herr hie und da einen Trunk Tee zu sich nehmen oder rauchen, oder tritt er zur Verrichtung seiner Notdurft in eine dazu überall vorhandene grüne Hütte oder ein Bauernhäuschen auf kurze Zeit ab, so gibt er dem Wirt jedesmal einen Kobang (Goldmünze, im Wert von 23 ½ holländ. Gulden) zur Belohnung, in den Mittags- und Nachtherbergen aber weit mehr.

Die Personen, die eine Betfahrt nach Isje (Ise, Stadt der Schinto-Schreine) unternehmen, haben gleichfalls, aus was für einer Provinz sie auch kommen mögen, einen Teil der großen Landstraßen zu berühren. Diese Betfahrt wird das ganze Jahr hindurch, vor allem aber im Frühling, unternommen, daher ist der Weg um diese Zeit vorzugsweise von solchen Wandersleuten voll. Alte und Junge, Reiche und Arme beiderlei Geschlechts machen sich eine Andacht aus dieser Reise, rechnen sie sich zum Verdienst an; sie suchen sie zu Fuß und so gut sie können durchzuführen. Die Vielheit derer, die ihre Kost und ihr Zehrgeld unterwegs erbetteln müssen, fällt den nach Hofe Reisenden nicht wenig verdrießlich, da sie alle Augenblicke angegangen werden – was jedoch nicht anhaltend, sondern nur einmal, mit bloßem Haupt und demütiger Stimme, mit diesen Worten geschieht: »Großer Herr, gebt dem Betfahrenden nach Isje einen Heller zur Reise.« Die Einwohner der Stadt Jedo (Tokio) und der Provinz Osju haben vor allen anderen die Gewohnheit, diese Wallfahrt, auch ohne Erlaubnis ihrer Obrigkeit, zu unternehmen; ja sogar die Kinder, denen begangener Übeltat halber eine Züchtigung bevorsteht, laufen eigensinnig von hier häufig ihren Eltern weg, gehen nach Isje und holen Ablaß, der ihnen denn zur Absolution gültig sein soll. Da auf diesem Weg so viel Volk ist, daß in den Herbergen nicht alle unterkommen können, findet man viele sowohl aus diesem Grund wie auch aus Armut öfters im Feld übernachten, andere bisweilen am Wege krank und tot daliegen; die solchermaßen verlorenen Ablaßschachteln werden von den Findern aufgehoben und in die Zweige des nächsten Baumes oder Strauches gesteckt.

Es gibt auch lose Vögel, die unter dem Schein der Wallfahrt den größten Teil des Jahres hier mit Betteln zubringen, solange sie sich wohl dabei befinden; andere wissen diese Fahrt auf eine komische Weise zu einer Bettelfahrt zu machen und das Auge und Geld andrer Leute leichter und mit Kurzweil an sich zu ziehen. Es gesellen sich zu diesem Zweck gewöhnlich vier Personen zusammen, die sich wie die Hofbedienten eines Kuge oder Dairi in ein weites weißes Leinengewand kleiden; zwei von ihnen tragen langsamen Schrittes und öfters stillstehend eine mit Tannenzweigen und zerschnittenem weißen Papier verzierte und behangene Bahre, und auf ihr eine aus leichter Materie gemachte große Glocke, einen Kessel oder dergleichen, das etwas aus den alten Fabeln ihrer Vorfahren und Götter abbilden oder vorstellen soll. Der Dritte schreitet aus Hochachtung gegenüber der heiligen Vorstellung mit einem Kommandostab in der Hand, oben geziert mit einem weißen Busche, voraus und stimmt mit rauher Kehle ein Lied an, das darauf paßt. Der Vierte geht sodann vor die Häuser oder zu den mildtätigen Zuschauern und sammelt die Gaben ein. Sie machen ihre Tagereisen dabei so kurz, daß der ganze Sommer draufgeht. (...)

Sehr sonderbar kommt es einem vor, daß man zur Winterszeit manchmal nackende Leute antrifft, die nur mit einem

Strohbusch zur Bedeckung der Scham umgürtet sind. Selbige haben an gewisse Tempel und Abgötter ein Wallfahrtsgelübde getan, um die verlorene Gesundheit oder sonst etwas für ihre Eltern, Blutsfreunde oder für sich selbst dadurch zu erlangen; unterwegs leben sie sehr streng und armselig, suchen keine Almosen und gehen allezeit einzeln und ohne sich viel aufzuhalten ihren Weg fort.

Ferner sieht man unsere Landstraße auch mit vielerlei anderen, zumeist jungen und kahlgeschorenen Bettlern bevölkert. Als Sotoktai den »Fotoge« oder ausländischen Götzendienst eifrig ausbreitete und dabei einen gewissen Moria zu seinem heftigsten Widersacher hatte, da hieß er allen Männern, die seiner Lehre folgten, zum Unterschied derer, die dem Moria anhingen, das Haupt zur Hälfte zu scheren, den armen Kindern nach der Manier der Pfaffen aber ganz kahl, wodurch ihnen als Geschorenen zugleich die Freiheit zu betteln allein erteilt ward – ein Brauch, der sich bis hierher erhalten hat.

Unter diesen Geschorenen befindet sich ein merkwürdiger Orden junger Dirnen, denen man den Namen Bikuni oder Nonnen gibt, weil sie unter der Herrschaft und dem Schutze der Nonnenklöster zu Kamakura und Kyoto stehen, an die sie – oder auch an die Khumanotempel nahe Isje – alljährlich einen Tribut von ihrem Erwerb entrichten müssen; in deren Umgebung halten sie sich denn auch meistens auf und werden deshalb, zum Unterschied zu den geistlichen Nonnen, Khumano no bikuni genannt. Sie sind fast die schönsten Dirnen, die uns auf der Reise durch Japan vorgekommen: Diejenigen armen jungen Weibspersonen, welche gut und reizend aussehen, erhalten ohne große Mühe die Erlaubnis, als Nonnen zu betteln, weil sie es eben sind, die den Reisenden durch ihre anlockende Gestalt die Almosen am besten abzwingen können. Die bettelnden Jammabos widmen ihre Töchter dieser Profession, nehmen auch wohl die Bikuni zu ihren Weibern. Manche von ihnen sind in den Bordellen erzogen; wenn sie da ihre Zeit gedient haben, erkaufen sie alsdann diese Freiheit und bringen darin den Rest ihrer Jugend zu. Ihrer zwei oder drei gesellen sich zueinander, gehen täglich eine oder mehrere Meilen von ihrer Wohnung weg und warten die vornehmen Leute ab, die in Cangos (Sänften) oder auf Pferden vorbeireisen; jede macht sich zu einem besonders und singt ein Bauernliedchen auf; findet sie einen recht Freigebigen, so belustigt sie ihn für etliche Stunden. Nichts Geistliches und Armes ist ihnen anzusehen, denn sie haben ihr geschornes Haupt mit einer schwarzseidenen Kappe verhüllt, sich mit bürgerlichen Kleidern nett und sauber ausgeschmückt, die Hände mit Handschuhen ohne Finger bedeckt, das gewöhnlich geschminkte Gesicht mit einem breiten Sonnenhut vor der Luft geschützt, und führen einen kleinen Reisestab mit sich, so daß sie romantische Schäferinnen vorstellen. In ihren Reden und Gebärden haben sie nichts Freches, Demütiges, Niederträchtiges und Affektiertes, sondern geben sich frei, aber auch zurückhaltend. Doch um diese Bettlerinnen nicht über Gebühr zu erheben, muß ich sagen, daß es mit ihrer Schamhaftigkeit, wider die Landessitten und Ordensgebräuche, nicht weit her ist, zumal sie ihren Busen auf offener Straße den freigebigen Reisenden darhalten; daher kann ich sie, so geistlich sie auch geschoren sind, von der Zahl leichtfertiger und unzüchtiger Weibspersonen nicht gut ausschließen.

Bei dieser Gelegenheit komme ich auf einen anderen Bettlerorden, den der Jammabos, d. i. Bergpfaffen, die aber eigentlich Jammabus, d. i. Bergsoldaten, heißen, weil sie stets einen Hiebdegen tragen. Sie sind nicht geschoren und suchen der Regel des ersten Pilgrims oder Stifters ihres Ordens nachzukommen, der mit Bergsteigen seinen Leib kasteite – oder ihn wenigstens mit ihrer Kleidung und einigen äußerlichen Manieren nachzuahmen. Sie stehen wie Laien unter dem Haupt dieses Ordens in Kyoto, wohin sie jährlich ein Stück Geldes aufbringen müssen, wogegen sie dann einen höheren Rang samt einem Zierzeichen abholen, woran derselbe unter ihnen erkannt wird. Ihr Aufenthalt und Wohnplatz ist in der Nähe eines berühmten einheimischen Götzen- oder Cami-Tempels; wenn sie in dessen Namen den Reisenden anbetteln, so halten sie mit trotziger Miene eine kurze Rede von seinen Wundern und von seiner Heiligkeit; sie klingeln mitunter mit ihrem Knüttelstock, der oben mit eisernen Ringen behangen ist, um der Sache Nachdruck zu verleihen, und blasen zum Schluß, anstatt zu bitten, auf einem großen Schneckenhorn. Ihre Kinder, die sie auf eben die Weise und in dem Ordenshabit, jedoch in geschornen Köpfen, mitbetteln lassen, fallen den Reisenden am meisten lästig. Gewöhnlich passen sie ihn da ab, wo es bergan geht, weil es alsdann langsamere Schritte gibt und ihnen so leicht nichts und niemand entgehen kann. An verschiedenen Orten kommen sie den Reisenden, mit einer Schar Bikuni vermengt, wie ein Bienenschwarm entgegen; da kann man denn vor dem Lärmen, den sie mit Singen, Blasen, Perorieren und Anschreien machen, kaum sein eigenes Wort verstehen. Dieser Bergpfaffen bedienen sich die Leute zum Beschwören, Wahrsagen, dem Deuten zukünftiger Dinge und zu anderem Aberglauben und Zaubereien; zum Dienst und zur Wartung der Tempel aber werden sie niemals gebraucht.

Wiederum eine andre Art Bettler sind alte und dem Ansehen nach achtbare Männer, welche, um desto eher Almosen zu erhalten, wie Siuke oder Buds(do)pfaffen geschoren und bekleidet sind. Einige von ihnen, deren allzeit zwei beieinander stehen, halten ein länglich schmales, nach Siamischer Kanzleiart gefaltetes Buch von Papier vor sich, das einen Teil ihres Fokekjio (ihrer Bibel) enthält und mit Charakteren (Schriftzeichen) bedruckt ist, die sie zwar nicht verstehen, wovon sie aber doch etwas auswendig gelernt haben, welches sie hersagen, als ob sie es abläsen, und dann dafür eine gute Gabe von dem Zuhörer erwarten. Andere von ihnen sieht man bisweilen hie und da an einem Bach sitzen und ein Sjegaki, d. i. eine Zeremonie für abgeschiedne Seelen, machen: Sie besteht darin, daß ein solcher Pfaffe einige Holzspänchen, worauf die Namen gewisser abgestorbener Personen geschrieben sind, unter dem Gemurmel gewisser Worte mit einem Strauch des Baumes Fanna Skimmi abwäscht, was denselben zur Abkühlung im Fegfeuer und so statt einer Seelenmesse dienen soll. Wer sich von den Vorbeigehenden etwa selbst in dem Bach abspülen will, wirft dem Pfaffen einen Semin oder Heller auf seine ausgebreitete Matte zu, wofür der aber mit keiner Miene dankt, weil er es mit seiner Geschicklichkeit und Andacht verdient – wie auch bei den vornehmen Bettlern das Danksagen nicht gebräuchlich ist. Einem jeden, der diese Zeremonie des Sjegaki gelernt hat, steht sie zu machen frei.

Noch andere, und zwar die meisten und geringsten dieser Gattung von Bettlern, sitzen einzeln, fast auf dem ganzen

Wege, auf einer Strohmatte, singen und sprechen stets mit kläglicher Stimme »Namanda!« – zusammengezogen aus Namu Amida Budsu, welches eine kurze Formel ist, womit sie den Götzen Amida (Amitabha) als Fürsprecher der verstorbenen Seelen anrufen; sie schlagen dabei mit einem hölzernen Hämmerchen kräftig auf die kleine Glocke vor ihnen, die wie ein Mörser gestaltet ist, weil sie glauben, durch den Schall könnten sie besser von dem Amida, oder auch wohl von dem Vorbeireisenden, gehört werden. (...)

Endlich will ich nur noch eine ganz besondere Bettelmusik oder ein Glockenspiel erwähnen, das Fatsjo Canne, d.i. das Glockenspiel der Acht, genannt wird und das uns auf unserem Wege, wenn auch selten, vorgekommen ist. Ein Knabe trägt ein hölzernes Joch und darüber am Hals ein Halfter, von dem acht platte Glöckchen von verschiedenen Tönen, jede an einem besonderen Riemen, herabhängen: Er dreht sich damit in einer bewundernswürdigen Geschwindigkeit herum, so daß das Joch, das seinen Armen zur Lehne dient, nebst den Glocken sich horizontal aufhebt und auseinander breitet. Während des Umdrehens schlägt er mit zwei Hämmern auf die Glocken und spielt eine wilde Melodie. Zwei andere, neben ihm Sitzende, schlagen eine große und eine kleine Trommel dazu, und zusammen machen sie solchergestalt ein sonderbares Getöne. Man wirft ein paar Senni vor sie nieder, wenn man ihnen seinen Gefallen bezeugen will.

Das Gewimmel auf unserm Wege wird nicht wenig durch die geringen Krämer und Bauernkinder vergrößert, die bis in die Nacht umherlaufen und den Reisenden ihre armseligen Waren aufbetteln, als da sind: allerlei Backwerk, worin der Zucker kaum zu schmecken ist, Mehlkuchen, Soccani und allerhand in Wasser abgesottene Wurzeln, gedruckte Wegweiser oder Reisebücher, Strohschuhe für Menschen und Pferde, Seile und Stricke, Zahnstocher und andere nach Gelegenheit des Orts aus Stroh, Bisam, Bambus und Holz gemachte Kleinigkeiten. So stehen auch vielerorten in und unweit den Dörfern eine Partie Träger mit Cangos oder Sänften, auch Knechte mit nachlässig und schlecht gesattelten Pferden bereit, die sie dem ermüdeten Fußgänger bis zur nächsten Post oder so weit sie wollen für einen geringen Lohn anbieten. Es sind dies gemeinhin Leute, die etwas auf eine Station gebracht haben und leer wieder zurückkehren.

Schließlich gehören noch die unzüchtigen Weibspersonen in den großen und kleinen Herbergen, Teebuden und Garküchen in den Dörfern und Flecken der großen Insel Nippon hierher, weil sie, sobald sie gegen Mittag gekleidet und geschmückt sind, den Reisenden von dem Sitz der Galerie vor ihren Häusern stets entgegenschauen und sie, die eine hier, die andere dort, mit einem wetteifernden liebkosenden Geschrei zur Einkehr einladen und ihnen die Ohren vollschwatzen. In den Sjuku oder Postflecken, allwo verschiedene Herbergen nebeneinander stehen, ist es in der Beziehung am ärgsten, wie z. B. vorzüglich in den zwei nahe beisammen liegenden Flecken Akasaki und Goy, worin sich fast lauter Herbergen und in jeder drei bis sieben solcher Menschen befinden; daher haben sie auch den Beinamen »der japanische Hurenstapel« und »die allgemeine Schleifmühle« scherzweise bekommen, zumal die Japaner selten hier passieren, ohne mit diesem Gesindel Gemeinschaft zu machen, wovon sie öfters und zu ihrem großen Verdruß ein Denkmal mit nach Hause zurückbringen.

Philipp Franz von Siebold
Auf Kaempfers Spuren

Ein wahrer Reisebedarf sind in Japan die verschiedenartigen Wegweiser oder Wegkarten und die Reisebücher. Man bedient sich ihrer weit häufiger und allgemeiner als in Europa. Sie sind zweckmäßig abgefaßt sowohl für Land- als auch Seereisen und enthalten nebst den Reisekarten und Meilenweisern eine gedrängte Übersicht der für einen japanischen Reisenden wissenswürdigsten Punkte, wie Angaben des Reisebedarfs, Pferde- und Trägertaxen, Formeln der Pässe, die Namen der berühmtesten Berge und Wallfahrtsorte, Regeln der Wetterkunde, Tabellen der Ebbe und Flut, chronologische Übersichtstafeln und dergleichen. Selbst ein Aufriß der gebräuchlichsten Maßstäbe und eine aus aufstellbaren Papierstreifen verfertigte Sonnenuhr ist darin angebracht.

Wir wenden uns nun zu einem anderen Gegenstand, der gleichfalls einen Teil unserer Aufmerksamkeit verdient, nämlich zu Postwesen und Grenzwachen. Die Geschichte erwähnt die Einführung beider Anstalten unter der Regierung des Mikado Kotoku im Jahre 646 unserer Zeitrechnung gleichzeitig mit noch anderen wichtigen Staatseinrichtungen. Sämtliche Landschaften des Reiches erhielten damals eigene Provinzialbeamte, und die Notwendigkeit einer engeren Verbindung mit der Hauptstadt scheint den Anlaß zur Errichtung regelmäßiger Poststationen gegeben zu haben. Gegenwärtig befinden sich längs den besuchtesten Straßen durchs ganze Reich Posthäuser, die zum Einstellen und Wechseln der Lasttiere und Träger eingerichtet und durchgängig mit einer geräumigen Halle versehen sind. Sie heißen Jeki-ten, Poststationen, oder auch Umadsuki, Pferdestationen. Da der Unterhalt der Menschen und Pferde, deren ein einziger Zug eines Großen oft Hunderte fordert, für einen einzigen Unternehmer zu schwierig ist, so wird das Lasttragen und Unterhalten der Lasttiere ein Erwerbszweig des ganzen Ortes, wo sich ein Posthaus befindet, und das letztere ist bloß das Lokal, wo unter amtlicher Aufsicht und mit Sicherheit und Pünktlichkeit dem Reisenden die nötige Hilfe verschafft und der Verkehr durchs Land geleitet wird.

Die Brief- und Eilposten haben ihren Zentralpunkt in Osaka als der ersten Handelsstadt des Reiches, von wo aus sie namentlich nach den beiden Hauptstädten Kyoto und Jedo, nach den Residenzen der Landesfürsten und endlich nach Nagasaki als dem Handelsplatz für Fremde lebhaft verkehren. Sie gehen regelmäßig den 7., 17. und 27. jeden Monats von Osaka nach Nagasaki und den 8., 18. und 28. nach Kyoto und Jedo. Nach Kyoto findet sich bei der geringen Entfernung außerdem auch täglich Gelegenheit. Nach Nagasaki gehen diese Posten in sieben Tagen, und zwar zur See in einem kleinen, gutbesegelten und mit vielen Rudern besetzten Fahrzeug bis Shimonoseki und Kokura, von wo aus die Briefe durch Läufer bis an den Ort ihrer Bestimmung gebracht werden. Der Läufer trägt das mit Wachstuch überzogene Briefpäckchen an einem Stock befestigt und läuft laut rufend die nächste Station an, wo es einem anderen übergeben und, ohne niedergelegt zu werden, weitergebracht wird. Bei wichtigen Papieren werden aus Vorsorge für Unfälle zwei solcher Boten genommen. Ihr japanischer Name ist Hikijaku (vom chinesischen Hikeo, geflügelte Füße). Außer diesen regelmäßigen Posten können jederzeit Eilposten abgefertigt werden, deren Kosten nach Verhältnis der Jahreszeit und Witterung verschieden sind. Von Osaka bis Nagasaki zahlt man 100 bis 200 Gulden. Die Handelsgeschäfte in Osaka und namentlich der Handel mit Reis und getrockneten Fischen, welcher ganz so wie unser Effektenhandel getrieben wird, sind es, was die Eilposten vorzüglich beschäftigt.

Hier wäre noch jene Einrichtung zu erwähnen, welche nach Art der Telegraphen zur schnellen Verbreitung einer wichtigen Nachricht dienen. Es sind die Feuerherde, welche sich auf den höchsten Bergen im ganzen Reich befinden und worauf bei Ereignissen von höchster Wichtigkeit für den Staat, wie Landung einer fremden Macht, Feuersignale gegeben werden. Bei weniger wichtigen Vorfällen bedient man sich der Raketen, welche in der chinesischen und japanischen Kriegskunst seit ältesten Zeiten bekannt sind.

In den Ortschaften, wo sich Posthäuser befinden, sind Gasthöfe und Herbergen mit verschiedenen Einrichtungen zur Bequemlichkeit und zum Vergnügen der Reisenden. Die Wirtshäuser ersten Ranges sind die Tatsi oder nach allgemeinerem Ausdrucke Honjin. Fürsten und andere vornehme Reisende kehren darin ein, während Leute geringeren Standes die Jadojas oder Nachtherbergen angehen. Auf der Reise werden wir beide näher kennenlernen. Unsere Gesandtschaft bezieht die Honjin; sind diese aber besetzt, so übernachtet sie auf Kiushiu in buddhistischen Tempeln und längs der Tokaido in Jadojas.

Bäder, und zwar sehr heiße, sind ein allgemeines Bedürfnis. Die Reisenden, besonders die Träger, bedienen sich ihrer täglich. In jedem Wirtshaus befinden sich Badestuben für vornehme und geringe Gäste, und meistens sind noch öffentliche Badehäuser in der Nähe. (...)

Wir setzten unsere Reise (von Omura) nach Uresino fort und besuchten nach dem Mittagsmahl seine berühmte Heilquelle. Sie befindet sich am Fuße eines Berges auf einem Gipslager und sprudelt, siedheiß und Blasen werfend, in einem darin ausgehauenen, etwa 6 Fuß langen, 2 Fuß tiefen Bassin hervor. Auf dem Boden bemerkt man aufwallenden Sand, worin sich beständig Blasen entwickeln, und die Fassung ist mit einer Decke kohlensauren Kalkes beschlagen. Das in die Badeanstalt zu leitende Wasser sammelt sich in einem kleineren, tieferen Behälter an der Seite des Bassins, und das überflüssige läuft durch einen Guß in einen vorbeifließenden Bach ab. Die Farbe des Wassers ist von der des reinen, gewöhnlichen nicht verschieden; es ist vollkommen klar und durchsichtig. Der Geruch ist schwach schwefelig, der Geschmack süßlich, das spezifische Gewicht 0,995. Die Quelle selbst wie die ganze Badeanstalt und eine beträchtliche Strecke des Baches waren bedeckt mit Dampf und alles Laub in der Nähe, namentlich ein großer Kampferbaum, gelb gefärbt.

Den Eingeborenen ist es verboten, hier zu fischen, da die Fische dem Schutzpatron der Heilquelle geweiht sind.

Die Badeanstalt ist sehr einfach. Sie besteht aus drei einstökkigen, mit Schindeln gedeckten Hallen, wovon die zwei größeren drei, die kleinere eine Badestube enthalten. In drei dieser Stuben sind zwei Bäder, in den übrigen nur eins angebracht. Die Bäder sind ausgemauerte Behälter, sechs Fuß lang und halb so breit, in die man nach Belieben heißes und kaltes Wasser lassen kann. Gewöhnlich werden sie bloß mit heißem gefüllt, das man bis auf die gewünschte Temperatur sich abkühlen läßt. Am Eingang in die Anstalt steht ein Häuschen für Aufseher und Wächter und im Vorhof ein Gartenhäuschen für die Badegäste. Den Gebrauch der Bäder von Uresino empfehlen die japanischen Ärzte bei chronischen Hautkrankheiten und als Nachkur der Blattern und Masern, bei Schwäche in den Organen der Bewegung, Lähmung, bei Gicht, Rheumatismus und dergleichen, und der niedere Preis von 5 bis 10 Mon für ein Bad (500 Mon gehen etwa auf einen Gulden) macht es auch dem wenig Bemittelten leicht, sich ihrer zu bedienen.

ENTLANG DER SEIDENSTRASSE

»Das ist der Fluch und zugleich die Wollust des Reisens, daß es dir Orte, die dir vorher in der Unendlichkeit und in der Unerreichbarkeit lagen, endlich und erreichbar macht. Diese Endlichkeit und Erreichbarkeit zieht dir aber geistige Grenzen, die du nie mehr loswerden wirst . . .
Der Vielgereiste haftet mehr an der Erde als der Niegereiste.«

Max Dauthendey
Himalajafinsternis (1915)

Marco Polo
Die Wüste spricht

Die Stadt Lop* liegt gegen Nordosten am Anfang der großen Wüste, welche denselben Namen trägt. Sie gehört zum Reich des Großkhans, und ihre Einwohner sind mohammedanischen Glaubens. Reisende, welche durch die Wüste ziehen wollen, machen gewöhnlich eine beträchtliche Zeit an diesem Platz halt, um sich von den Beschwerden zu erholen, aber auch um die nötigen Vorbereitungen zu ihrer Weiterreise zu treffen. Zu diesem Zweck beladen sie eine Anzahl starker Esel und Kamele mit Mundvorrat und mit ihren Waren. Wird ersterer aufgezehrt, bevor sie die Reise vollendet haben, so töten und essen sie die Lasttiere; man nimmt aber gewöhnlich lieber Kamele zu der Karawane, weil sie schwerere Lasten tragen und mit wenig Futter fürlieb nehmen. Für Proviant muß man wenigstens auf einen Monat sorgen, weil man so viel Zeit braucht, um die Wüste auf dem kürzesten Weg zu durchqueren. Eitle Anstrengung würde es sein, wollte man sie ihrer Länge nach durchwandern, da man nicht viel weniger als ein Jahr dazu brauchen würde und auf so lange Zeit keine Lebensmittel mit sich führen könnte. Während dieser dreißig Tage geht die Reise unaufhörlich über sandige Flächen und kahle Berge hin; aber nach Verlauf eines jeden Tagesmarsches hält man an einem Platz, wo Wasser zu finden ist, allerdings nicht in hinreichender Menge für eine große Zahl, aber doch genug für fünfzig bis hundert Personen samt ihren Lasttieren. An drei oder vier von diesen Halteplätzen ist das Wasser salzig und bitter, aber an den anderen, deren wohl achtundzwanzig vorhanden sein mögen, ist es süß und gut. Auf diesem Weg trifft man keine vierfüßigen Tiere und keinen Vogel, weil kein Futter für sie zu finden ist.

Es wird als wohlbekannte Tatsache erzählt, daß diese Wüste der Aufenthaltsort vieler böser Geister ist, welche den Reisenden allerlei sonderbares Blendwerk zu ihrem Verderben vor-

* Lop existiert nicht mehr, lag aber offenbar am See Lop-nor in der heutigen Provinz Sinkiang.

führen. Wenn am Tage Leute auf dem Weg zurückbleiben, oder vom Schlaf überfallen, oder irgendwelcher anderer natürlicher Gründe wegen aufgehalten werden, bis die Karawane über einen Hügel gezogen und nicht länger mehr sichtbar ist, dann hören sie sich ganz unerwartet bei ihrem Namen gerufen, und zwar mit einer Stimme, die ihnen bekannt erscheint. Da sie nun glauben, der Ruf komme von ihren Gefährten, so werden sie von dem rechten Weg abgeführt, und sie müssen, da sie die wahre Richtung nicht finden, zurückbleiben und elendiglich umkommen. In der Nachtzeit glauben sie das Getrappel eines großen Reitertrupps auf der einen oder der anderen Seite des Weges zu hören, und da sie aus dem Geräusch schließen, daß es die Fußtritte ihres Zuges sind, so wenden sie sich nach der Gegend hin, aus der der Lärm kommt; aber bei Anbruch des Tages erkennen sie, daß sie irregeführt und in ihr Verderben gezogen worden sind.

Zuweilen nehmen auch am Tage diese Geister die Gestalt ihrer Reisegefährten an, die sie beim Namen rufen und versuchen, sie vom richtigen Weg abzuleiten. Auch wird erzählt, daß einige Personen bei ihrem Zug durch die Wüste etwas gesehen haben, das ihnen wie ein Trupp bewaffneter Leute erschienen sei, der auf sie losrückte, und aus Furcht, angegriffen und geplündert zu werden, hätten sie die Flucht ergriffen. Da sie nun auf diese Weise den rechten Pfad verloren und nicht gewußt hätten, in welcher Richtung sie ihn wieder aufsuchen sollten, wären sie vor Hunger elendiglich umgekommen.

Wunderbar in der Tat und kaum glaublich sind die Geschichten, die von diesen Geistern der Wüste berichtet werden; sie sollen auch zuweilen die Luft mit den Klängen von Musik erfüllen und mit dem Lärm von Trommeln und mit Waffengeklirr, wodurch sie die Reisenden nötigen, sich enger zusammenzuhalten und in strengerer Ordnung zu marschieren. Deswegen halten es die Reisenden auch für nötig, die Vorsicht zu gebrauchen, bevor sie sich der Nachtruhe überlassen, weit vorn ein Signal aufzustellen, welches den Weg zeigt, den sie am anderen Tag weiterziehen wollen, ferner auch jedem Lasttier eine Glocke umzuhängen, damit sie sich nicht so leicht zerstreuen.

Das sind die außerordentlichen Gefahren, denen man unvermeidlich begegnet, wenn man durch diese Wüste zieht.

Sven Hedin
Der wandernde See

In Korla verstärkten wir die Karawane durch zwei Pferde, füllten die Proviantkisten wieder und fanden zwei vortreffliche Führer, die uns nach Tikkenlik führten, einem Dörfchen an dem Punkt, wo der untere Kontsche-darja zwei Abzweigungen des Tarimflusses aufnimmt.

Drei Wege führen dorthin; der eine geht am Kontsche-darja entlang, der zweite längs des Fußes der Bergkette Kurruk-tag (das trockene Gebirge) und der dritte zwischen beiden durch Sand- und Steinwüste.

Der erste war schon bekannt. Ich wählte den letzten und entdeckte auf meinem Zug zwei alte, aber gut erhaltene chinesische Festungen und eine ganze Reihe von Potais oder hohen Pyramiden aus Holz und Ton, die die Entfernungen in chinesischen Li angeben.

Diese Entdeckung war von großem Interesse, denn sie zeigte, daß es hier in alten Zeiten eine bedeutende Heerstraße von Korla nach – ja, wohin? – gegeben hatte. In der südöstlichen Verlängerung des Weges liegt jetzt nur die Sandwüste; aber früher lag hier in 40 ½ Grad nördlicher Breite der alte Lop-nor, wie er auf chinesischen Karten angegeben ist! Später sollte ich auf dieser interessanten Reise Gelegenheit finden, dies mit geologischen und hydrographischen Beweisen zu bestätigen.

Der obenerwähnte Weg führte also unzweifelhaft nach dem ehemaligen Lop-nor, und nachdem der See infolge von Ursachen, die ich weiter unten anführen werde, ausgetrocknet war, wurde diese Straße verlassen. Doch daß sie von Bedeutung gewesen, beweisen diese Potais; denn noch heute machen sich die Chinesen nicht die Mühe, sie auf anderen als auf den wichtigsten Karawanenwegen zu errichten.

Auf seinem Zug nach dem Lop-nor war Prschewalskij auf der Hauptstraße zwischen dem unteren Tarim und dem Kontsche-darja gereist und konnte also unmöglich erkunden, ob es weiter östlich einen See oder die Reste eines Sees gab oder nicht. Um diese Frage entscheiden zu können, mußte man unbedingt östlich vom Kontsche-darja ziehen, von dem ein Arm nach dem alten Lop-nor gehen konnte.

Was beim ersten Anblick des von mir entdeckten Sees wunderbar erscheint, ist, daß seine Längenrichtung von Norden nach Süden geht, während der Lop-nor der Chinesen sich von Westen nach Osten hinzieht. Doch auch dieses hat seine natürliche Erklärung. Erstens müssen wir bedenken, daß nahezu das ganze Lop-nor-Gebiet fast in einer und derselben Horizontalebene liegt. Die hydrographischen Verhältnisse müssen daher gegen die geringsten Niveauveränderungen empfindlich sein.

An solchen Veränderungen arbeiten unaufhörlich vor allem zwei Faktoren: die herrschenden Winde und der vom Tarim mitgeführte Schlamm. Die Winde kommen im ganzen Lopgebiet aus Osten und Ostnordosten, und im März, April und Mai sind Sandstürme aus dieser Richtung häufig. Während unseres Aufenthalts am See befand sich die Atmosphäre allerdings im Gleichgewicht, aber wir hatten den See kaum verlassen, als auch schon ein Buran begann, der mit nur wenigen Tagen Pause während unseres ganzen Besuchs in diesen Gegenden tobte.

Man kann sich denken, welche Quelle unwiderstehlicher Kraft diese beständig wiederkehrenden Frühjahrsstürme sind. Sie drücken und pressen die Seen ordentlich nach Westen, während der Flugsand zugleich ihre Becken auszufüllen strebt.

Daß der alte Lop-nor sich früher auch nach Osten hingezogen hat, geht noch aus folgendem hervor: An das ganze Ostufer schmiegt sich ein Gürtel von kleinen Salzlagunen, Tümpeln und Morästen, die in jüngstvergangener Zeit durch den vorrückenden Flugsand vom See abgeschnürt worden sind.

Längs desselben Ufers finden wir auch einen schmalen Waldgürtel, größtenteils aus Pappeln und Tamarisken bestehend, in dem wir drei Entwicklungsstadien unterscheiden konnten: in der östlich vom See liegenden Sandwüste toten Wald, zwischen den am weitesten nach Westen vorgeschobenen Dünen prächtige, grüne Stämme und schließlich an der Uferlinie selbst junges, zartes Gebüsch.

Hieraus ersehen wir, daß der Wald, der, um leben zu können, des Wassers bedarf, dem See auf seiner Wanderung nach Westen folgt und daß die Pappeln, deren abgestorbene Stämme sich jetzt im Osten inmitten lauter vorrückender Sanddünen befinden, einst am Ufer gestanden und ihre Nahrung aus dem See erhalten haben.

Dieser langgestreckte See besteht also ohne Zweifel aus den Resten des ehemaligen Lop-nor. Aus seinem Südende, Arka-köll (der hintere See), tritt der Ilek wieder heraus und schiebt sein Bett in den wildesten Krümmungen und Bogen nach Süden vor, wobei er die Ruinen der alten chinesischen Festung Merdek-schahr im Osten fünf Kilometer abseits liegen läßt.

Darauf bildet der Fluß wieder eine ganze Reihe von Seebekken, deren größte Sadak-köll und Nias-köll sind, so genannt nach zwei Lopmännern, die dort ihre Hütten haben. Bei Schirge-tschappgan vereinigt sich der Fluß wieder mit dem Tarim.

Nun ist zu bemerken, daß es erst neun Jahre her ist, seit diese Seenkette durch Bifurkationsarme vom Tarim mit Wasser gefüllt wurde. Vorher war hier Wüste. Doch auch damals waren alle diese Seebecken und Flußbetten vorhanden, in deren tiefsten Stellen Salztümpel standen, aus denen die wilden Kamele tranken. Wenn also Prschewalskij nach der Rückkehr von seiner zweiten Reise nach dem Lop-nor im Jahre 1885 das Vorhandensein eines Sees östlich vom Tarim bestritt, hatte er durch einen Zufall recht, denn erst drei Jahre später füllten sich die ausgetrockneten Betten wieder mit Wasser. Doch noch mehr recht hatte Freiherr von Richthofen, der gerade in dieser Gegend das Vorhandensein eines Sees ahnte, eines Sees, der auch existierte, obgleich er sich momentan in einer Periode der Austrocknung befand.

Der südliche Lop-nor – denn wir können hier den Namen beibehalten, der sich auf den europäischen Karten eingebürgert hat – war zu Prschewalskijs Zeit ein recht bedeutender See, und von dem Dorf Abdall aus konnte der Forscher eine lange Bootfahrt nach Osten nach dem Fischerdorf Kara-koschun machen.

Als ich 11½ Jahre später ebenfalls von Abdall aus eine solche Bootfahrt unternahm, konnte man durch das Schilf nur zwei Tagereisen weit nach Osten kommen, und auch dies nur mit Schwierigkeit, und das alte Kara-koschun stand verlassen, seitdem der See vollständig zugewachsen war.

Der Kara-buran war zu Prschewalskijs Zeit ebenfalls ein großer, offener See, an dessen Ufer man am Meere zu stehen glaubte, weil man den gegenüberliegenden Strand nicht sah. Auch sein Name gibt an, daß die »schwarzen Stürme« sich hier besonders geltend machten. Und nun fand ich, als ich auf dem Strom längs des rechten Ufers ruderte, von dem Kara-buran nur noch einen unbedeutenden Rest, einen kleinen See, der vom Tarim derartig verschlammt worden ist, daß nicht einmal flachgehende Kähne darauf fahren können.

Im Sommer ist dieser Rest ganz vom Tarim und dem Tschertschen-darja abgeschnürt. Das Wasser wird daher schnell salzig, bis es im Spätsommer ganz verdunstet und üppigen Weiden Platz macht, auf denen die Bewohner von Tscharchlik ihre Schafe und Kühe grasen lassen.

Nachdem ich einen kurzen Überblick über den Stand der Lopnor-Frage und die neuen Gesichtspunkte, zu denen meine Entdeckungen mich führten, gegeben habe, bleibt mir noch übrig, auch einige Worte über unsere Reise in diesen Gegenden zu sagen.

Am 4. April (1896) entdeckten wir den Teil des alten Lopnor, der nach einem Lopmann Avullu-köll heißt, und folgten dann drei Tage lang seinem Ostufer. Das Terrain bereitete auf dem ganzen Weg außerordentliche Schwierigkeiten; zehn bis fünfzehn Meter hohe Sanddünen fielen gewöhnlich mit 33 Grad Neigung nach dem Wasser ab.

Wo der Sand hier und da ein wenig zurücktrat, stand ein Pappelwald, und wo die Dünen niedrig waren, traten statt der Pappeln Tamarisken auf, die alle auf der Spitze eines gewaltigen Kegels thronten, dessen Gerippe aus den eigenen Wurzeln der Pflanze bestand. Diese Tamariskenkegel standen oft so dicht, daß wir in wahren Labyrinthen marschierten und nicht selten vorzogen, kleine Bogen in die Wüste hineinzumachen.

Die Seen waren derartig mit Schilf zugewachsen, daß man nur von hohen Aussichtsdünen offenes Wasser in ihrer Mitte sehen konnte. Einigemal versuchten wir da, wo sie flach oder ganz ausgetrocknet waren, das Schilf zu forcieren, obgleich es doppelt so hoch war wie die Kamele und so dicht stand wie in den Wänden der Hütten der Eingeborenen.

Einer unserer Führer ging voran und untersuchte den Boden. Dann führten die Männer die Kamele hinunter, die mit ihren großen, schweren Körpern das Schilf beiseitedrängten und es unter ihren Füßen zertraten, so daß es hinter ihnen knackte und raschelte. Man glaubte, in einem dunklen Korridor zu verschwinden, und war froh, als man herauskam und wieder einen freien Blick über das Feld hatte.

Mehr als alles andere quälten uns in diesen ruhigen Tagen die Mücken. Auf dem Ritt wurden wir von Wolkensäulen dieser verhaßten Insekten verfolgt. Doch sobald wir Lager geschlagen hatten und die Sonne unterging, wurden sie noch schlimmer. Sie summten in Milliarden so ungeniert um uns herum, als wären wir eigens hierher gekommen, um sie zum Souper einzuladen. Ist es möglich, zu schreiben, wenn tausend Mükken ihre Stachel auf die eine Hand richten und die andere Hand unausgesetzt mit einem Lappen fächeln muß? Es kann doch unmöglich angenehm sein, bei der Hitze sein Lager noch mit einer Ringmauer von Feuern umgeben zu müssen, deren Rauch einen beinahe erstickt.

Am Kara-köll verfielen wir jedoch auf eine raffinierte Art, die Mücken loszuwerden. Bei Sonnenuntergang steckten wir das trockene Schilf vom vorigen Jahr an. Das Feuer verbreitete sich wie ein Präriebrand über einen großen Teil des Sees, und der Rauch legte sich als dichter Schleier über die Gegend um unser Lager. Ich lag die halbe Nacht wach, um mich an der Wut der prachtvollen Flammen und an dem rachsüchtigen Gedanken zu erfreuen, daß zahllose Mücken wie Spreu mit dem Rauch bis ans Ende der Welt gingen.

Nachts mußte ich, um meine arme Haut zu schützen, ein nicht gerade allzu angenehmes Mittel gebrauchen: ich schmierte mir beide Hände und das Gesicht mit Tabaksaft ein. Und wieviel Tabak mußte ich rauchen, um die genügende Menge Saft zu bekommen!

Werner-Otto von Hentig
In verschlossenes Land

Hindukusch und Pamir! Bei uns im Westen beginnt das Reisen mit Fahrplan und Baedeker. Selbst der Weltenbummler durch tropische und exotische Länder benutzt wenigstens ein Reisewerk, das ihm Aufschluß über Weg und Steg, Land, Leute, Klima, Sitten, Lebensbedingungen und beste Vorbereitungen gibt. Hier, für das Herz Asiens, fehlte jedes literarische Hilfsmittel. Wohl ging eine uralte Karawanenstraße von Südasien über den Hindukusch nach Nordasien, die schon Alexanders Heere daherkamen, wohl zog seit Dschingis Khans Tagen ein ähnlich uralter Völkerweg aus dem Osten über den Pamir nach Iran. Aber das waren auch die zwei einzig begangenen Wege durch das innerste Asien, und gerade sie standen mir nicht frei. Die Pamirstraße führte zum größten Teil über den russischen Pamir, der mir verschlossen war. Ich mußte mich auf dem schmalen afghanischen Zipfel des Pamir durchwinden, der so eng ist, daß sich Rußland und Indien durch die zerrissenen Schluchten hindurch ins Gesicht starren. Und auch meinen Anmarsch dorthin mußte ich in Winkelzügen verheimlichen. Ich wußte: die Grenzen, niemals richtig festgelegt, fließen, und weder Engländer noch Russen würden sich allzusehr durch Linien auf der Karte bestimmen lassen. So gab es für mich nur dort einen Weg, wo es keinen gab, durch die nie begangene »Wildnis«, das bedeutet Pamir wörtlich übersetzt. (...)

Am 21. Mai 1916 marschierten wir von Kabul ab. Die ersten vier Tage bis an den Fuß des Hindukusch ging die Reise wunderbar gut vonstatten. Für alles war unterwegs vorgesorgt. Wo die Karawansereien baufällig waren, nahmen uns andere Häuser gern auf. Kaum hatten wir uns jedesmal auf den gebreiteten Teppichen niedergelassen, so erschien auch schon der heiße Tee. Auch um das Aufladen brauchten wir uns bei den vielen Hilfskräften kaum zu kümmern. Unser Asgher verstand es übrigens wundervoll, fremde Leute für sich arbeiten zu lassen und sie dafür mit Schilderungen unserer Macht und Größe zu belohnen. Des Morgens vor dem Aufbruch teilte sich sogar die Küche. Der kleine Kaffeekoch blieb zurück, der große eilte im

Galopp, das notwendigste Geschirr in freier Hand, voran, um uns bereits am nächsten Rastpunkt mit einem labenden Trunk begrüßen zu können. Auch die Zelte, die ja immer erst nach unserem Abreiten abgebrochen werden konnten, wurden im Schnellschritt vorangehetzt, so daß wir, am Ziel angelangt, uns nicht in den Gemächern der Karawanserei, wo wir von Ungeziefer förmlich aufgefressen worden wären, niederzulassen brauchten. Bei Tage blieb uns auf diese Weise stets Zeit genug, uns in der Gegend umzusehen, für die Pferde zu sorgen und – wie bedaure ich jetzt, sie nicht bei mir zu haben! – ausführliche Tagebuchaufzeichnungen zu machen.

Bis auf den letzten der vier Tage hatten wir fortwährend die hohen Schneegipfel des Hindukusch vor Augen gehabt. Am vierten waren wir den hohen Vorbergen so nahe gerückt, daß sie den Hauptstock unseren Blicken entzogen. Dafür traten wir jetzt in die prachtvollen Durchbruchstäler eines reißenden Gebirgsbaches ein. Wir näherten uns den großen Paßstraßen, die von Indien nach Turkestan, von einer Welt in die andere führen. Für sein Leben gern wäre sie Lord Curzon gezogen; jetzt sollte gerade seine Regierung uns, seinen Feinden, zu dieser Freude verhelfen!

Am Morgen des fünften Tages stoppte ich plötzlich den letzten Teil der großen Karawane, ließ die Hauptkolonne, die aus etwa hundertzwanzig Tieren bestand, samt Köchen, Dienern, den Kammerherren und allem, was sonst dazu gehörte, der Abrede gemäß vorangehen und marschierte selbst an der Spitze des zurückgebliebenen Teils ein Seitental hinauf. Bis auf den afghanischen Rittmeister, der am Morgen ins Geheimnis eingeweiht worden war, wunderte sich jedermann in unserem kleinen, knapp dreißig Tiere starken Zug über den Abweg. Noch sagte ich es niemandem – ich wollte über den Anjüman-Paß und Zebak, so schnell es unsere Kräfte erlaubten, nach dem Pamir vordringen. Unsere Abreise von Kabul hatte ja nicht verborgen bleiben können, so geheim auch unsere Pläne und Wünsche von dem Emir behandelt worden waren. Das wußten wir. Auch damit hatten wir gerechnet, daß unseren Feinden sofort gemeldet würde, in welcher Richtung wir abmarschiert seien. Doch hier, inmitten des unwegsamen Gebirges, hoffte ich unsere Spuren verwischen zu können.

Sobald wir außer Sicht der Hauptkolonne und der großen Straße waren, wurde es wieder so beschwerlich wie in den besten Kriegszeiten. Die quartiermachenden Köche waren verschwunden; der Weg war so eng und schlecht, daß an vielen Stellen ganz abgeladen werden mußte, dann auch so weit, daß wir nach vierzehnstündigem Marsch das Tagesziel immer noch nicht erreicht hatten. Kurz vor Einbruch der Dunkelheit kamen wir im Quartier an. Nur ein böser Bach war noch zu durchschreiten. Den überwand ich glücklich, stürzte aber dann mit dem übermüdeten Fuchs im Sprung über eine kleine Schlucht und überschlug mich nicht ungefährlich.

Aus den unterirdischen Steinhütten hatte sich indessen Leben hervorgewagt. Gleich wurde der langbärtige Dorfmalik gefaßt und mit einer Reihe von Aufträgen beehrt. Nach längerem Suchen bot man mir das Dach der Dorfmoschee zum Aufrichten des Zeltes an; Pferde und Leute wurden auf Bitten der Bewohner, die des afghanischen Militärs doch nicht ganz sicher zu sein schienen, außerhalb des Dorfes untergebracht. Als wir schließlich am Abend nach langem Verhandeln die nötigsten Futter- und Nahrungsmittel zusammenhatten, erklärte der Rat der Alten und Wegkundigen des Dorfes, daß ein Überschreiten des Anjüman-Passes des hohen Schnees wegen ganz unmöglich sei. Aus Erfahrung wußte ich, was der Orientale häufig mit »ganz unmöglich« meint. Er versteht darunter: nur mit Schwierigkeiten zu überwinden. Ich beschloß jedoch, den Rat der Alten insoweit zu achten, als ich am nächsten Morgen nicht mit der ganzen Karawane losmarschieren, sondern zuerst einmal allein mit Röhr zur Erkundung vorgehen wollte. Die Tiere, die schon sechs Tage unterwegs waren, konnten dann auch einen wohlverdienten Ruhetag genießen.

Auf einer zähen, weißen Stute ging es im Paßgang schnell durch reißende Bäche, über tief vom Schmelzwasser durchgeweichte Hänge und dann durch Schnee, der immer höher wurde. Zu unserer Freude und meinem Triumph lagerte auf der anderen Seite des Tales eine Gruppe wegmüder Wanderer. Wir riefen sie an, um Näheres über den Weg zu hören. Merkwürdig klang, was die bleichen, abgespannten Gestalten mir sagten, an denen das einzig Feste ihre warmen Wollumpen waren. Vor vier Tagen waren sie von Anjüman aufgebrochen, um, wie sie dachten, in sechsunddreißig Stunden den sonst sieben Tage dauernden Weg über Badakschan zu bezwingen. Doch war weder der Schnee auf Anjüman hart genug, um zu tragen, noch die Sonne ausreichend stark, um den Weg freizumachen. So hatten sie nur bei Nacht vorwärtskommen können, wenn die oberste Schneeschicht fror. Da aber selbst diese klettergewohnten Bergmenschen sich ab und zu von ihrem mühsamen Vorwärtsdringen ausruhen mußten, so hatten sie alle zwei Stunden einen kreisförmigen Gang in den Schnee getreten. Hierin bewegten sie sich, vor Wind geschützt, um nicht zu erfrieren. Bei Tage hatten sie, von der Sonne erwärmt, auf dem Schnee geschlafen und hin und wieder ein wenig Schmelzwasser geschlürft. Was diese Leute uns berichteten, fand ich bald bestätigt. Unsere guten Bergpferde fielen tief bis zum Bauch in den Schnee. An ein Fortschleppen der Lasten war nicht zu denken. Dieses Mal hatten unsere Freunde mit ihrem »ganz unmöglich« wenigstens insoweit recht gehabt, als der Übergang über den Anjüman zu jener Zeit einen solchen Kräfteaufwand erfordert hätte, daß ein Versuch aussichtslos war. Es hieß also – was ja oft schwer ist: vernünftig sein und zum Rückzug blasen!

Ein anderer Paß, zu dessen Benutzung der Dorfälteste selbst uns riet, führte auf Chawak zu. Unter aller erdenklichen Mühsal waren die Tragtiere an der Schneegrenze angelangt, als es wieder hieß: »Ganz unmöglich«, und leider auch diesmal mit Recht. Aber jetzt ließ es mein deutscher Stolz nicht zu, nochmals umzukehren; das durften nur Karawane und Eskorte. Inzwischen stieg ich selbst mit einem Bergführer und unserem afghanischen Rittmeister auf den Gletscher hinauf und von der anderen Seite wieder hinab. Bis an die Achselhöhle brach ich mehrfach in den Schnee ein, unter dem ein verborgener Gebirgsbach rauschte. Doch für alle Strapazen entschädigte der herrliche Rundblick auf die Berggipfel des Hindukusch. Nur Eis, nichts als Eis und wieder Eis blendete rings unsere Augen, selbst durch die dunkelste Schutzbrille hindurch. Weltfremd, erdenfern waren diese riesigen, weißen Felder. Sie waren in ihrer schneeigen Unschuld vollkommen jungfräulich, denn die meisten von ihnen hatte nicht einmal der Blick eines Europäers, geschweige denn der Fuß eines Eingeborenen berührt.

Paul Theroux
Mit dem Eisernen Gockel nach Turfan

Wir verließen Lanzhou gegen Mitternacht, die beste Uhrzeit, um einen Fernverkehrszug zu nehmen. Man steigt ein, gibt seine Fahrkarte ab und legt sich schlafen. Wenn man aufwacht, ist man achthundert Kilometer weiter.

Diesen Zug hatte der Mann in Peking den »Eisernen Gockel« genannt, was soviel bedeutete wie »Geizkragen-Expreß«. Doch das war lediglich ein Vorurteil, ein Seitenhieb gegen die nationale Minderheit der Uiguren. In fast jeder Hinsicht war dieser Zug weder besser noch schlechter als andere Bahnen, mit denen ich durch China gefahren war.

So gesehen paßte der Name also nicht. Doch in jeder anderen Hinsicht war dieser Zug tatsächlich ein Eiserner Gockel. Er kreischte, krähte und schien zu flattern, während aus seinem schwarzen Kessel Dampfschwaden quollen und er über die Schienen ratterte, in die Wüste eines Gebiets, das früher einmal Turkestan hieß. Ich schlief wie ein Murmeltier. Der Zug war nicht gerade überfüllt, und Herr Fang war in einem anderen Abteil untergebracht. Ich hatte mit drückender Hitze im Waggon gerechnet, doch es war kühl. Ich mußte mir die Pferdedekke der chinesischen Eisenbahn ausleihen.

Um sechs Uhr wachte ich im Dunkeln auf. In ganz China gilt Pekinger Zeit. In Lanzhou war es bis neun Uhr abends hell gewesen. Mildred Cables Buch über die Wüste Gobi entnahm ich, daß wir gerade an einer Stelle vorbeifuhren, die von den Chinesen »Dämonentor« genannt wurde, weil dahinter heulende Winde und Ödland kamen, vor denen sie eine Heidenangst hatten. Ich las eine Stunde lang. Um sieben war es immer noch dunkel, die Sonne lag hinter den Bergen versteckt. Wir kamen zu einem kleinen Bahnhof namens Shagoutai, wo es außer einem Maultiertreiber und seinem Maultier keine Lebewesen gab; das mit Wasserschläuchen bepackte Tier wartete hinter dem Bahnübergang.

Die dunklen, baum- und graslosen Bergketten lagen da wie dicke gefaltete Steppdecken. In allen näher gelegenen Hügeln konnte man Höhleneingänge sehen: die gewölbten Türöffnungen der Höhlenbewohner von Gansu. Diese felsige Provinz war so lang und schmal, daß ich sie noch bis in den folgenden Tag hinein durchfahren würde. Wie in die sich südlich anschließende Provinz Qinghai wurden nach Gansu politische Gefangene verbannt; hier lag das chinesische Sibirien. Die Sicherheitsfrage löste sich von selbst: Durch die Wüste gab es kein Entkommen. Noch vor vierzig Jahren fanden Reisende auf dieser Strecke – und zwar genau an dieser Stelle in Gansu – eine große Steintafel mit der Inschrift: *Die größte Barriere der Welt*. Damit war die Gobi gemeint. Bei der Stadt Wuwei veränderte sich die Landschaft ganz plötzlich. Der »Eiserne Gokkel« fuhr durch ein tiefes kühles Tal, in ein paar Kilometer Entfernung lagen wasserreiche Berge, auf die eine hohe braune Bergkette folgte, und noch höher und weiter entfernt sah man am Horizont einen langgestreckten schneebedeckten Gebirgskamm. Die Eisberge waren so blau und weiß, daß dieser Kamm wie eine Schwertklinge aussah.

Das Gebirge im Süden hieß Datong Shan; einige Sechstausender waren darunter, es lag in der Provinz und ehemaligen Strafkolonie Qinghai, die sich noch jenseits der Berge bis zum Rande der Tibetischen Hochebene erstreckte.

Man hatte mich gewarnt, daß diese Reise nach Westen öde und langweilig sein würde. Dem war nicht so. Ich fand, daß die menschenleersten Gegenden die schönsten Chinas waren. Die fruchtbaren Täler bildeten eine Kette von Oasen entlang der Nordroute der Seidenstraße. Auf den steinigeren Flächen weideten große Schafherden; es gab Maultiere, Krähen und aus Lehm erbaute Dörfer. Einmal sah ich sechs große und kleine Kamele in aller Seelenruhe dem fahrenden Zug nachschauen.

Der Zug war voll, aber nicht überfüllt. Der Speisewagen war fast immer leer, was daran liegen mochte, daß die meisten Passagiere Uiguren – also Moslems – waren und auf der chinesischen Speisekarte lauter Schweinefleischgerichte standen. Auch die anderen Speisen waren bestimmt nicht »halal«, die islamische Version von koscher. Weil das Geschäft mehr als schleppend lief, fragte mich der Koch nach meinen Wünschen. Wie wär's mit Huhn und Garnelen? Oder mit geschnetzeltem Schweinefleisch und Tofu? Oder mit Fisch in Ingwersoße? Blumenkohl mit getrockneten Shrimps? Sautierter Gurke? Wie so oft im chinesischen Alltag hatten die Speisen zwar großartige Namen, ließen sich in der Praxis jedoch kaum auseinanderhalten.

Am frühen Nachmittag fuhr der Zug über eine grüne Ebene zwischen zwei niedrigen Gebirgszügen, dem Qilian Shan und dem Helan Shan. Hier und da konnte ich zerfallene Reste der Großen Mauer erkennen. Flaches Land wurde intensiv bestellt, und an manchen Stellen standen hohe, schmale und ziemlich verloren aussehende Pappeln. Wald ist den Chinesen fremd. Nur in der nördlichen Provinz Heilongjian gibt es noch welchen, im Nordosten der Mandschurei also; und wie ich hörte, werden gerade die letzten kümmerlichen Reste abgeholzt und zu Eßstäbchen, Zahnstochern und Tischtennisschlägern verarbeitet.

Selbst in dieser gottverlassenen Gegend gab es Menschen und Siedlungen. Die Dörfer waren von Mauern umgeben, und die meisten Behausungen waren ebenfalls ummauert. Es handelte sich um Einfriedungen, wie man sie häufig in Afghanistan und dem Iran – am anderen Ende der Seidenstraße – antrifft, wahrscheinlich ein kulturelles Überbleibsel aus der Zeit der Plünderungen und mongolischen Horden, des zentralasiatischen Alptraums.

Es war ein sehr heißer Tag geworden, mittlerweile über fünfunddreißig Grad. Achtzehn Schafe drängten sich in einem winzigen schattigen Fleck unter einem schütteren Weißdornbusch. Kinder standen in einer Pfütze, um sich Kühlung zu verschaffen. Bauern mit Lampenschirmhüten pflanzten Korn, indem sie einen Halm nach dem anderen in den Boden steckten. Es sah aus, als stickten sie ein Muster in die Furchen. Das Land war abschüssig und wirkte so glatt und steinig wie eine Meeresküste. Obwohl es die heißeste Tageszeit war, sah man überall Menschen.

Auf einmal tauchten neben der Strecke Sanddünen auf, große glatte Hänge und helle Hügel; die schneebedeckten Gipfel blieben am Horizont.

Gegen acht Uhr, ich aß gerade in dem leeren Speisewagen zu Abend, fuhren wir durch Jiayuguan. In der Sommerdämmerung der Wüste Gobi lag im Sand eine leuchtende chinesische Stadt, und über ihr erhob sich, zehn Stockwerke hoch, das letzte Tor in der Großen Mauer, der Jia-Yu-Wachtturm, ein festungsähnliches Bauwerk mit Pagodendächern. Der Zug verlangsamte seine Fahrt am Ende der Mauer, einem bröckelnden Haufen aus Lehmziegeln und zerfallenen Türmchen. Im nachlassenden Tageslicht lagen die gespenstischen Reste der Großen Mauer und die augenscheinlich letzte Stadt in China. Die Mauer ging zwar noch in westlicher Richtung weiter, war aber so klein und zerstört, daß sie nur noch wie eine Andeutung des großartigen Plans wirkte. Ich sah die rote Farbe und das gelbe Dach auf dem Tor und dachte, daß der Zug nun ins Unbekannte vorstieß. Die Sonne warf letzte Strahlen auf die grauen Hügel, die Wüste und das bläuliche Buschwerk. Dann verschwamm alles, und der Sonnenuntergang schien anzukündigen, daß ich mit Einbruch der Dunkelheit vom Rand der Erde fallen würde.

Auf dem Weg in mein Abteil kam ich an der Harten Klasse vorbei, wo Uiguren beteten – sie knieten auf Matten zwischen den Liegen mit dem Gesicht in Richtung Mekka. Chinesen putzten sich die Zähne, schlürften Tee und hingen Kleidung auf, und aus einem Kassettenrecorder drang sehr laute arabische Musik. Einige Reisende schliefen, viele seufzten, und ein paar spuckten aus. Ein Kartenspiel und ein wütender Streit waren im Gange. Daneben stillte eine junge Frau ihr Baby. Der Boden war übersät mit Speichel, Apfelsinen- und Erdnußschalen sowie Teeresten. Gurgelnd tauchten Männer aus dem Waschraum auf.

Jemand packte mich am Arm. Trotz der schlechten Beleuchtung sah ich seine große Nase, die gewellten Haare und einen braunen Anzug, dessen Hose einen breiten Schlag hatte, was in diesem Jahr in den Oasen der Wüste von Xinjiang (Sinkiang) modern geworden war. »Shansh marnie?«

Das war das aktuelle uigurische Schlagwort: change money? – Geld wechseln?

Die Uiguren sind in China eine offiziell anerkannte Minderheit, und Xinjiang ist ihre autonome Region. Sie sind die entfernten Nachkommen von Nomaden, deren Reich hier vor 1200 Jahren existierte, sprechen Neuuigurisch, eine Turksprache, und viele sehen aus wie italienische Bauern. Marco Polo schildert sie als freundliches und vergnügtes Volk. Im 13. Jahrhundert wurden sie von den mongolischen Horden überrannt und in die Armee des damaligen Khanats eingezogen. Sie traten zum Islam über, nahmen für ihre Sprache die arabische Schrift an, wurden wiederholt von den Chinesen erobert und rebellierten wiederholt, zuletzt vor hundert Jahren. In Xinjiang leben drei bis vier Millionen Uiguren, die für Chinesen offenbar keinerlei Zuneigung empfinden und sich häufig über sie lustig machen. Sie leben in einer ganz anderen Welt, in deren Mittelpunkt Allah und die zentralasiatischen Steppen stehen. Sie essen Hammel und Brot. Sie sind ein Volk der Händler, das nicht nur zu ausländischen Reisenden Kontakt hielt, sondern selber viel unterwegs war. Zum erstenmal seit Gründung der Volksrepublik durften sie jetzt wieder reisen.

Man sah sie vor den Freundschaftsläden in Peking und Schanghai, sie standen vor den Touristenhotels und sahen wie Austauschstudenten aus einem Mittelmeerland aus. Meist hatten sie dunkle Anzüge, Krawatten und Schuhe mit Plateausohlen an, trugen Armbanduhren und Sonnenbrillen. Sie sprachen selten fließend Chinesisch, doch das war entschuldbar: Man fand nur selten einen Chinesen, der Uigurisch sprach. Allerdings hatte dieses Volk im Laufe seiner Geschichte gelernt, in fünfzig Sprachen zu zählen; Zahlen sind schließlich die Sprache des Basars. Sie beherrschten zwei englische Worte: »Shansh marnie?«

»Wieviel?« fragte ich den Mann.

»Ein Dollar – vier Yuan.« Der offizielle Kurs war drei zu eins.

»Sagen wir sechs.« Ich feilschte nur zum Spaß.

Er fragte, wie viele Dollars ich wechseln wollte. Dann zückte er einen Taschenrechner und erklärte, ab einem bestimmten Betrag könne er mir einen besseren Kurs anbieten. Der Zug ruckelte auf Ansi (Anxi) zu. Ich verlor mein Interesse am Feilschen, denn am Geldtauschen zum Schwarzmarktkurs war ich ohnehin nicht interessiert gewesen. Mich faszinierte nur sein eisernes Festhalten an seinem Kurs von eins zu vier. Dumm war der Uigure nicht: Zwei Monate später wertete die chinesische Regierung den Yuan auf genau diesen Kurs ab.

In dieser Nacht überquerte der Zug die Pavianschlucht, die schon immer als Grenze zu Chinesisch-Turkestan gegolten hat.

»Die zwischen Ansi und Hami gelegene Wüste ist eine riesige Wildnis, und was dem Reisenden als erstes ins Auge fällt, ist die Trostlosigkeit ihrer gleichförmigen, schwarzen, kieselübersäten Oberfläche.« Mildreds Buch erinnerte mich daran, daß mir ein Glanzpunkt dieser Region entging, da ich den Höhlen von Dunhuang keinen Besuch abstattete – Buddhas, Fresken, heilige Grotten: die heilige Stadt im Sand. Doch ich hatte immerhin vor, die verlorene Stadt Gaocheng (Karakhoja) zu besuchen.

Zu Bett gegangen war ich in merkwürdigem Zwielicht, umgeben von einer zerklüfteten Landschaft, und als ich aufwachte, zockelte der Zug langsam durch eine flache Gegend voller Sand und Steine. In einiger Entfernung lagen große buckelige Sanddünen, die primitiven Riesentieren glichen.

Bald tauchte ein grüner Fleck auf, eine Oase. Noch vor dreißig Jahren hatte nur eine Straße die Oasen miteinander verbunden, die Reste der ehemaligen Seidenstraße. Die Oasen waren große Städte, die durch unterirdische Kanäle bewässert wurden, so daß Trauben und Melonen im Überfluß gediehen. Später am Tag hielten wir in Hami. Die Hami-Melone ist wegen ihrer Süße und ihres Aromas in ganz China berühmt. Hami hat große Zeiten erlebt und war bis in dieses Jahrhundert hinein Sitz eines Khans. Es war von Mongolen, Uiguren, Tibetern und Dzungaren eingenommen worden. Seit dem Jahr 73, unter der Späteren Han-Dynastie, hatten die Chinesen sie wiederholt zurückerobert, und seit 1698 ist die Stadt chinesisch geblieben. Von den Bauten ist nichts mehr da. Was nicht im Moslemaufstand von 1863 bis 1873 zerstört worden war, hatte die Kulturrevolution dem Erdboden gleichgemacht. Heute kennt man Hami nur noch wegen des hier produzierten Roheisens.

Die Berggipfel hinter Hami und noch weiter entfernt trugen Schnee auf ihren eckigen, flachen Kämmen. Doch hier unten im Zug und in der Wüste war es sehr heiß – um die vierzig Grad im Zug, noch heißer draußen. Die Sonne brannte auf Sand und Steine herab. In den trockenen Flußbetten sah man manchmal einen abgestorbenen Wutongbaum und hier und da Dornenbüsche, abgesehen von grauen Flechten die einzige erkennbare Vegetation. Wir hielten auf eine staubige Hügelkette zu, hinter der ein bläuliches Gebirge aufragte, dahinter noch mehr Berge, auf denen sich helle Schneeflecken und Eisadern – möglicherweise Gletscher – abzeichneten.

Das war mein erster Blick auf den Bogdan Shan, das Gebirge Gottes. Unter diesen Bergen lag nichts als Wüste, die »heulende Wildnis«, die man an diesem Nachmittag nicht betrachten konnte, weil das Licht so blendete. Hier regnet es nie, dies ist der tote Mittelpunkt Asiens.

Wie schon in den vergangenen zweieinhalb Tagen bewegte sich der Eiserne Gockel nur mit etwa fünfzig Stundenkilometern Geschwindigkeit vorwärts; zum Glück, denn die Landschaft wurde immer bizarrer. Ein Flug von Lanzhou hierher hätte zu einem Schock geführt.

Ich ging in meinem Pyjama auf und ab und trank gelegentlich ein Bier. Die Flaschen enthielten einen halben Liter und kosteten fünfundzwanzig Pfennig. Weil immer noch Pekinger Zeit galt, war es um halb fünf Uhr nachmittags am heißesten, und hell genug zum Lesen blieb es bis kurz vor Mitternacht.

In dieser Welt aus Schnee und Sand wurden die Berge immer röter und kamen immer näher an den Zug heran. In der Ferne lag ein grünes, hundertfünfzig Meter unter dem Meeresspiegel gelegenes Becken, der niedrigste Ort in China und einer der heißesten: die Stadt Turfan, eine Oase. In einem Umkreis von hundertfünfzig Kilometern gab es nichts als schwärzliches Geröll, und Turfan selbst lag über vierzig Kilometer vom Bahnhof entfernt. Hier stieg ich aus.

VON RÄUBERN UND WEGELAGERERN

»Die Gesellen des Räubers Dschi fragten Dschuang Dsi einmal: ›Braucht ein Räuber auch Moral?‹ Er antwortete ihnen: ›Selbstverständlich! Ohne Moral kommt er nicht aus. Intuitiv erkennt er, wo etwas verborgen ist: das ist seine Größe. Er muß zuerst hinein: das ist sein Mut. Er muß zuletzt heraus: das ist sein Pflichtgefühl. Er muß wissen, ob es geht oder nicht: das ist seine Weisheit. Er muß gleichmäßig verteilen: das ist seine Güte.
Es ist vollkommen ausgeschlossen, daß ein Mann, der es auch nur an einer dieser fünf Tugenden fehlen läßt, ein großer Räuber wird.«

Dschuang Dsi
(Chuang-tzu, ca. 365–286 v. Chr.)

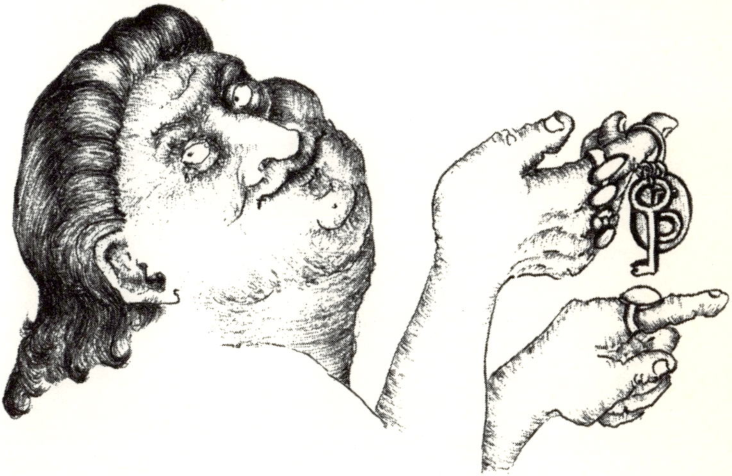

Stendhal
Pietra Mala

19. Januar 1817. Wenn man Bologna verläßt, um den Apennin zu überqueren, folgt die Straße nach Florenz zunächst einem anmutigen, fast ebenen Tal. Nachdem wir eine Stunde lang am Wildbach entlanggewandert waren, ging es allmählich inmitten kleiner Kastanienwälder bergan. In Loiano angekommen, hatten wir nach Norden zu eine wundervolle Aussicht: das Auge überschaut die berühmte lombardische Tiefebene in ihrer vollen Breite von vierzig Meilen; der Länge nach erstreckt sie sich von Turin bis Venedig. Ich gebe gern zu, daß man dies eher im Kopf hat, als daß man es sieht; aber es macht Freude, inmitten dieser riesigen Ebene, baumreich wie ein Wald, nach all den berühmten Städten zu suchen. Die Italiener lieben es, den Cicerone zu spielen; der Postmeister von Loiano wollte mich überzeugen, daß ich das Meer sähe (auf neunzehn Meilen): diese Ehre hatte ich keineswegs. Zur Linken sind die Dinge näher vor Augen; die zahlreichen Gipfel des Apennin bieten das erstaunliche Bild eines Ozeans aus Bergen, der Welle auf Welle dem Blick entschwindet.

Dem Himmel sei Dank, daß ich kein Gelehrter bin: diese aufgetürmten Felshaufen lösten in mir heute morgen recht lebhafte Empfindungen aus, während mein Gefährte, ein ausgebildeter Geologe, in diesem mich so beeindruckenden Anblick nichts anderes sieht als Argumente, die seinen Landsmann Scipio Breislak gegen englische und französische Gelehrte bestätigen. Signore Breislak, gebürtig aus Rom, behauptet, das Feuer habe alles geformt, was wir an der Oberfläche der Erdkugel sehen, Gebirge und Täler. Wenn ich die geringsten Kenntnisse in Meteorologie hätte, fände ich an gewissen Tagen nicht so viel Vergnügen darin, die Wolken wandern zu sehen, hätte nicht solchen Genuß an den prächtigen Palästen oder gewaltigen Ungeheuern, die sie meiner Einbildungskraft vorgaukeln. Ich sah einmal einen Schweizer Sennen drei Stunden lang mit verschränkten Armen die Schneegipfel des Jungfraumassivs betrachten. Sie waren für ihn Musik. Meine Unwissenheit bringt mich dem Seelenzustand dieses Hirten oft nahe.

Ein Spaziergang von zehn Minuten hat uns zu einem mit kleinen Steinen gefüllten Loch geführt, dem ein Gas entweicht, das fast immer brennt. Wir gossen eine Flasche Wasser auf die Steine; sogleich wurde das Feuer viel stärker, was mir eine stundenlange Erklärung eintrug. Hätte ich zugehört, so hätte sich der schöne Berg unversehens in ein Chemielabor verwandelt. Endlich schwieg mein Gelehrter still, und ich konnte mit den Bauern schwatzen, die rund um den Herd dieses Bergwirtshauses hockten. Es ist ein weiter Weg von dort zum eleganten Salon der Madame Martinetti, wo wir gestern abend weilten. Hier eine Geschichte, die ich soeben am riesigen Kamin der Herberge von Pietra Mala vernommen habe.

Vor fast zwei Jahren bemerkte man in Bologna wie in Florenz mit Schrecken, daß auf der Straße, auf der wir uns gerade befinden, die Reisenden verschwanden. Dies war das einzig sichere Ergebnis, zu dem die halbherzigen Nachforschungen beider Stadtregierungen gelangten; man hatte in den Bergen des Apennin allerdings nie irgendwelche Spuren oder Überreste finden können. Eines Abends zwang das Unwetter einen Spanier und seine Frau, in einer elenden Gastwirtschaft in Pietra Mala – dem Ort, wo wir gerade sind – einzukehren. Nichts war schmutziger und ekelhafter, und doch trug die Wirtin, die grausig anzusehen war, Diamantringe. Diese Frau sagt nun zu den Reisenden, sie werde gleich beim Pfarrer nach weißen Bettüchern schicken lassen, drei Meilen entfernt. Die junge Spanierin ist zu Tode erschrocken über das finstere Aussehen des Gasthofes; ihr Gatte stiehlt sich unter dem Vorwand, in der Kutsche ein Taschentuch holen zu gehen, nach draußen, macht dem Vetturino (Kutscher) ein Zeichen und spricht unbemerkt mit ihm. Dieser hatte schon vom Verschwinden von Reisenden gehört und fürchtet sich fast noch mehr. Sie werden sich schnell über die Sache einig. In Gegenwart der Wirtin schärft der Spanier dem Kutscher ein, sie spätestens um fünf Uhr morgens zu wecken. Der Reisende und seine Frau geben vor, ihnen sei nicht wohl, sie essen nur wenig zu Abend und ziehen sich bald auf ihr Zimmer zurück; dort lauschen sie, vor Angst halbtot, warten, bis alle Geräusche im Hause verstummt sind. Gegen ein Uhr ergreifen sie die Flucht und sehen zu, daß sie den Vetturino wieder einholen. Der wartet schon mit Pferden und Wagen eine Viertelmeile voraus.

Nach Florenz zurückgekehrt, erzählte der Vetturino seinem Fuhrherrn, Signore Polastro, einem redlichen Mann, welche Angst er ausgestanden habe. Dieser schaltete die Polizei ein, die dann unter großer Mühe einen Landstreicher festnahm, der sich in jener Gastwirtschaft in Pietra Mala öfters blicken ließ. Als man ihm mit dem Tode drohte, sagte er aus, der Pfarrer Biondi, bei dem die Wirtin nach weißen Bettlaken schickte, sei der Chef ihrer Bande; morgens um zwei Uhr pflege sie im Gasthaus anzukommen, wenn man die Reisenden in tiefem Schlaf wähnte. In dem Wein, der zum Nachtmahl aufgetischt wurde, war stets Opium. Der Brauch der Bande verlangte, die Reisenden und den Vetturino zu töten; danach setzten die Mörder die Leichen wieder in den Wagen, schirrten an und fuhren an irgendeinen verlassenen Ort auf den Höhen des Apennin. Dort wurden auch die Pferde getötet, der Wagen und die Reisehabseligkeiten verbrannt; außer Geld und Schmuck behielt man rein gar nichts. Die Leichen und die verkohlten Reste des Wagens begrub man mit größter Sorgfalt, die Uhren und Wertsachen wurden in Genua verkauft.

Durch dieses Geständnis endlich aufgerüttelt, überraschte die Polizei die ganze Bande bei einem großen Gelage in Biondis Pfarrhaus. Und die würdige Wirtin fand man bei sich zu Hause, wie sie gerade nach Laken schickte und dabei der Bande mitteilte, daß soeben Reisende im Gasthaus angekommen seien, die sie ihrer geschätzten Aufmerksamkeit empfehle.

Nach allem, was man mir erzählt hat, sehe ich, daß ich von den heutigen Florentinern schlecht werde denken müssen. Zumindest möchte ich nicht das Gesetz der Gastfreundschaft verletzen und habe gerade die siebzehn Empfehlungsbriefe, die ich für Florenz hatte, verbrannt.

Carsten Niebuhr
WANDERER, KOMMST DU NACH MOCHHA

Alle Reisenden, welche zu Lande nach Mochha kommen, müssen die Stadt durch das Bāb-Schädeli betreten, ein Tor, bei dem nach schlimmer kahirinischer Gewohnheit alle Europäer absteigen und zu Fuß gehen müssen. Wir stiegen ab, um unsere Quersäcke, die wir auf unseren Eseln hatten, visitieren zu lassen. Man fragte so wenig wie in anderen morgenländischen Städten nach unseren Namen und nach Pässen, und wir passierten unerkannt. Man nannte uns einen Han (Herberge), wo die Türken gemeiniglich einzukehren pflegen und wo wir, nach Meinung der Visitierer (Zöllner), unsere Landesleute würden antreffen können.

In Mochha war schon ein englischer Kaufmann mit einem Schiff von Bombay angekommen; allein wir waren auf unsere gute Aufnahme unter den Arabern in Jemen zu stolz, als daß wir es für nötig erachtet hätten, uns gleich an ihn zu wenden, vor allem, da wir keinen Brief an die Engländer hatten, und wir fürchteten, daß sie uns nach unserem Aufzug für Landstreicher oder Renegaten und nicht für ehrliche Europäer halten möchten. Wir hatten überdies Empfehlungsbriefe genug, nämlich einen von dem Kichja zu Dschidda an den hiesigen Dola, einen andern an den Makler der Engländer von einem Kaufmann zu Dschidda und noch einen andern von einem Kaufmann zu Beit el fakih an einen mochhaischen Kaufmann mit Namen Seid Salech. Wir wußten, daß Emir Farhān uns dem hiesigen Dola (Gouverneur) nicht nur in dem Brief, den er mit unsern Naturalien von Loheia nach Mochha sandte, empfohlen, sondern ihm auch noch bei anderer Gelegenheit viel Gutes von uns geschrieben hatte. Zudem hatten wir hier schon einen Bekannten, und wie wir nicht anders glaubten, einen Freund.

Dieser war ein Sohn des erwähnten Seid Salech, mit Namen Ismael. Der Vater hatte ihn mit Kaffee nach Dschidda gesandt. Dort suchte er unsere Bekanntschaft und zeigte uns ein Zeugnis, daß er bei holländischen Schiffern zu Mochha Dolmetscher gewesen sei. Dazu hatte ihn das Holländische empfohlen; denn diese Sprache hatte er von Renegaten gelernt und redete sie